职业教育·道路运输类专业教材
交通职业教育教学指导委员会推荐教材

Gonglu Gongcheng Celiang
公路工程测量

(第2版)

梁启勇　主　编
王景峰　主　审

人民交通出版社股份有限公司
China Communications Press Co.,Ltd.

内 容 提 要

本书是职业教育道路运输类专业教材。全书分为三篇，第一篇公路测量基础，内容包括：水准测量，经纬仪的使用，直线丈量与坐标计算，全站仪及其使用，GPS测量，测量误差基本知识，导线测量及地形测量基本知识；第二篇公路路线测量，内容包括：中线测量，纵断面测量，横断面测量；第三篇公路施工测量，内容包括：公路施工控制点的复测与加密，公路工程施工放样基本技术，路基路面施工测量，涵洞与挡土墙施工放样。

本书是中等职业院校公路施工与养护专业教学用书，也可供相关专业教学使用，或作为职业技能培训教材。

本书配有二维码数字资源，读者可在网络环境下扫码观看视频或动画，帮助读者理解掌握相关知识点。

图书在版编目(CIP)数据

公路工程测量／梁启勇主编. —2 版. —北京：人民交通出版社股份有限公司, 2019.1
ISBN 978-7-114-14892-7

Ⅰ. ①公… Ⅱ. ①梁… Ⅲ. ①道路测量—中等专业学校—教材 Ⅳ. ①U412.24

中国版本图书馆 CIP 数据核字(2018)第 164280 号

职业教育·道路运输类专业教材
交通职业教育教学指导委员会推荐教材

书　　名：	公路工程测量（第 2 版）
著 作 者：	梁启勇
责任编辑：	刘　倩
责任校对：	宿秀英
责任印制：	张　凯
出版发行：	人民交通出版社股份有限公司
地　　址：	(100011)北京市朝阳区安定门外外馆斜街 3 号
网　　址：	http://www.ccpcl.com.cn
销售电话：	(010)59757973
总 经 销：	人民交通出版社股份有限公司发行部
经　　销：	各地新华书店
印　　刷：	北京虎彩文化传播有限公司
开　　本：	787×1092　1/16
印　　张：	19
字　　数：	455 千
版　　次：	2009 年 1 月　第 1 版 2019 年 1 月　第 2 版
印　　次：	2023 年 6 月　第 2 版　第 4 次印刷　总第 12 次印刷
书　　号：	ISBN 978-7-114-14892-7
定　　价：	49.00 元

(有印刷、装订质量问题的图书由本公司负责调换)

第二版前言

本教材第一版自2009年1月出版以来,以其独特的构思与设计,受到兄弟院校以及广大读者的普遍好评,2012年被评为"十一五"全国交通职业教育优秀教材。

近年来,随着测绘技术的发展,全站仪与GPS等已成为公路施工测量的主要仪器工具,数字成图成为测绘的主要技术手段,因此第二版在继承第一版优点的基础上,对老旧内容做了删减,并补充了适用于当今工程实际的新内容,具体修订内容如下:

1. 对"直线丈量""地形图测绘""横断面测量"等内容做了适当修改和删减。
2. 增加了GPS坐标测量与施工放样的内容。
3. 增加了四等水准测量的内容。
4. 对部分施工测量内容进行了删减,并使语言表达更加通俗明了,便于学生接受和理解。
5. 附录部分更新为卡西欧5800P计算器的使用方法。

本教材具有如下特点:

一、项目导向,与工程零距离对接

在路面施工放样与涵洞施工放样中,巧妙将路面施工与涵洞施工设计在同一段落内,提供统一、真实的高速公路相关设计资料(如《直曲表》和《路基设计表》等)。通过项目实作方式,详尽介绍作业方法,引导学生学会如何从设计资料正确获取数据从而进行路面施工放样与涵洞施工放样,使课堂教学与工地实际零距离对接,凸显职教特色。

二、引入"行动导向教学法"职业教育理念

引入行动导向教学法的思想,对于较抽象的测量原理(如教材第2~3页的测量基本原则),教材先安排设计了相关活动,而后再引导学生对测量原理进行总结提炼,从而使学生通过活动体验,深刻理解和消化所学内容,学以致用。

三、思维引导,凸显职业教育以人为本的教育理念

以学生为中心,充分考虑学生的实际情况与认知规律,对于重要知识点以及

在相关内容的衔接上，采用"想一想"来对学生进行思维引导，由感性到理性，启发学生主动思考，弄清概念和知识点的本质含义，以及各内容之间的相互联系，凸显职业教育以人为本的教育理念。

四、结构严谨，逻辑严密，由浅入深，充分激发学生学习积极性

本教材不仅用"想一想"等形式来引导学生主动学习，而且在内容编排上由浅入深，全力激发学生的学习积极性。例如，导线测量对学生来说是比较难学的内容，为了减小学习难度，本教材突破传统教材框架模式，特别在第一篇模块三中先介绍了方位角推算与坐标计算知识。这样循序渐进，不仅降低了后续导线测量的学习难度，而且也使学生对随后的全站仪坐标测量更容易理解和接受。

五、知识与技能并重，职教特色鲜明，紧扣职业标准

本教材侧重基础知识与基本技能，图文并茂、内容具体详尽、举例丰富、理论联系实际，逐步引导学生学会公路工程测量方法，充分满足行业对毕业生相关岗位知识与技能的要求。

六、配套教学数字资源

本教材针对课程的重难点配套了教学数字资源，通过视频或动画生动直观地展现了公路工程测量的原理和方法，加深学生对理论知识的体会和理解。数字资源以二维码形式呈现并附在相关知识点旁，学生可以直接扫描对应二维码观看学习。

本书编写分工如下：课程入门指导、第一篇模块五的课题三、第二篇的模块一、第三篇以及附录由山西交通技师学院梁启勇编写；第一篇的模块一、六由山西交通技师学院成志娟编写；第一篇模块二、八由北京交通运输职业学院翟兴旺编写；第一篇的模块三、四、七以及模块八的实训内容由河南省交通高级技工学校黄艳丽编写；第一篇模块五的课题一、二由梁启勇与黄艳丽共同编写；第二篇的模块二、三由安徽省公路工程技工学校姚辉编写。全书由梁启勇担任主编，陕西交通技师学院王景峰担任主审。

我们虽然做了大量工作，对全书进行了精心修改与重新设计，但由于水平有限，书中难免有不足之处，敬请广大读者批评指正。

编者

2018 年 3 月

第一版前言

全国交通技工学校公路施工与养护专业第一轮通用教材于2001年5月出版,至今已经7年,为本专业的人才培养起到了极其重要的作用。但随着教学模式的变革及知识与技术的更新,该套教材已显陈旧。为此,经交通职业教育教学指导委员会公路(技工)专业指导委员会研究,决定对公路施工与养护专业的教学计划和课程内容进行修订,并在此基础上编写第二轮教材。在本套教材编写过程中我们力求做到以下几点:

第一、立足行业。从用人单位的岗位要求入手,分析现代公路建设对专业技术工人的能力结构要求,确定课程体系,明确教学目标,强化教材的针对性和实用性。

第二、立足国家职业标准。本教材以国家职业标准为依据,使教材涵盖了公路施工与养护职业或工种的相关要求,便于双证书制度在人才培养过程中的落实。

第三、立足学生的实际基础情况和学习规律。本教材充分考虑了技工学校学生的基础和学习特点,尽力摒弃冗长的理论叙述和复杂的公式,力求做到以图代文、通俗易懂、简明扼要。

第四、根据公路施工和养护技术的发展趋势,适当地加入了新知识和新技术的内容,使全书教学内容更趋合理。

第五、本套教材的每门课程都配有复习题,便于学生对知识的学习和巩固。

《公路工程测量》是全国技工学校公路施工与养护专业通用教材之一。全书分为三篇,第一篇公路测量基础,内容包括:水准测量,经纬仪的使用,直线丈量与坐标计算,全站仪及其使用,测量误差基本知识,导线测量及地形测量基本知识;第二篇公路路线测量,内容包括:中线测量,纵断面测量,横断面测量;第三篇公路施工测量,内容包括:公路施工控制点的复测与加密,公路工程施工放样基本技术,路基路面施工测量,公路工程构造物的施工放样。

参加本书编写工作的有:山西省交通技师学院梁启勇(编写课程入门指导,第二篇的模块一,第三篇,附录)、成志娟(编写第一篇的模块一、五),河南省交通技工学校黄艳丽(编写第一篇的模块三、四、六以及模块七的实训),北京市路政局技工学校翟兴旺(编写第一篇的模块二、七),安徽省公路技工学校姚辉(编写第二篇的模块二、三)。全书由梁启勇担任主编,陕西交通技术学院王景峰担任主审。公路(技工)专业指导委员会聘请山东省公路高级技工学校刘治新担任本套教材的总统稿人。

　　本套教材在编写过程中得到了全国17个省市交通技工学校领导的大力支持和帮助,共有80余名教师参加了教材的编审工作,在此表示感谢!

　　由于我们的业务水平和教学经验有限,书中难免有不妥之处,恳请使用本书的广大读者批评指正,并给出宝贵的建议。

交通职业教育教学指导委员会
公路(技工)专业指导委员会
二〇〇八年九月

本教材配套资源索引

资 源 编 号	资 源 名 称	资 源 类 型	对应本书页码
1	水准仪操作	视频	16
2	普通水准测量	视频	19
3	DJ_2级光学经纬仪	视频	36
4	测回法测水平角	动画	42
5	测回法测竖直角	动画	47
6	钢尺量距	动画	60
7	碎部测量	视频	138

注：直接扫描对应二维码观看学习。

目　　录

课程入门指导 ··· 1
　复习思考题 ·· 7

第一篇　公路测量基础

模块一　水准测量 ·· 11
　课题一　水准仪的认识与使用 ·· 11
　课题二　普通水准测量 ·· 17
　课题三　微倾式水准仪的检验与校正 ·· 24
　课题四　自动安平水准仪 ··· 27
　课题五　三、四等水准测量 ·· 28
　复习思考题 ·· 32

模块二　经纬仪的使用 ·· 35
　课题一　经纬仪的技术操作 ·· 35
　课题二　水平角的观测 ·· 40
　课题三　竖直角的观测 ·· 45
　课题四　经纬仪的检验与校正 ·· 50
　复习思考题 ·· 53

模块三　直线丈量与坐标计算 ··· 56
　课题一　距离丈量 ··· 56
　课题二　直线定向 ··· 63
　课题三　坐标计算 ··· 67
　复习思考题 ·· 71

模块四　全站仪及其使用 ·· 73
　课题一　全站仪的认识 ·· 73
　课题二　全站仪基本测量模式 ·· 76
　课题三　全站仪菜单模式主要功能 ··· 82
　复习思考题 ·· 86

模块五　GPS 测量 ··· 87
　课题一　GPS 简介 ·· 87
　课题二　GPS 路线静态测量 ··· 89
　课题三　GPS-RTK 坐标测量 ··· 93
　复习思考题 ·· 102

1

模块六 测量误差基本知识 103
- 课题一 测量误差的产生与分类 103
- 课题二 算术平均值及评定观测值精度的标准 106
- 复习思考题 110

模块七 导线测量 111
- 课题一 导线测量的认识 111
- 课题二 导线测量的外业工作 114
- 课题三 导线测量的内业计算 116
- 复习思考题 126

模块八 地形测量基本知识 129
- 课题一 地形图的基本知识 129
- 课题二 地形图的测绘 137
- 课题三 地形图的应用 144
- 复习思考题 148

第二篇 公路路线测量

模块一 中线测量 151
- 课题一 交点与转点的测设 151
- 课题二 转角测定与里程桩的设置 155
- 课题三 圆曲线的测设 158
- 课题四 虚交 165
- 课题五 回头曲线的测设 168
- 课题六 复曲线 170
- 课题七 带缓圆曲线的测设 172
- 复习思考题 182

模块二 纵断面测量 184
- 课题一 高程控制测量与水准测量的等级 184
- 课题二 基平测量 186
- 课题三 中平测量 188
- 课题四 公路纵断面图 192
- 复习思考题 197

模块三 横断面测量 200
- 课题一 横断面测量的方法与步骤 200
- 课题二 横断面图绘制与土石方数量计算 205
- 复习思考题 209

第三篇 公路施工测量

模块一 公路施工控制点的复测与加密 213
- 课题一 低等级公路路线导线恢复测量 213

  课题二 高等级公路导线点的复测与加密 ································ 218
  课题三 水准点的复测与加密 ······································ 220
  复习思考题 ··· 225
 模块二 公路工程施工放样基本技术 ·· 226
  课题一 全站仪点位平面放样技术 ···································· 226
  课题二 GPS-RTK 放样技术 ·· 231
  课题三 点位高程放样技术 ·· 236
  复习思考题 ··· 238
 模块三 路基路面施工测量 ·· 240
  课题一 填方路基的施工测量 ·· 240
  课题二 挖方路基的施工测量 ·· 246
  课题三 路面施工放样 ·· 249
  复习思考题 ··· 255
 模块四 涵洞与挡土墙施工放样 ·· 256
  课题一 涵洞施工放样 ·· 256
  课题二 挡土墙(或护岸)施工放样 ···································· 268
  复习思考题 ··· 274

附录 A 卡西欧 5800P 计算器的一般使用 ·· 277
附录 B 公路中、边桩坐标计算程序的应用 ······································ 282
参考文献 ·· 289

课程入门指导

1. 公路测量的主要任务；
2. 测量的基本原则；
3. 点的定位方法；
4. 公路施工对测量技术人员的基本要求。

 想一想

在阳光明媚的春天,当您放飞心情结伴旅行时,行驶在宽敞的高速公路上,两侧绿树成荫,向前望去,只见一条条公路犹如一条条巨龙在山间盘旋,这是多么壮观啊！可是此时您是否曾想过:线形这么优美的公路是如何建设而成的呢?

建设一条线形优美、质量高的公路不是一件简单的事情,需要相关人员经过若干程序,其中测量起着非常重要的作用。

一、公路基本建设程序

 读一读

一条公路的建成要经过以下几个基本建设程序:列入公路建设规划→调查及可行性研究→下达计划任务书→进行公路勘测设计形成设计图纸、文件和设计概算或预算→进入年度计划→财务计划→组织施工阶段→竣工验收→竣工决算,开放交通(交付使用)。

在整个公路基本建设程序中,除了一些必要的行政程序和行为外,其他程序也都几乎渗透到了测量的工作内容之中,其中在公路勘测设计与公路施工阶段,测量的应用最为广泛。

那么,什么是测量? 测量能解决什么问题呢?

二、测量学的概念

测量学是研究如何测定地面点的空间位置,如何将地球表面的地貌及其他信息测绘成图,确定地球的形状和大小,并将设计图上的工程构造物放样到实地的科学。它包括两项主要工作任务:一是将地面上的地形、地物测绘到图纸上;二是将图纸上设计的构造物放样到实地上。随着科学技术的不断发展,测量学也形成了一个完整的体系。根据测量手段及其应用范围可分为如下几类:

大地测量学——它是一种研究地球表面大区域的点位测定以及整个地球的形状、大小和地球重力场测定的理论和方法。

摄影测量学——它是一种研究利用摄影或遥感技术获取被测地表物体的信息(影形或数字),进行分析处理,绘制成地形图或数字模型的理论和方法。

普通测量学——它是一种研究将地球表面局部地区的地貌及人工构造物测绘成大比例尺地形图的基本理论和方法,是测量学的基础。

工程测量学——它是一种研究工程建设在勘测设计、施工过程和管理阶段所进行的各种测量工作的一门学科。工程测量学的主要内容有:工程控制网的建立、地形测绘、施工放样、竣工测量、变形观测和维修养护测量的理论、技术和方法。按照它在各个建设领域的运用不同,又可分为"建筑工程测量""铁道工程测量""公路工程测量"等。随着科学技术的发展,先进的测量仪器在工程测量中得到了广泛的应用,为提高工程测量的工作效率和精度提供了可靠保证,并推动了工程测量学的发展。

三、本课程的主要任务

本课程的主要任务包括以下几点:

(1)通过外业测量设计道路、桥梁、隧道等,并形成图纸和其他一系列设计文件。

(2)通过施工测量将设计文件上的道路、桥梁、隧道等按照规定的尺寸和位置放样到施工场地上,并经过施工和测量控制将其转化为地面上的一个个实物。

第(1)点任务属于设计内容,第(2)点任务属于施工放样的内容,即照图施工,如图0-0-1所示。我们交通职业院校的培养目标就是施工一线的技术人员,因此公路工程施工放样的内容是我们学习的重点。

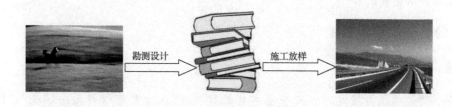

图0-0-1　公路测量主要任务示意图

四、测量工作的原则和方法

1. 相关活动

想一想

如图0-0-2所示,A、B、W 三点的坐标分别为(1,3)、(3,3)、(26,3),先在坐标系中准确找出 A、B、W 三点的位置(图示尺寸单位为厘米)。

(1)以 AB 为起始边按照图示尺寸和角度用直尺与量角器依次量测并画直线,一直到终点,看最后画得的终点能否与 W 点重合。如果不重合,分析原因。

(2)如果按照图示先计算出若干关键点(如 E、L、R、S)的坐标,然后以它们的坐标准确找出这些点的位置,接着再以这些关键点量测其余点的位置,看最后能否与 W 点重合,并想一想:其余点的位置是不是比原来更准确了?

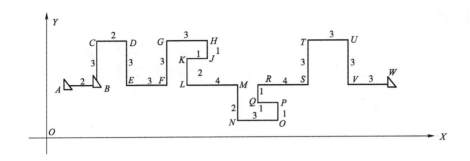

图 0-0-2　控制测量活动练习示意图

2. 结果分析

 议一议

在上述(1)中,以起始边 AB 量测,由于途经好多点,量距和量角的误差不断积累,所以量到终点 W 会产生一些偏差。而在上述(2)中,事先已准确确定了 E、L、R、S 的位置,消除了量距、量角误差的积累,因此量到终点很容易与 W 点重合,并且量测其余点的位置也量得更准确了。这就是"先整体后局部,先控制后碎部"的概念。

3. 结论

在实际进行某项测量工作时,往往需要确定许多地面点的位置。假若从一个已知点出发,逐点进行测量和推导,最后,虽可得到欲测各点的位置,但这些点很可能是不准确的。因为量测必然造成误差的积累,越是后测的点位,其误差越大。为了减免上述误差的出现,在测量工作中必须遵循如下原则:在布局上,"从整体到局部";在测量顺序上,"先控制后碎部";在测量精度上,"由高级到低级"。也就是在整个测区内选择一些有控制意义的点,首先把它们的位置精确地测定出来,然后以这些点的位置来确定其他地面点的位置。这些有控制意义的点称为控制点,其他的一些非控制点称为碎部点。对控制点的测量称为控制测量,对碎部点的测量称为碎部测量或细部测量。控制测量在先,碎部测量在后。在这样的测量原则和方法之下完成的测量及放样工作,就减少了误差的积累和传递,测量的精度才可能达到规定的要求。

按照上述测量原则,在传统测量中路线的布设通常是根据一系列技术和经济上的要求,先选定控制道路大致走向的交点和转点,如图 0-0-3 中的 JD_5、JD_6、JD_7 等点,再由测角组将这些交点和转点准确地标定后再测定前后导线转角,随后再由中线组经过计算后把道路中心线(包括直线与弯道曲线)用木桩准确地标定到实地上。随着科学技术的发展及一些先进测量仪器的诞生,如全站仪和 GPS(全球定位系统)在公路测量中的运用,测量手段也比以往发生了很大的变化,测量精度和测量效率也得到了大大提高,但测量的原则始终没有变化。关于全站仪和 GPS 测量布线的方法我们会在本书第三篇中介绍。

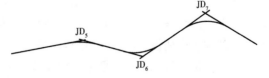

图 0-0-3　传统公路布线方法

想一想

我们已经知道：我们未来的工作定位是公路施工一线，因此施工测量放样是学习重点。如何将图纸上描述的公路、桥梁等按照设计位置及尺寸放样到地面上呢？

五、公路测量的关键

1. 公路平面测量的关键

（1）公路平面测量的关键是测量中桩点的平面位置。

公路中线是由无数个点组成的，在实际测量时我们不可能将中线上所有的点都测出来，但只要测量出中线上若干具有代表性的点就可以确定路线的形状和走向，这些点就是我们今后将要学习的路线中桩。知道路线中桩点的位置是进行其他路线测量的基础。

（2）构造物平面测量的关键是测量其几何特征点的平面位置。

比如一个涵洞涵台的基础是长方体，如图0-0-4所示，在地面上要测量它的平面位置和尺寸，我们只要测量A、B、C、D四个角点的位置便可确定其位置和尺寸，这就是施工放样时照图施工的理论基础。

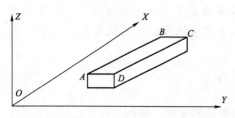

图0-0-4 涵洞涵台基础位置与尺寸确定

由此看来，公路平面测量的关键是测定一些特征点的平面位置，而点的平面位置一般是用它的平面坐标来表示。根据数学原理，一个点的坐标一旦确定，它的平面位置也就唯一确定了。

 想一想

我们已经知道，点的平面位置用它的平面坐标唯一确定，那么，点在垂直方向上的高度应该如何控制呢？再如前面提到的涵洞涵台基础，确定了它的平面尺寸以后，在实际施工砌筑时还需准确控制砌体的厚度，这又如何解决呢？这就要用特征点的高程来控制。那么什么叫作高程呢？

2. 水准面、点的高程和高差的概念

要想知道高程的概念，就得首先了解水准面的概念。

（1）水准面

水准面就是高程为零的面，是高程起算的基准面，按照类型分为大地水准面和假定水准面。

①大地水准面。为了使我国各地区、各部门的高程有一个统一的系统，以便于进行各种测图及各项工程建设，在全国范围内必须确定一个统一的基准面。通常采用大地水准面作为基准面。所谓大地水准面是假定海洋或湖泊的水面在静止的状态下，穿过大陆和岛屿而成为一个闭合的曲面，在这个曲面上，任意一点的铅垂线都垂直于该点的曲面，这样的曲面称为大地水准面。由于海水面受潮汐和风浪的影响，完全静止的水面实际上在大自然中是不存在的。为此，我国在青岛设立验潮站，长期观测和记录黄海海水面的高低变化，取其平均值作为我国

的大地水准面位置(其高程为零)。为了测绘方便,在青岛设立了水准原点,作为全国高程的统一起算点,称为"中华人民共和国水准原点",其高程值为72.260m。

②假定水准面。如果在某一局部地区,距国家统一的高程系统较远,也可以选定任意一个水准面作为高程起算的基准面,这个水准面称为假定水准面。

(2)高程

①绝对高程。某点到大地水准面的铅垂距离称为绝对高程或海拔。如图0-0-5所示,H_A和H_B即为A点和B点的绝对高程。我们经常用海拔来指山体的高度,例如珠穆朗玛峰海拔8 848.13m,指的就是它高出海平面8 848.13m。

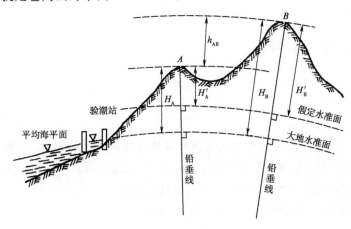

图0-0-5 高程和高差

②假定高程。某点到假定水准面的铅垂距离称为假定高程。如图0-0-5所示,H'_A和H'_B就是假定高程。

(3)高差

高差是指两点之间高程的差。在图0-0-5中,地面点A与点B之间的高差为h_{AB},$h_{AB} = H_B - H_A = H'_B - H'_A$。由此可见,两点间的高差与高程起算面无关。在同一工程项目中,通常采用统一的高程基准面。

这样,点在铅垂方向的位置就可以用高程来准确确定。

3. 总结

因此,公路测量放样的任务归根结底就是通过平面坐标(x,y)和高程H,测量一些特征点的空间位置。

 思维引导

综上所述,点在空间的位置可以用三个数据来准确定位:平面坐标(x,y)和高程H。正如一张电影票,若上面印着"16排8号",那么,16排则表示其在x方向上的位置,8号则表示其在y方向上的位置。若电影院有两层,前面要加"楼上"或"楼下"二字,以表示它们的空间位置,测量上用高程H表示。如果一条路线的中桩点或一个构造物的几何特征点用这三个数据来测量确定,那么这个点的空间位置(平面位置和高度)就唯一确定,整个路线的空间线形(左拐、右拐、上坡、下坡)或构造物的立体尺寸也就能确定了。

【知识链接】——确定点位的传统方法

根据上述可知:在公路测量放样时,特征点的空间位置可以用相应的平面坐标(x,y)和高程H来唯一确定,在实际中通常用全站仪来定位点的坐标,但在全站仪诞生之前,点的空间位置是通过哪些元素来定位的呢?

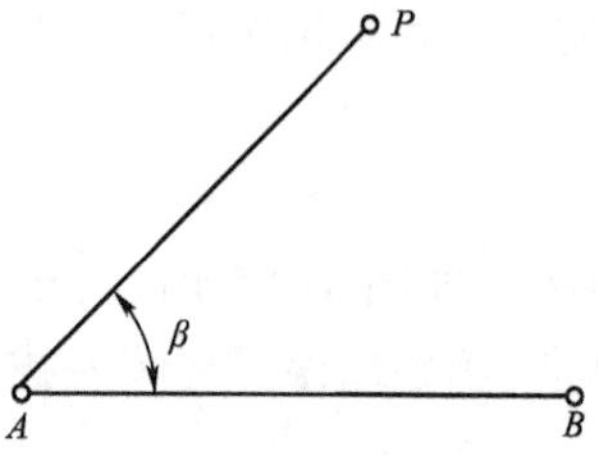

在全站仪诞生之前,传统的点定位方法是通过角度、距离和高程来确定其空间位置的。如图0-0-6所示,如果在地面上已知一个标准方向AB,那么P点的平面位置可以用水平角β与P点至A点的距离$|AP|$来确定,铅垂方向的位置同样用P点的高程来控制。

图0-0-6 传统点定位方法

六、课程性质与职业指导

1. 课程目标

读一读

"公路工程测量"是一门工程应用性与操作性均很强的专业技术课,在公路施工中应用非常广泛。本课程的教学目标是:使学生通过课程学习,掌握工程测量的基本理论、基本原理、常规方法;熟练掌握水准仪、经纬仪、全站仪等测量仪器的使用操作;学会使用计算器进行有关测量数据的计算;掌握常见的有关道路、桥涵的施工放样方法。

本课程的内容分三部分:第一部分为"公路测量基础",主要介绍常用测量仪器的使用方法与基本测量理论;第二部分为"公路路线测量",介绍了在公路外业勘测设计中,路线在平面、纵断面和横断面的测量理论与方法;第三部分为"公路施工测量",介绍了路基路面、桥涵等工程构造物的施工测量方法。

2. 学习要求

由于本课程是一门应用性和操作性均很强的专业技术课,这一性质就决定了这门课的授课方式一定是理实一体化或理论和实践相结合的方式。这就要求同学们在学习时,第一,应认真学习,加强复习,掌握基本理论、基本概念和基本方法,同时,完成规定的思考题和习题;第二,认真参加测量实训,熟练、规范地操作和使用仪器,完成规定内容的成果记录、计算和处理,按时上交实训报告,以巩固和加强所学的知识和技能;第三,通过参加测量实训,学会使用水准仪、经纬仪及全站仪等常用测量仪器完成中线放样,路线纵断面、横断面测量和一般构造物的施工放样任务。测量实训课是实践性环节,它是全面应用所学知识解决实际问题的过程,它对培养同学们走上工作岗位的适应能力起着关键性的作用,所以必须引起重视,认真对待。

3. 职业指导

职业院校的培养目标是一线施工技术人员,对于一名即将从事公路施工测量的学生来说,他们应首先清楚地认识这个岗位的特性,以便为将来的工作做好充分准备。

(1)施工测量是施工的指导与依据,是施工的开路先锋。没有施工测量的正确引导就无法施工,可见施工测量在施工中起着举足轻重的重要作用。

(2)责任重大。公路建设投资巨大,正因为施工测量的重要作用,所以稍一出差错就可能给工程造成巨大损失,这就要求我们时刻保持谨慎的态度,工作中要认真细致,经常检查校核,一旦发现问题就要及时处理,不能留给下道工序。

(3)公路施工测量是一种野外作业,流动性大,工作条件艰苦,所以要求测量技术人员要做到不怕晒、不怕风吹雨打,具有健康的体魄和吃苦耐劳的精神。

(4)施工测量员需要具备仪器操作、识图和基本计算的综合能力。不要错误地认为,作为一名施工测量员只要能熟练地操作仪器就够了,熟练操作仪器只是最基本的要求,因为是照图施工,所以要想成为一名优秀的施工测量员,不仅要学会熟练地使用仪器,还要准确地识图,能快速读懂各种设计图表,并准确获取数据进行有效计算。

(5)善于维护与保养测量仪器,保证仪器的测量精度。各种测量仪器和设备是测量人员的必不可少的生产工具,因此要养成爱护仪器的好习惯,平时应加强对测量仪器的维护和保养,定期检校,使仪器始终保持完好状态,随时能提供使用,不误工,保障公路施工顺利进行。

复习思考题

1. 公路工程测量的任务是什么?
2. 如何理解"从整体到局部,先控制后碎部,由高级到低级"的测量原则?
3. 测量的关键是什么?
4. 在工程测量上,点的位置经常用什么来确定?
5. 测量一个构造物的平面位置的关键是什么?它的高度用什么指标控制?
6. 什么是大地水准面?绝对高程、假定高程、高差的概念分别是什么?
7. 谈谈你将如何学好"公路工程测量"这门课程。

PART1 | 第一篇
公路测量基础

公路测量基础主要讲述了公路测量常用仪器设备的使用、坐标测量基础知识、地形测量基础知识以及误差测量基础知识。

模块一　水　准　测　量

课题一　水准仪的认识与使用

1. 水准仪的用途、水准仪的构造；
2. 高程测量原理。

1. 水准仪的操作；
2. 两点间高差的测量方法，未知点高程的计算方法。

想一想

水准测量是测量工作中的一项基本内容，我们已经在课程入门指导中对水准测量有了初步的认识，知道了点的高程以及两点间高差的概念，也了解了高程、高差的作用，那么在实际应用中如何测定点的高程？常用的测量仪器有哪些呢？

一、水准仪的用途与认识

在水准测量中所使用的仪器为水准仪，配套工具有水准尺和尺垫。

国产水准仪按其精度分，有 $DS_{0.5}$、DS_1、DS_3 及 DS_{10} 等型号。其中，0.5、1、3 和 10 表示水准仪精度等级。代号中的"D"和"S"是"大地"和"水准仪"的汉语拼音第一个字母，其下标数值的意义为：仪器本身每公里往返测高差中数能达到的精度，都以毫米计。

工程测量中一般都使用 DS_3 级水准仪。

如图 1-1-1 所示的 DS_3 型微倾式水准仪，主要由望远镜、水准器及基座三部分组成。

1. 望远镜

望远镜是用来精确瞄准远处目标并对水准尺进行读数的。可以绕仪器竖轴在水平方向转动，主要由物镜、目镜、对光螺旋和十字丝分划板组成。图 1-1-2 所示为 DS_3 型微倾式水准仪内对光望远镜构造图，图 1-1-3 是望远镜成像原理示意图。观测目标通过物镜在镜筒内形成一个倒立的缩小实像。当目标处在不同距离时，可通过调节对光螺旋，使成像始终落在十字丝分划板上，这时十字丝和物像同时被目镜放大为虚像，十字丝的作用是提供照准目标的标准线，观测者利用十字丝来瞄准目标。

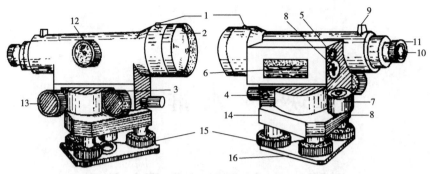

图 1-1-1 DS₃型微倾式水准仪

1-准星；2-物镜；3-微动螺旋；4-制动螺旋；5-符合水准器观测镜；6-水准管；7-水准盒；8-校正螺钉；9-照门；10-目镜；11-目镜对光螺旋；12-物镜对光螺旋；13-微倾螺旋；14-基座；15-脚螺旋；16-连接板

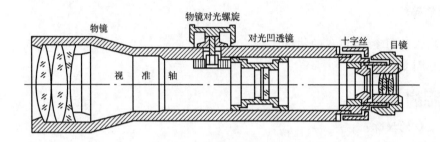

图 1-1-2 望远镜构造略图

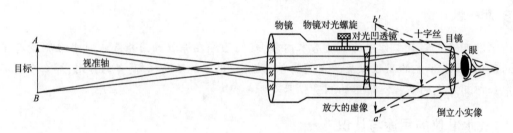

图 1-1-3 望远镜成像原理

十字丝分划板是用刻有纵贯十字线的平面玻璃制成，装在十字丝环上，再用螺钉固定在望远镜筒内，如图 1-1-4 所示。十字丝的上下两条短线称为视距丝，利用上、下丝在水准尺上的读数值可求得仪器与水准尺之间的距离。十字丝横丝与竖丝的交点与物镜光心的连线称为视准轴。

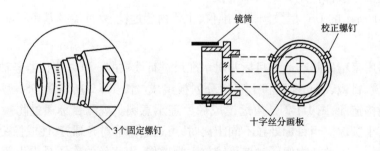

图 1-1-4 十字丝板装置

2. 水准器

水准器有圆水准器(水准盒)和管水准器(水准管)两种形式,它们都是供仪器整平时用的。

圆水准器是一个玻璃圆盒,如图1-1-5所示。里面装有酒精和乙醚的混合液,圆水准器上部的内表面为一个圆球面,中央刻有一个小圆圈,其圆心 O 称为圆水准器的零点,过此零点的法线称为圆水准器轴(竖轴$L'L'$)。当气泡居中时,圆水准器轴即处于铅垂位置,即水准仪竖轴处于铅垂位置,仪器达到基本水平状态。圆水准器的分划值一般为 $8'\sim10'/2mm$,精度较低,只能用于粗略整平仪器,使水准仪纵轴大致处于铅垂位置,依靠管水准器可使仪器达到精确整平。

管水准器(亦称水准管)用于精确整平仪器,它是一个玻璃管,其纵剖面方向的内壁研磨成一定半径的圆弧形,管内装有酒精与乙醚的混合液,在加热密封时管内会形成一个气泡,如图1-1-6所示。水准管上一般刻有间隔为2mm的分划线,分划线的中点 O 称为水准管零点,通过零点与圆弧相切的纵向切线 LL 称为水准管轴。当气泡两端与零点对称时,称为气泡居中,此时水准管轴达到水平。

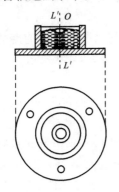

图1-1-5 水准盒

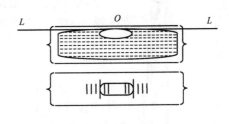

图1-1-6 管水准器

水准管气泡偏离零点2mm弧长所对应的圆心角 t 称为水准管分划值,如图1-1-7所示。

$$t = \frac{2\rho}{R} \tag{1-1-1}$$

式中:ρ——206 265″;

R——水准管圆弧半径,以毫米(mm)为单位。

分划值的大小可以反映水准管的灵敏度,分划值越小则水准管灵敏度越高,整平仪器时就越精确。DS_3 型水准仪的水准管分划值为 $20''$,记作 $20''/2mm$。为了提高目估水准管气泡居中的精度,在水准管的上方都装有符合棱镜,如图1-1-8a)所示,水准管气泡两端的半个气泡影像借助棱镜的反射作用转到望远镜旁的水准管气泡观察窗内,当两端的半个气泡影像错开时,如图1-1-8b)所示,表示气泡没有居中,这时旋转微倾螺旋可使气泡居中,气泡居中后则两端的半个影像对齐[图1-1-8c)],这种具有棱镜装置的水准管又称为符合水准管,由于符合水准管通过棱镜组的折光反射把气泡偏移零点的距离放大,因此

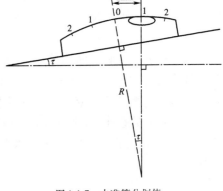

图1-1-7 水准管分划值

较小的偏移也能充分反映出来,从而提高了整平精度。

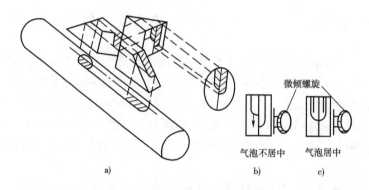

图 1-1-8 水准管的符合棱镜系统

3. 基座

基座的作用是支撑仪器的上部,并通过连接螺旋与三脚架连接。它主要由轴座、脚螺旋、底板和三脚压板构成。基座有 3 个可以升降的脚螺旋,转动脚螺旋,可以使圆水准气泡居中,使仪器粗略整平。

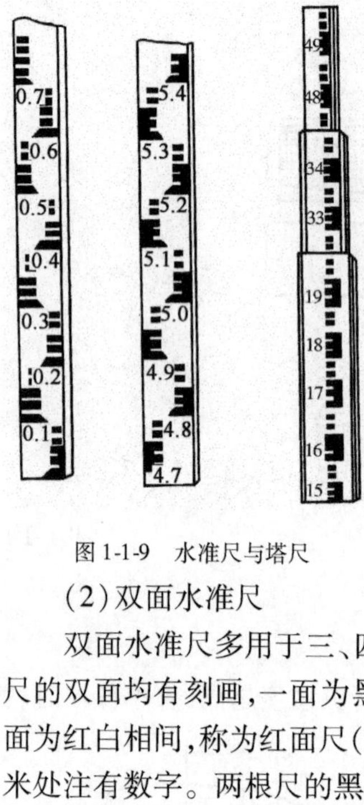

水准尺是进行水准测量时与水准仪配合使用的工具。常用的水准尺有塔尺和双面尺两种,如图 1-1-9 所示。

(1)塔尺

塔尺一般用在等外水准测量中,通常制成 3m 或 5m,以铝合金或玻璃钢材料为多。分两节或三节套接在一起,因此塔尺可以伸缩,尺的底部均为零点,每隔 1cm 或 0.5cm 涂有黑白或红白相间的分格,每米和每分米处皆注有数字。有的塔尺在厘米格处也注有数字,以方便读数。分米或厘米位置有的以字顶为准,有的以字底为准,读数时不要弄错。数字有正字和倒字两种,超过 1m 注字,有的直接标注到分米或厘米,如 1.4、1.41 等;有的在数字上加红点表示米数,如 2̇ 表示 1.2m,1̈ 表示 2.1m。

图 1-1-9 水准尺与塔尺

(2)双面水准尺

双面水准尺多用于三、四等水准测量,尺长为 3m,两根尺为一对。尺的双面均有刻画,一面为黑白相间,称为黑面尺(也称为主尺);另一面为红白相间,称为红面尺(也称为辅尺)。两面的刻画均为 1cm,在分米处注有数字。两根尺的黑面尺尺底均从零开始,而红面尺尺底,一根从 4.687m 开始,另一根从 4.787m 开始。在视线高度不变的情况下,同一根水准尺的红面和黑面读数之差应等于常数 4.687m 或 4.787m,这个常数称为尺常数,用 K 来表示,以此可以校核读数是否正确。

尺垫是用来支撑水准尺和传递高程的工具,一般是由生铁铸成的三角形或圆形的铁座,其下方有 3 个脚,可以踏入土中。尺垫上方有一凸起的半球体,如图 1-1-10 所示。水准尺立于半球顶面,转动时不会改变其高度。

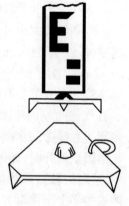

图 1-1-10 尺垫

想一想

前面我们已经介绍了水准面、高程和高差的概念,知道了在测量点的高程时,应把它们放在同一个水平面上,测定点相对于所选基准面的高程。这就需要我们了解,点的高程测量是遵循什么原理进行的。

水准测量是利用水准仪提供的水平视线,借助于带有分画的水准尺,直接测定地面上两点之间的高差,然后根据已知点高程和测得的高差,推算出未知点的高程。

二、高程测量原理

如图 1-1-11 所示,已知地面上 A 点的高程为 H_A,欲测量 B 点的高程 H_B 时,设水准测量是由 A 向 B 进行的,在 A、B 两点间安置一架可以得到水平视线的水准仪,在 A、B 两点上竖立水准尺,则 A 点为后视点,A 点尺上的读数 a 称为后视读数;B 点为前视点,B 点尺上的读数 b 称为前视读数。因此,高差就等于后视读数减去前视读数。

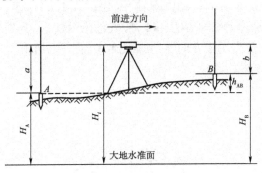

图 1-1-11 水准测量原理

A、B 两点间高差 h_{AB} 为:

$$h_{AB} = a - b \tag{1-1-2}$$

计算未知点高程有两种方法,即高差法和视线高法。

1. 高差法

测得 A、B 两点间高差 h_{AB} 后,如果已知 A 点的高程 H_A,则 B 点的高程 H_B 可以用公式(1-1-3)表示为:

$$H_B = H_A + h_{AB} \tag{1-1-3}$$

这种直接利用高差计算未知点 B 点高程的方法,称为高差法。

2. 视线高法

如图 1-1-11 所示,B 点高程也可以通过水准仪的视线高程 H_i 来计算,即

$$H_i = H_A + a \tag{1-1-4}$$
$$H_B = H_i - b$$

这种利用仪器视线高程 H_i 计算未知点 B 点高程的方法,称为视线高法。在施工测量中,有时安置一次仪器,需测定多个地面点的高程,采用视线高法就比较方便。

通过上述测量原理可以看出:要测量某一点的高程,必须读取前后两尺读数,那么,如何使用水准仪来读取水准尺读数呢?

三、水准仪的使用

微倾式水准仪的基本操作程序为:安置仪器、粗略整平、瞄准水准尺、精确整平和读数。下面按顺序依次介绍。

1. 安置仪器

选好安置位置,在测站上松开三脚架架腿的固定螺旋,调整架腿长度,再拧紧固定螺钉,张开三脚架并使三脚架架头大致水平且高度适中,约在观测者的胸颈部。从仪器箱中取出水准仪,用连接螺旋将水准仪固定在三脚架架头上。将三脚架的两腿踩入土中踩实,然后根据圆水准器气泡的位置,上、下推拉,左、右微转脚架的第三只腿,使圆水准器的气泡位置尽可能地靠近中心圈,在不改变架头高度的情况下,放稳脚架的第三只腿。

2. 粗略整平

通过调节脚螺旋使圆水准器气泡居中,使仪器竖轴大致铅垂,视线概略水平。转动脚螺旋使气泡居中的操作规律是:用两手同时以相对方向分别转动任意两个脚螺旋,气泡需要向哪个方向移动,左手拇指就向那个方向转动脚螺旋。如图1-1-12a)所示,气泡偏离在 a 的位置,首先按箭头所指的方向同时转动脚螺旋①和②,使气泡沿着①、②连线方向由 a 移到 b 的位置,如图1-1-12b)所示,再按箭头所指方向转动脚螺旋③,使气泡居中。

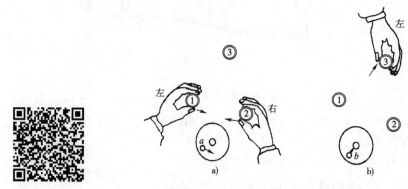

01-水准仪操作　　　　图1-1-12　圆水准器整平

操作熟练后可采取如下方法:左手大拇指和中指相向转动两相邻脚螺旋,中指转动方向为气泡前进方向,右手转动另一脚螺旋,大拇指转动方向为气泡前进反方向。

3. 瞄准水准尺

首先用望远镜对着明亮背景,转动目镜对光螺旋,使十字丝清晰可见。然后松开制动螺旋,转动望远镜,先利用镜筒上的准星和照门照准水准尺,旋紧制动螺旋。再转动物镜对光螺旋,使尺像清晰。此时如果眼睛上、下晃动,十字丝交点总是指在标尺物像的一个固定位置,即无视差现象,如图1-1-13a)所示。如果眼睛上、下晃动,十字丝横丝在标尺上错动就是有视差,说明标尺物像没有呈现在十字丝平面上,如图1-1-13b)所示。若有视差,将影响读数的准确性。消除视差时要仔细进行物镜对光,使水准尺看得最为清楚,这时如十字丝不清楚或出现重影,再旋转目镜对光螺旋,直至完全消除视差为止,最后利用微动螺旋使十字丝精确照准水准尺。

4. 精确整平

转动微倾螺旋将水准管的气泡居中,使视准轴精确水平。左侧影像的移动方向与右手大拇指转动的方向相同,如图 1-1-14 所示。转动微倾螺旋要稳重,慢慢地调节,使符合水准气泡两端的影像符合,避免气泡上下不停错动。

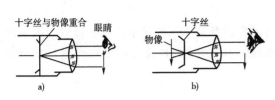

图 1-1-13 视差现象
a)没有视差;b)存在视差

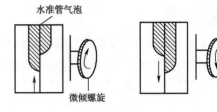

图 1-1-14 精确整平水准仪

注意:水准仪粗平后,竖轴不是严格铅垂的,当望远镜由一个目标转向另一个目标时,气泡不一定完全符合,必须重新再精平,直到水准管气泡完全符合才能读数。

5. 读数

当水准管气泡精确居中并稳定后,说明视准轴达到水平,应立即用望远镜十字丝的横丝在水准尺上读数。为了保证读数的准确性,读数时无论成正像还是成倒像,均应从小数向大数读,先估读出毫米,并直接读取米、分米和厘米,共 4 位数。如图 1-1-15 所示,即为水准尺的读数。读数后再检查符合水准器气泡是否居中,若不居中,应再次精平,重新读数。

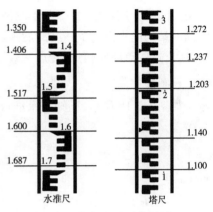

图 1-1-15 精确瞄准与读数(单位:m)

课题二 普通水准测量

1. 水准点的作用和布设方法;
2. 水准测量的计算与校核方法;
3. 水准测量成果的处理。

普通水准测量的作业过程。

一、水准点

在工程建设中,要测定某点的高程,必须从一个已知高程的固定点进行引测,水准测量中,将这种已知高程的固定点称为水准点(Bench Mark),一般缩写为"BM",用"⊗"符号表示。水准点是高程测量的依据。水准点的布置应根据工程建设的需要埋设在土质坚硬、便于保存和使用的地方,也可在墙脚或固定实物上设置水准点。国家等级水准点的高程可在当地测绘主管部门查取,在工程建设和测绘地形图时建立的水准点,其绝对高程应从国家水准点引测,若引测有困难或工程级别较低时,也可以采用相对高程。

 想一想

在水准测量中,如果两点间距离较近,我们可以直接在两点间架设水准仪测出它们之间的高差;但在工程实践中,已知水准点与新建水准点往往相距很远,只设置一个测站不能测出它们之间的高差,那么,怎么才能解决这个问题呢?

二、往返水准测量的施测方法

如两点间距离较远时,我们可以设若干站进行连续观测。如图 1-1-16 所示,将待测高差的两点间距分成若干段,即若干测站,从起点依次观测,直到终点。在测量过程当中,相邻测站的前一站的前视点与下一站的后视点为同一点,由于这些点在高程测量中起着传递高程的作用,所以这些点叫作转点,转点一般用字母 ZD 表示。往返水准测量的具体施测方法如下。

1. 测量步骤

如图 1-1-16 所示,已知某水准点设于 A 点,其已知高程为 H_A,现欲测定 B 点的高程 H_B。

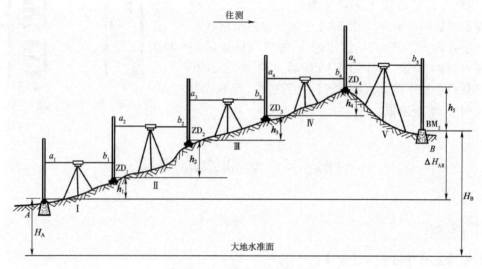

图 1-1-16 水准测量往测示意图

(1)先往测,即从起点 A 测至终点 B,具体步骤如下:

①在已知高程的 A 点前方适当距离处选定一转点 ZD_1,置水准仪于 A 点与 ZD_1 之间,并尽量使前后视距相等,立尺员将水准尺分别立于 A 点和 ZD_1 点上,称为后尺手和前尺手。

②将水准仪粗平后,先瞄准后视尺,消除视差,精平后读取后视读数 a_1,并做好记录。

③平转望远镜照准前视尺,精平后,读取前视读数值 b_1,并做好记录,完成普通水准测量第一测站的观测任务。

④后尺手沿着 AB 前进方向前进,在 ZD_1 前方的适当距离,设置第二个转点 ZD_2,并在该点上立尺。原立在 ZD_1 上的水准尺不动,并将尺面反转,便于进行观测,仪器安置于 ZD_1 和 ZD_2 间约等距处,把第一测站的前视点变为第二测站的后视点,读取后视读数 a_2,ZD_2 上所立尺为第二测站的前视,读取前视读数 b_2,并进行记录,完成第二个测站的工作。

⑤重复上述步骤,直至终点 B 为止。

（2）为了进行高差校核，需进行返测，即从终点 B 测至起点 A，测量方法与往测相同，只是测量方向相反，原来的后视方向变为前视方向，前视方向变为后视方向，如图 1-1-17 所示。

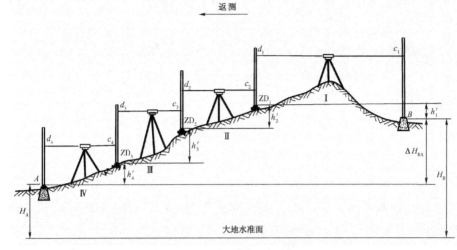

图 1-1-17　水准测量返测示意图

02-普通水准测量

（3）往返水准测量需要注意以下事项：

①往测的转点与返测转点不重合。

②往测的最后一站测完后，返测的第一站要重新架设仪器观测。

③转点立尺应立在土质坚硬并突出的点上，如遇虚土时，应踩实并用尺垫。

④水准仪转站时，作为前视点的立尺员，一定要记住前视点的位置，保证下站的后视点与前一站的前视点为同一点。

2. 数据计算

（1）往测高差计算（见图 1-1-16）

$$h_1 = a_1 - b_1$$
$$h_2 = a_2 - b_2$$
$$\cdots$$
$$h_5 = a_5 - b_5$$
$$\Delta H_{往} = h_1 + h_2 + \cdots + h_5 = (a_1 + a_2 + \cdots + a_5) - (b_1 + b_2 + \cdots + b_5)$$

即　　　　　　　　往测高差 = 往测后视和 − 往测前视和　　　　　　　　(1-1-5)

以此类推，可以看出，对于有任意个测站的情况时，这个规律仍成立。

（2）返测高差计算

同理：
$$h'_1 = c_1 - d_1$$
$$h'_2 = c_2 - d_2$$
$$h'_3 = c_3 - d_3$$
$$h'_4 = c_4 - d_4$$
$$\Delta H_{返} = h'_1 + h'_2 + h'_3 + h'_4 = (c_1 + c_2 + c_3 + c_4) - (d_1 + d_2 + d_3 + d_4)$$

即　　　　　　　　返测高差 = 返测后视和 − 返测前视和　　　　　　　　(1-1-6)

同样，这个规律对于有任意个测站的情况时仍成立。

(3)闭合差校核与高差计算

从理论上说,往测高差与返测高差应绝对值相等,符号相反,闭合差为零;但实际上由于测量误差,实测闭合差不等于0,实测闭合差$f_{h实} = \Delta H_{往} + \Delta H_{返}$,实测闭合差$f_{h实}$必须小于容许误差。容许误差$f_{h容} = \pm 20\sqrt{L}(\text{mm})$(高速公路、一级公路),或$f_{h容} = \pm 30\sqrt{L}(\text{mm})$(二、三、四级公路),其中$L$是指测量路径长,取单程距离,单位为 km。水准仪上下丝读数差的 100 倍为仪器到水准尺的距离,全部测站的前后视距之和为水准路线的长度。若$|f_{h实}| < |f_{h容}|$,则高差

$$\Delta H = \frac{\Delta H_{往} - \Delta H_{返}}{2}$$,否则重测。

(4)终点高程计算

终点高程 $$H_B = H_A + \Delta H$$

3. 数据记录

某一往返水准测量的读数如图 1-1-18 所示,记录格式如表 1-1-1 与表 1-1-2 所示,记录时应注意每个测站的后视、前视读数要与点号相对应。

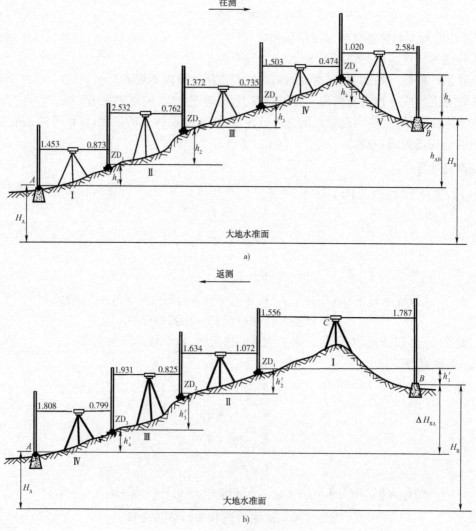

图 1-1-18 往返水准测量(单位:m)

水准测量记录表（往测） 表1-1-1

测站	测点	水准尺读数(m)		高差(m)		高程(m)
		后视读数	前视读数	+	-	
Ⅰ	A	1.453		0.580		132.815
	ZD_1	2.532	0.873			
Ⅱ				1.770		
	ZD_2	1.372	0.762			
Ⅲ				0.637		
	ZD_3	1.503	0.735			
Ⅳ				1.029		
	ZD_4	1.020	0.474			
Ⅴ	B		2.584		1.564	
	Σ	7.880	5.428	4.016	1.564	
计算校核		$\sum a - \sum b = +2.452$		$\sum h = 4.016 + (-1.564) = +2.452$		

水准测量记录表（返测） 表1-1-2

测站	测点	水准尺读数(m)		高差(m)		高程(m)
		后视读数	前视读数	+	-	
Ⅰ	B	1.787		0.231		
	ZD_1	1.072	1.556			
Ⅱ					0.562	
	ZD_2	0.825	1.634			
Ⅲ					1.106	
	ZD_3	0.799	1.931			
Ⅳ	A		1.808		1.009	
	Σ	4.483	6.929	0.231	2.677	
计算校核		$\sum c - \sum d = -2.446$		$\sum h = 0.231 + (-2.677) = -2.446$		

4. 往返测量高程计算示例

练一练

【**例1-1-1**】 如图1-1-18所示的往返水准测量,测量路径长650m,试按表1-1-1与表1-1-2的往返测量记录计算终点 B 的高程。已知起点 A 的高程 $H_A = 132.815$ m,容许误差按高等级公路考虑。

解:(1)计算往测高差

$$\Delta H_{往} = 往测后视和 - 往测前视和 = 7.880 - 5.428 = 2.452(m)$$

(2)计算返测高差

$$\Delta H_{返} = 返测后视和 - 返测前视和 = 4.483 - 6.929 = -2.446(m)$$

(3)高差闭合差的检验

$$f_{h实} = \Delta H_{往} + \Delta H_{返} = 2.452 - 2.446 = 0.006(m) = 6(mm)$$

$$f_{h容} = \pm 20\sqrt{L} = \pm 20\sqrt{0.65} = \pm 0.016(m) = \pm 16(mm)$$

$$|f_{h实}| < |f_{h容}|$$

则 AB 间高差

$$\Delta H = \frac{\Delta H_{往} - \Delta H_{返}}{2} = \frac{2.452 - (-2.446)}{2} = 2.449(m)$$

（4）计算终点高程

$$H_B = H_A + \Delta H = 132.815 + 2.449 = 135.264(m)$$

三、水准路线的布设形式

1. 闭合水准路线

（1）测量方法

如图 1-1-19 所示，从一个已知水准点 BM_1 开始，测定若干所求点之后，继续施测回原已知水准点 BM_1，使水准路线形成一个闭合圈，称为闭合水准路线。

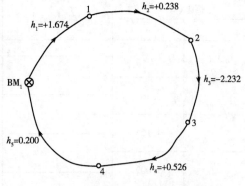

图 1-1-19 闭合水准路线（单位：m）

（2）闭合差校核

在闭合水准路线中，高差的总和理论上应等于零，即

$$\sum h_{理} = 0 \quad (1\text{-}1\text{-}7)$$

实测高差的代数和不等于零，其值为高差闭合差，即

$$f_h = \sum h_{测} \quad (1\text{-}1\text{-}8)$$

$$f_h = \sum h_{测} = +1.674 + 0.238 - 2.232 + 0.526 - 0.200 = +0.006(m)$$

即高差闭合差：$f_h = +6mm$

2. 附合水准路线

（1）测量方法

从一个已知水准点出发，连续测定若干所求点后，继续向前施测，最后附合到下一个已知水准点上，称为附合水准路线，如图 1-1-20 所示。

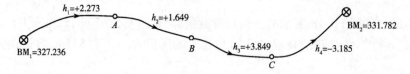

图 1-1-20 附合水准路线（单位：m）

（2）闭合差校核

在附合水准路线中，理论上各段的高差总和应等于两附合水准点的高程差，如果不等，其差值为高差闭合差 f_h：

$$f_h = \sum h_{测} - (H_{终} - H_{始}) \quad (1\text{-}1\text{-}9)$$

$$f_h = \sum h_{测} - (H_{终} - H_{始}) = (+2.273 + 1.649 + 3.849 - 3.185) - (331.782 - 327.236) = +0.040(m)$$

即高差闭合差： $f_h = +40\text{mm}$

3. 支水准路线

如图 1-1-21 所示，从一个已知水准点 BM_A 出发，沿选定的路线施测到点 1，既不闭合也不附合，这样的水准路线称为支水准路线。为保证支点高程的准确性，必须进行往返水准测量，按前述方法计算支点高程。

不管采用哪种水准测量路径，实测闭合差必须在容许误差范围内，否则重测，直至满足要求为止。容许误差要求同往返水准测量：对于高速公路、一级公路，容许误差 $f_{h容} = \pm 20\sqrt{L}(\text{mm})$；对于二、三、四级公路，$f_{h容} = \pm 30\sqrt{L}(\text{mm})$，其中 L 指测量路径长，取单程距离，单位为 km。如实测闭合差在容许误差

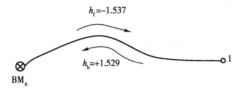

图 1-1-21 支水准路线（单位：m）

范围内，为了使测量结果更精确，可将误差分段按比例分配到各测段上。在施工测量中，这三种水准测量路径常用来加密水准点，具体内容见施工测量部分。

四、水准测量注意事项

1. 仪器安置注意事项

仪器安置注意事项主要有以下几点：

(1) 在安置仪器时，要将中心连接螺旋拧紧，防止仪器从脚架上脱落下来，并做到人不离仪器。

(2) 仪器应安置在土质坚硬的地方，并应将三脚架踩实，防止仪器下沉。

(3) 三脚架伸缩固定螺旋要拧紧，但用力不要过大。

(4) 仪器应尽量架设在前后两尺中间，以减小误差。

2. 观测注意事项

(1) 仪器上的各种螺旋在转动时都应做到"稳、轻、慢"，如发现螺旋拧到头时，要向回拧两圈。

(2) 每次读数时应严格消除视差，水准管轴气泡要严格居中，读数时要仔细、迅速、果断。

(3) 在强光下使用仪器要打伞，以防止水准气泡受热偏移。

(4) 仪器转站时，应将三脚架合拢，用一只手抱住脚架，另一只手托住仪器，稳步前进。远距离迁站时，仪器应装箱，扣上箱盖。

(5) 水准尺必须扶直，距离较远时可采用摇尺法读取准确读数。

3. 记录注意事项

(1) 无论是观测员记录，还是记录员记录，都要保证记录得认真和准确，测量数据记录时不得涂改、擦改和转抄。

(2) 字体要清晰、端正，如果记录有误，不准用橡皮擦拭，应在错误数据上画斜线后，在其上方重新记录正确的数值。

(3) 测量结束后，应及时整理、检查计算是否正确，测量结果是否符合要求，经复核无误后，方能交付使用。

课题三 微倾式水准仪的检验与校正

1. 微倾式水准仪的主要轴线及它们之间的几何关系；
2. 误差的来源及对测量结果的影响；
3. 各项检验要达到的目的。

1. 微倾式水准仪的检验方法；
2. 水准仪的校正方法。

我们在使用水准仪时常常会发现,在观测中尽管每个操作步骤都是正确的,但测量结果并不总是能符合精度要求,这是不是由于使用的仪器存在问题呢？那么我们应该怎样对仪器进行检验和校正呢？

根据水准测量原理,水准仪必须能提供一条水平视线,才能正确地测出两点间的高差。

水准仪在出厂前都进行了严格的检验与校正,如图1-1-22所示,因此,水准仪各轴线的几何关系应满足下列条件：

(1) 圆水准器轴 $L'L'$ 应平行于仪器的竖轴 VV。
(2) 十字丝的横丝应垂直于仪器的竖轴 VV。
(3) 水准管轴 LL 应平行于视准轴 CC。

在长期使用和运输过程中,各轴线的几何关系会发生变化,为保证测量成果的质量,应对水准仪进行定期的检验与校正。

一、圆水准器的检验与校正

目的：使圆水准器轴平行于仪器的竖轴。

1. 检验方法

圆水准器的检验方法是：旋转脚螺旋使圆水准器气泡居中,然后将仪器绕竖轴旋转180°,如果气泡仍居中,则表示该几何条件满足；如果气泡偏离零点,则需要校正。

2. 校正方法

圆水准器的校正方法是：先调整脚螺旋,使气泡向零点方向移动偏离值的一半,此时竖轴处于铅垂位置。然后,稍旋松圆水准器底部的固定螺钉,用校正针拨动3个校正螺钉,使气泡居中,这时圆水准器轴平行于仪器竖轴且处于铅垂位置。

此项校正,需反复进行,直至仪器旋转到任何位置时,圆水准器气泡皆居中为止。最后旋紧固定螺钉。圆水准器校正螺钉的结构如图 1-1-23 所示。

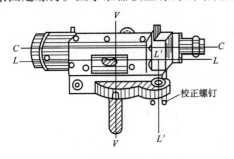

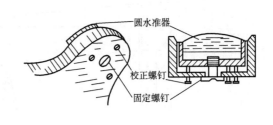

图 1-1-22　微倾式水准仪的轴线

图 1-1-23　圆水准器校正螺钉

二、十字丝横丝垂直于仪器的竖轴的检验与校正

目的:使十字丝横丝垂直于仪器的竖轴,即竖轴铅垂时,十字丝横丝水平。

1. 检验方法

十字丝横丝垂直于仪器的竖轴的检验方法为:安置水准仪,使圆水准器的气泡严格居中后,先用十字丝交点瞄准某一明显的、固定的点状目标 M,如图 1-1-24a)所示,然后旋紧制动螺旋,轻轻转动水平微动螺旋,如果目标点 M 不离开中丝,如图 1-1-24b)所示,则表示中丝垂直于仪器的竖轴,不需校正;如果目标点 M 离开中丝,如图 1-1-24c)所示,则需要校正。

2. 校正方法

十字丝横丝垂直于仪器的竖轴的校正方法如图 1-1-25 所示,松开十字丝分划板座的固定螺钉,转动十字丝分划板座,使中丝一端对准目标点 M,再将固定螺钉拧紧。此项校正也需反复进行,直到满足要求为止。

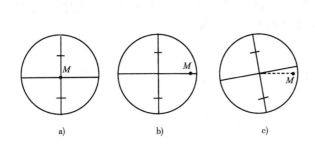

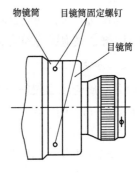

图 1-1-24　十字丝的检验

图 1-1-25　十字丝的校正

三、水准管轴平行于视准轴的检验与校正

目的:使水准管轴平行于视准轴,即当管水准器气泡居中时,视准轴水平。

1. 检验方法

水准管轴平行于视准轴的检验方法有以下几点:

(1)如图 1-1-26 所示,选择相距约 100m 平坦且通视良好的两点 A、B,在 A、B 两点上放置尺垫或各打一个木桩固定其点位并竖立水准尺。

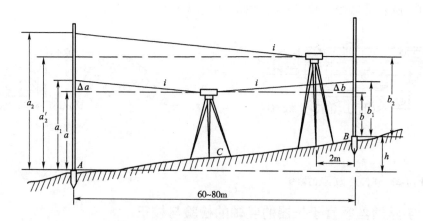

图 1-1-26　水准管轴平行于视准轴的检验

（2）水准仪置于距 A、B 两点等远处的 C 位置，经过整平后，分别观测 A、B 两点上的水准尺读数为 a_1、b_1，则 A、B 两点的高差为 $h_{AB}=a_1-b_1$。为了保证所测两点高差的准确性，一般用变换仪器高法测定 A、B 两点间的高差，两次高差之差不超过 3mm 时，可取平均值作为正确高差 h_{AB}。

如图 1-1-26 所示，假如水准仪的视准轴不平行于水准管轴，存在倾斜角 i，但由于仪器架在中间时，$\Delta a=\Delta b$，则 $h_{AB}=a_1-b_1=(a+\Delta a)-(b+\Delta b)=a-b$。

这说明当仪器架设在两点中间时，测出的两点高差不受视准轴倾斜的影响，这就是为什么在水准测量时仪器要尽量架设在前后两尺点中间的原因。

（3）再把水准仪置于离 B 点 2~3m 的位置，精平仪器后读取近尺 B 上的读数 b_2。

（4）计算远尺 A 上的正确读数值 a'_2：

$$a'_2=b_2+h_{AB}$$

（5）照准远尺 A，旋转微倾螺旋，将水准仪横丝对准尺上计算读数 a'_2，这时如果水准管气泡居中，即符合气泡影像符合，则说明视准轴与水准管轴平行；否则应进行校正。

2．校正方法

（1）重新旋转水准仪微倾螺旋，使视准轴对准 B 尺读数 b_2，这时水准管符合气泡影像错开，即水准管气泡不居中。

（2）如图 1-1-27 所示，用校正针先松开水准管左右校正螺钉，再拨动上下两个校正螺钉［先松上（下）边的螺钉，再紧下（上）边的螺钉］，直到符合气泡影像符合为止。此项工作要重复进行几次，直到符合要求为止。

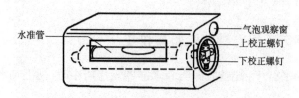

图 1-1-27　水准管的校正螺钉

注意：用校正针拨动上、下校正螺钉时，应先松后紧，以防损坏校正螺钉。

课题四　自动安平水准仪

1. 自动安平水准仪的构造特点；
2. 自动安平原理。

自动安平水准仪的使用。

 想一想

普通水准仪在使用时首先要利用脚螺旋使水准泡居中，达到粗平的目的，读数前再利用微倾螺旋使水准管气泡居中，以达到精确整平仪器。这样操作起来比较麻烦，也严重影响了水准测量的速度。那么，是否有操作简单、观测精度又高的仪器可以满足我们的要求呢？

读一读

自动安平水准仪只有一个圆水准器，在安置仪器时，只要使圆水准器的气泡居中，即可借助于仪器中一种叫作"补偿器"的装置，使视线自动处于水平状态，用十字丝横丝依然可以准确读出相当于视准轴水平时的尺上读数，操作简单，可以大大缩短观测时间。同时可以对由于仪器整平误差、地面的微小振动及脚架不规则下沉等因素引起的测量误差进行调整，从而得到准确的读数。图1-1-28所示为苏州第一光学仪器厂生产的DSZ_2型自动安平水准仪。

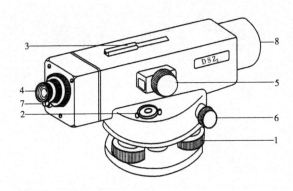

图1-1-28　DSZ_2型自动安平水准仪

1-脚螺旋；2-圆水准器；3-瞄准器；4-目镜调焦螺旋；5-物镜调焦螺旋；6-微动螺旋；7-补偿器检查按钮；8-物镜

一、视线自动安平原理

自动安平水准仪的基本原理为：在水准仪望远镜的光学系统，设置一种利用重力作用来改变光路的补偿器，当视准轴水平时在水准尺上的读数为a，当视准轴倾斜了一个小角度α时，如图1-1-29所示，这时视准轴读数为a'，而a'已不是水平视线的读数，即$a \neq a'$。为了能使十字丝横丝的读数仍为视准轴水平时的读数a，利用望远镜的光路中所加的补偿器的作用，使通过物镜光心的水平视线经过补偿器的光学元件后偏转一个 β 角，偏转角的大小正好能够"补偿"视准轴倾斜后所引起的读数误差，使成像仍然位于十字丝中心。由于 α、β 都是很小的角度，如果式（1-1-10）成立，即能达到补偿的目的。

$$f \cdot \alpha = d \cdot \beta \tag{1-1-10}$$

式中：f——望远镜物镜的焦距；

d——补偿器到十字丝的距离。

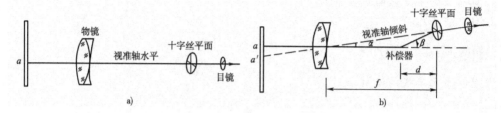

图 1-1-29　自动安平水准仪的安平原理

在使用普通微倾式水准仪时，必须使仪器达到精确水平状态，这时的读数才是准确的。而在使用自动安平水准仪时，怎样判断补偿器是否起作用，仪器是否达到精确水平状态呢？

二、自动安平水准仪的使用

自动安平水准仪的使用与一般微倾式水准仪的操作方法基本相同，但不需精平，在安置仪器时，只要转动脚螺旋，使圆水准气泡居中，即可利用补偿器达到自动安平的目的。当自动安平水准仪通过圆水准器粗平后，观测者应检查"补偿器"工作是否正常，观测者可通过望远镜内的警告指示窗是否全部呈绿色来判断能否读数。即通过调整圆水准器，当指示窗全部呈绿色时，说明视线在补偿器范围内，可对水准尺进行观测读数。

课题五　三、四等水准测量

1. 三、四等水准测量的应用特点；
2. 三、四等水准测量的观测程序。

1. 三、四等水准测量记录表的填写；
2. 三、四等水准测量数据的处理。

高程控制网由高级到低级分级布设，各个等级有相应的适用范围，在实际应用中，你会正确的选择测量等级吗？

一、布设原则

三、四等水准网是在一、二等水准网的基础上进一步加密国家高程控制网的，根据需要在高等级水准网内布设附合路线、环线或节点网,直接提供地形测图和各种工程建设所必需的高程控制点。水准点的间距可根据实际需要决定,应埋设普通水准标石或临时水准点标志,其点位应选在地基稳固、能长久保存标志及便于观测的地点。

三、四等水准路线上每隔 4~8km 应埋设普通水准标石一块,在人口稠密、经济发达的地区可缩短为 2~4km,荒漠地区和水准支线可增长至 10km 左右,支线长度在 15km 以内可不埋标石。

二、技术要求

三、四等水准测量除用于国家高程控制网加密外,还可用于公路工程测量和地形图测绘的首级高程控制,其应遵循的技术要求如表 1-1-3 ~ 表 1-1-5 所示。

三、四等水准测量仪器选择　　　　　　　　　　　　表 1-1-3

仪器名称	最低型号	
	三等	四等
自动安平光学水准仪、自动安平数字水准仪、气泡式水准仪	DSZ_3 DS_3	DSZ_3 DS_3
双面区格式木质标尺、条码式钢瓦标尺	—	—

三、四等水准测量主要技术要求　　　　　　　　　　表 1-1-4

等级	每千米高差中误差(mm)	测段往返测高差不符值(mm)	附合或环线闭合差(mm)	
			平原	山区
三	±6	$±12\sqrt{R}$	$±12\sqrt{L}$	$±15\sqrt{L}$
四	±10	$±20\sqrt{R}$	$±20\sqrt{L}$	$±25\sqrt{L}$

注:R 为测段的长度;L 为附合路线的长度,均以(km)为单位。

三、四等水准测量的观测应在通视良好、成像清晰稳定的情况下进行。

三、四等水准测量测站技术要求　　　　　　　　　　表 1-1-5

等级	视线长度(m)	前、后视距差(m)	前、后视距累积差(m)	红、黑面读数差(mm)	视线高度	红、黑面高差之差(mm)
三	65	≤2	≤6	≤2	三丝能读数	≤3
四	80	≤3	≤10	≤3	三丝能读数	≤5

三、观测程序

三、四等水准测量使用 DS_3 型水准仪进行观测,水准尺为整体式红、黑双面尺,在观测前,要对水准仪和水准尺进行检校。要求水准尺竖直扶正,调整圆水准器使气泡居中,测量时要将水准尺安置在尺垫上。根据双面水准尺的尺常数 $K_1 = 4.687$ 和 $K_2 = 4.787$ 成对使用双面尺。

下面以四等水准测量为例,介绍双面尺法的施测方法。

1. 每一测站的观测程序

仪器安置于前、后视点等距离处,分别瞄准后、前视尺,估读视距,使前、后视距离差不超过 3m,如超限,则需移动前视尺或水准仪,以满足要求。同时为抵消因水准尺磨损而造成的标尺零点差,要求每个水准测段的测站数应为偶数。观测顺序如下:

(1)后视黑面尺,读取上、下、中三丝读数,并记为(1)、(2)、(3);

(2)前视黑面尺,读取上、下、中三丝读数,并记为(4)、(5)、(6);

(3)前视红面尺,读取中丝读数,并记为(7);

(4)后视红面尺,读取中丝读数,并记为(8)。

以上观测顺序称为"后—前—前—后"(即黑—黑—红—红),黑面尺要读三丝读数,红面尺只读中丝读数。

在观测中,边观测边记录,并进行校核,各项计算符合相应等级限差要求时才能迁站,否则应予以重测。

2. 一个测站上的计算与校核

(1)视距的计算与校核

视距的计算与校核如下所示。

后视距离:(9) = [(1) - (2)] × 100;

前视距离:(10) = [(4) - (5)] × 100;

前、后视距差:(11) = (9) - (10);

前、后视距累积差:(12) = 本站(11) + 前站(12)。

(2)水准尺读数的校核

同一根水准尺黑面与红面中丝读数之差如下所示。

前视尺黑、红面读数差:(13) = K + (6) - (7),对于三等水准测量≤2mm,对于四等水准测量≤3mm。

后视尺黑、红面读数差:(14) = K + (3) - (8),对于三等水准测量≤2mm,对于四等水准测量≤3mm。

(3)高差的计算与校核

高差的计算与校核如下所示。

黑面高差:(15) = (3) - (6);

红面高差:(16) = (8) - (7);

黑、红面高差之差:(17) = (15) - [(16) ± 0.1] = (14) - (13),对于三等水准测量≤±3mm,对于四等水准测量≤±5mm。

式中0.1是两根水准尺红面起点注记差,"+"或"-"号应视红面常数来确定,当后视尺常数 K 是4.687时,说明红面高差比黑面高差小,则应加上0.1m,反之,则应减去0.1m。

平均高差:(18) = [(15) + (16) ± 0.1]/2。

(4)每页计算校核

①高差部分。

测站数为偶数:

$$\sum[(3)+(8)] - \sum[(6)+(7)] = \sum[(15)+(16)] = 2\sum(18)$$

测站数为奇数:

$$\sum[(3)+(8)] - \sum[(6)+(7)] = \sum[(15)+(16)] = 2\sum(18) \pm 0.1$$

②视距部分。

$$末站视距累积差 = 末站(12) = \sum(9) - \sum(10)$$

$$水准路线总长度 = \sum(9) + \sum(10)$$

四、成果处理

在完成一测段单程测量后,须立即计算其高差总和;完成水准路线往返观测或附和、闭合路线观测后,应尽快计算高差闭合差,若高差闭合差未超限,便可进行闭合差调整,最后按照调整后的高差计算各水准点的高程。测量观测记录表见表1-1-6。

三、四等水准测量观测记录表　　　　　　　　　　　　　　　　　表1-1-6

自:_____测至:_____　　_____年_____月_____日　　　　天气:_____
时刻:始:_____时_____分　末:_____时_____分　成像:_____观测者:_____记录者:_____

测站	测段编号	后尺 上丝 下丝 后视距离 视距差(m)	前尺 上丝 下丝 前视距离 累积差(m)	方向及尺号	水准尺读数 黑面	水准尺读数 红面	K+黑−红 (mm)	平均高差 (m)	备注
		(1)	(4)	后 K_1	(3)	(8)	(14)		
		(2)	(5)	前 K_2	(6)	(7)	(13)	(18)	
		(9)	(10)	后−前	(15)	(16)	(17)		
		(11)	(12)						
1	BM_1-ZD_1	1.896	0.763	后 K_2	1.713	6.400	0	1.1340	
		1.530	0.395	前 K_1	0.579	5.366	0		
		36.6	36.8	后−前	1.134	1.034	0		
		−0.2	−0.2						
2	ZD_1-ZD_2	2.751	0.872	后 K_1	2.535	7.324	−2	1.8850	K 为水准尺常数 $K_1=4.787$ $K_2=4.687$
		2.318	0.430	前 K_2	0.651	5.338	0		
		43.3	44.2	后−前	1.884	1.986	−2		
		−0.9	−1.1						
3	ZD_2-ZD_3	2.048	0.854	后 K_2	1.778	6.464	1	1.1880	
		1.507	0.323	前 K_1	0.589	5.377	−1		
		54.1	53.1	后−前	1.189	1.087	2		
		+1.0	−0.1						
4	ZD_3-A	1.172	1.682	后 K_1	0.916	5.701	2	−0.5055	
		0.660	1.160	前 K_2	1.421	6.107	0		
		51.2	52.2	后−前	−0.505	−0.406	1		
		−1.0	−1.1						
校核	$\sum(9)=185.2$ $\sum(10)=186.3$ 末站(12)=$\sum(9)-\sum(10)=-1.1$ 总视距=$\sum(9)+\sum(10)=371.5$			$\sum(3)=6.942$　$\sum(8)=25.889$ $\sum(6)=3.240$　$\sum(7)=22.188$ $[\sum(3)+\sum(8)]-[\sum(6)+\sum(7)]=32.831-25.428=7.403=2\sum(18)$ $\sum(15)=3.702$　$\sum(16)=3.701$　$\sum(18)=3.7015$ $\sum(15)+\sum(16)=3.702+3.701=7.403$ $\sum[(15)+(16)]=2\sum(18)$						

复习思考题

一、应知题

1. 微倾式水准仪主要由哪些部分组成？各部分的作用是什么？
2. 什么是圆水准器轴？当圆水准气泡居中时,圆水准器轴应处于什么位置？
3. 常用的水准尺包括哪几类？它们各有什么特点？
4. 尺垫有什么作用？水准尺在使用尺垫时应置于尺垫的什么部位？
5. 绘图说明水准测量的基本原理。
6. 在水准测量中,高差的正负号是如何规定的？这些各说明什么问题？
7. 水准仪的操作包括哪几个步骤？简述各个步骤的基本操作要求。
8. 视差产生的原因是什么？如何消除？
9. 什么是水准点？什么是转点？两者有什么区别？
10. 转点在测量中起何作用？转点由前视点变为后视点及仪器搬至下一站的过程中,为什么不容许发生任何移动？如何选择转点？
11. 试述在一测站上测定两点高差的观测步骤。
12. 什么是高差闭合差？分别写出三种水准路线的高差闭合差表达式。容许误差如何计算？
13. 微倾式水准仪主要做哪几项检验校正？其目的是什么？简述各检验方法。
14. 在水准测量时,将仪器架设在与前后两转点等距处有何好处？为什么？
15. 自动安平水准仪如何检查补偿器的性能是否良好？
16. 简述水准测量的原理。若将水准仪立于 A、B 两点之间,A 点水准尺上读数为 $a=0.796$,B 点水准尺上读数为 $b=1.421$,已知 A 点高程为 846.724m。

    (1) 回答:A 点高还是 B 点高？

    (2) 计算 B 点高程。

17. 在 E、F 两点间安置水准仪,照准 E 尺读数为 3.463m,照准 F 尺读数为 1.864m,已知 F 点高程为 646.355m。

    (1) 回答:E 点高还是 F 点高？

    (2) 计算 E 点高程。

18. 从 BM_3 进行单程测量,观测数据如图 1-1-30 所示,已知 BM_3 高程为 436.886m,计算 1、2、3 点高程。

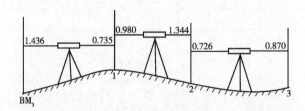

图 1-1-30 第 18 题图(单位:m)

19. 如图 1-1-31 所示,在二级公路测量中,从水准点 BM_4 起,用往返测量的方法观测 BM_5 点的高程。已知 BM_4 点高程为 435.556m,水准路线长 350m,按图中所示读数记录、计算。

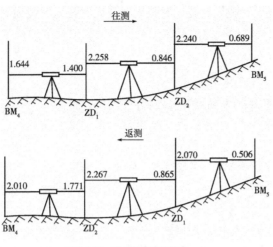

图 1-1-31 第19题图(单位:m)

20. 如表 1-1-7 所示,试完成四等水准测量观测数据的计算。

四等水准测量记录、计算表(双面尺法)　　　　表 1-1-7

测站编号	点号	后尺 上丝 下丝	前尺 上丝 下丝	方向及尺号	水准尺读数		$K+$黑$-$红 (mm)	平均高差 (m)	备注
					黑面	红面			
		后视距离	前视距离						
		视距差(m)	累积差(m)						
		(1)	(4)	后 K_1	(3)	(8)	(14)		
		(2)	(5)	前 K_2	(6)	(7)	(13)		
		(9)	(10)	后-前	(15)	(16)	(17)	(18)	
		(11)	(12)						
1		1.586	0.754	后 K_1	1.386	6.176			K 为水准尺常数 $K_1=4.787$ $K_2=4.687$
		1.212	0.378	前 K_2	0.556	5.244			
				后-前					
2		2.136	2.211	后 K_2	1.939	6.626			
		1.762	1.836	前 K_1	2.013	6.802			
				后-前					
3		1.929	2.069	后 K_1	1.731	6.518			
		1.554	1.693	前 K_2	1.871	6.559			
				后-前					
4		1.980	2.156	后 K_2	1.837	6.524			
		1.715	1.889	前 K_1	2.012	6.798			
				后-前					
5		1.555	2.828	后 K_1	1.309	6.096			K 为水准尺常数 $K_1=4.787$ $K_2=4.687$
		1.084	2.372	前 K_2	2.590	7.277			
				后-前					
校核									

33

二、应会操作题

1. 变更仪器高,准确测出两点间的高差

1)目的与要求

(1)熟悉水准仪的构造及使用方法。

(2)掌握变更仪器高测出两点间高差的实际作业过程。

(3)完成两点间高差的测定,并根据一点高程计算另一点高程。

2)操作方法

(1)在一定距离处安置水准仪,尽量使前、后视距相等。

(2)粗平水准仪,瞄准后视尺,对光、调焦、消除视差。缓慢转动微倾螺旋,使管水准器的气泡严格符合后,读取中丝读数 a_1,将读数记入记录表中。

(3)读完后视读数,瞄准前视尺,用同样的方法读取前视读数 b_1,并记录。

(4)变更仪器高,重复上述步骤,两次仪器高所测得的高差之差应小于3mm,取平均值作为两点间的高差。如两次高差的差值超过限值,则需重测,直至符合要求为止。

(5)假定其中一点高程,推算出另一点高程。

2. 模拟测出某地基面的平整程度

1)目的与要求

(1)熟练掌握水准仪的操作。

(2)掌握地基面平整度的测量方法。

2)实操方法与步骤

(1)由指导教师讲解测量平整程度的原理、方法。

(2)选一处较为平整的长方形地面,以四个顶点、两长边中点及长方形中心为待测点,并使在同一站能清楚地观测到每个待测点。

(3)将水准仪整平,分别在每个待测点放置水准尺,于同一测站读出各个待测点的水准尺读数,通过各点水准尺读数判定地面平整程度(即哪个点最高,哪个点最低,高多少,低多少)。

模块二　经纬仪的使用

在"课程入门指导"一讲中我们已经向大家介绍过,传统方法定位地面点是通过角度、距离和高程三个元素来实现的。但角度通常用什么仪器来测量?如何正确进行仪器的技术操作?如何用仪器进行角度的测量?这便是本模块要研究的主要课题。

课题一　经纬仪的技术操作

1.经纬仪的构造;
2.经纬仪的技术操作。

经纬仪的安置。

角度测量的常规仪器是经纬仪。经纬仪既可测量水平角也可测量竖直角,要进行角度测量就要学会经纬仪的使用。

在使用经纬仪之前,我们首先来认识一下经纬仪。经纬仪是由哪几部分组成的?各组成部分的名称和功能分别是什么?

一、经纬仪的构造

读一读

在公路工程测量中,应用较为普遍的经纬仪是 DJ_2 级光学经纬仪和 DJ_6 级光学经纬仪。其中"D"和"J"是"大地测量"和"经纬仪"的汉语拼音的第一个字母,其下标2、6表示的是该类仪器的精度等级,即"一测回水平方向的方向中误差",以秒为单位。

1. DJ_2 级光学经纬仪的构造(见图1-2-1)

DJ_2 级光学经纬仪主要由照准部、水平度盘和基座三部分组成。

1)照准部

照准部主要包括望远镜、竖直度盘、水准器、测微轮以及读数设备等。

(1)望远镜的用途是寻找并瞄准目标,望远镜筒外有一个粗瞄器,在寻找目标时,先用粗瞄器找到目标,再用望远镜的十字丝精确瞄准。

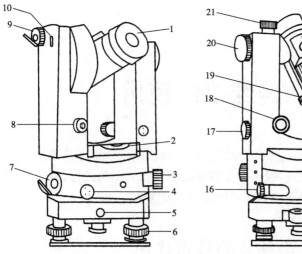
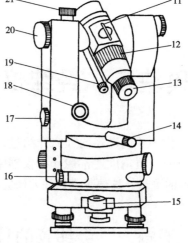

图 1-2-1　DJ_2 级光学经纬仪　　　　　03-DJ_2 级光学经纬仪

1-望远镜物镜;2-照准部水准管;3-度盘变换手轮;4-水平制动螺旋;5-固定螺旋;6-脚螺旋;7-水平度盘反光镜;8-自动归零旋钮;9-竖直度盘反光镜;10-指标盖调位盖板;11-粗瞄器;12-对光螺旋;13-望远镜目镜;14-光学对中器;15-圆水准器;16-水平微动螺旋;17-换像手轮;18-望远镜微动螺旋;19-读数显微镜;20-测微轮;21-望远镜制动螺旋

（2）竖直度盘（简称竖盘）的作用是测量竖直角。

（3）照准部水准管是用来整平仪器的，圆水准器的作用是粗略整平。

（4）换像手轮的作用是变换读数显微镜中水平度盘与竖盘的影像，当手轮上的指示线旋至水平时，读数显微镜看到的是水平度盘分划线的影像，指示线旋至竖直时则为竖盘分划线的影像。

（5）读数设备的作用是用来进行读取度盘读数的。

2）水平度盘

水平度盘是用于测量水平角的。它是由光学玻璃制成的圆环，环上刻有 0～360°的分划线，在整度分划线上标有注记，并按顺时针方向注记，其度盘分划值为 1°或 30′。照准部顺时针旋转时度数增大，逆时针旋转时度数减小。

水平度盘与照准部是分离的，当照准部转动时，水平度盘并不随之转动。如果需要改变水平度盘的位置，可以通过照准部上的水平度盘变换手轮，将度盘变换到所需要的位置。

3）基座

基座是仪器的底座，是用来支承整个仪器的，并借助中心螺旋使经纬仪与脚架结合。其上有三个脚螺旋，用来整平仪器。竖轴轴套与基座连在一起。轴座连接螺旋拧紧后，可将照准部固定在基座上，在使用仪器时，切勿松动该螺旋，以免照准部与基座分离而坠落。

2. DJ_6 级光学经纬仪的构造（见图 1-2-2）

DJ_6 级光学经纬仪的构造和使用与 DJ_2 级光学经纬仪基本相同，只是在读数设备上有所区别。另外，DJ_6 级光学经纬仪没有测微轮。

那么，该如何正确使用经纬仪呢？

二、光学经纬仪的技术操作

1. 经纬仪的对中、整平

在经纬仪角度测量之前，必须先将经纬仪对中、整平。对中的目的是使仪器中心（竖轴）

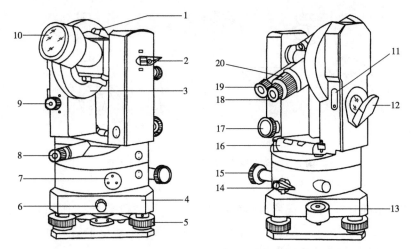

图 1-2-2　DJ$_6$级光学经纬仪

1-粗瞄器；2-望远镜制动螺旋；3-竖盘；4-基座；5-脚螺旋；6-固定螺旋；7-度盘变换手轮；8-光学对中器；9-自动归零旋钮；10-望远镜物镜；11-指标差调位盖板；12-反光镜；13-圆水准器；14-水平制动螺旋；15-水平微动螺旋；16-照准部水准管；17-望远镜微动螺旋；18-望远镜目镜；19-读数显微镜；20-对光螺旋

与测站点位于同一铅垂线上；整平的目的是使仪器的竖轴竖直，水平度盘处于水平位置。

1）在平坦的地面上对中、整平经纬仪

仪器所对的点经常用一个小钉子标定。对中、整平的步骤如下：

(1) 准备工作。

①拧松三脚架架腿固定螺旋并将架腿收拢，根据操作者的身高将三脚架架腿调成等长且合适的高度，并拧紧架腿以固定螺旋。

②打开三脚架，将仪器固定到三脚架中间。

③将三个脚螺旋调至中间高度位置。

(2) 对中。

①旋转光学对中器的目镜，看清分划板上的圆圈，外拉或内推光学对中器，使能看清晰地面上的影像。

②将经纬仪安置于测站点上，目估三个架腿叉开角度均等，并使三个架腿着地点至所对点的距离等同，这时仪器自然大致对中，基本能在光学对中器中找到地面上要对点的位置，然后踩稳一条架腿，双手移动另外两条架腿，前后、左右摆动，眼睛观察对中器使所对点进入同心圆的小圈，放稳并踩实架脚。

(3) 粗平。

在三脚架三条架脚尖着地点位置不动的情况下，根据圆水准器气泡往高处移动的规律，通过伸缩三条架腿长度调节圆水准器，使圆水准器气泡居中。

(4) 精平。

将照准部水准管平行一对脚螺旋的连线，调节脚螺旋使照准部水准管气泡居中；再将照准部水准管旋转90°，调节第三个螺旋使照准部水准管气泡居中，如图 1-2-3 所示。

(5) 对中。

由于整平与对中相互影响，所以检查光学对中器的中心是否仍对准测站点，若有少量偏差，可打开连接螺旋，将仪器在架面上缓慢移动，再次使对中器的中心对准测站点，然后再拧紧连接螺旋。

37

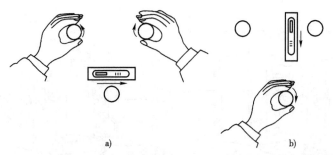

图 1-2-3 调节脚螺旋整平照准部水准管示意图

(6)精平。

观察照准部水准管气泡,若偏离,则重复(4)、(5),直到精平与对中均满足要求为止。一般光学对中误差应小于1mm。气泡允许偏离零点的量要以不超过半格为宜。

对中、整平有以下需要注意的事项：

①取放仪器时一定要将仪器箱平放在地面上,拿出或放进仪器后将其关好。

②仪器高度要根据测量员的身高调整恰当,三脚架架到地面后不要叉开得太宽,以防不慎碰动脚腿;但也不要叉开得太小,以保证仪器的稳定。

③在地面上架好三脚架后一定要踩紧,以防下落。

④在脚架上重新对中后一定要记得再次把仪器连接螺旋拧紧,以防仪器脱落。

⑤仪器上的各种螺旋在转动时都应做到稳、轻、慢,如发现螺旋拧到头时要向回拧两圈。

2)在山坡等倾斜不平的复杂地形对中、整平经纬仪的步骤

(1)将三脚架其中两条腿放长置于坡的较低一侧,另外一条腿缩短置于较高一侧,踩实,使三脚架架面基本水平并使架面圆孔对中地面点位。可以拿一颗小石子或小土块从架面圆孔自由跌落来检验架面连接仪器处是否已大致对中,也可用垂球来检验。

(2)放好三脚架后,将仪器连接到三脚架上,拧稳。

(3)对中。测量员自己伸一只脚或放一小石块等参照物于点位附近,根据对中器偏移情况,手卡稳脚腿连接螺旋处,轻轻移动三脚架脚腿,同时根据地形伸长或收缩脚腿,观察光学对中器,使仪器对中地面点位,对中后手卡稳脚腿连接螺旋处,先踩实脚腿插入地面,后拧紧脚腿连接螺旋。为了安全起见,在脚腿移动并根据地形拉放与收缩时,应一个脚腿一个脚腿地进行。

(4)粗平,同平地方法。

(5)精平,同平地方法。

(6)反复2~3次,直至对中与精平都符合要求为止。

具体操作注意事项如下：

①每次伸缩脚腿后,切记将连接螺旋再拧紧。

②由于山坡地形狭窄,架好仪器后,测量观测者身体移动时注意不要碰仪器架腿。

③山区有时风力很大,注意仪器要架稳,三脚架不要叉开得太小,以保持仪器稳定。

经纬仪对中、整平之后接下来的工作就是照准目标,那么,如何精确照准目标呢?

2. 照准

(1)先松开水平制动螺旋,和望远镜制动螺旋,将望远镜指向天空白色明亮背景。

(2)调节目镜对光螺旋,使十字丝清晰。

(3)先用望远镜上的粗瞄器对准目标,固定水平制动螺旋和望远镜制动螺旋,此时目标的像应已在望远镜视线范围内。

(4)调节物镜对光螺旋,使目标清晰并消除视差。

(5)转动水平微动螺旋和竖直微动螺旋,使十字丝交点精确照准目标最底部中间。

3. 读数

经纬仪由于读数窗的结构不同,读数方法也不同,经纬仪读数窗的结构有4种,那么读数方法也有4种。不管是哪一种读数窗结构,在读数之前都要通过调节读数显微镜目镜对光螺旋和反光镜使读数窗影像清晰。每一种读数窗的读数方法具体如下。

(1)半数字化读数窗的读数方法

如图1-2-4所示,中间窗口为度盘对径分划影像,没有注记,上面窗口为度和整10′的注记,用小方框"□"标记欲读的整10′数,下面窗口的上边大字为"分(′)",下边小字为"10″"。

在读数时,转动测微手轮使中间窗口的分划线上下重合,从上窗口读得5°10′,下窗口读得2′34″,相加最后读数为5°12′34″。

(2)符合读数窗的读数方法

如图1-2-5所示,读数窗中注记正字的为主像,倒字的为副像。其度盘分划值为20′,左侧小窗内为分微尺影像。分微尺刻划由0~10′,注记在左边。最小分划值为1″,按每10″注记在右边。

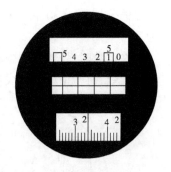

图1-2-4 半数字化读数窗

在读数时,先转动测微轮,使相邻近的主、副像分划线精确重合,如图1-2-5b)所示,以左边的主像度数为准读出度数,再从左向右读出相差180°的主、副像分划线间所夹的格数,每格以10′计。然后在左侧小窗中的分微尺上,以中央长横线为准,读出分数、10秒数和秒数,并估读至0.1″,三者相加即得全部读数。如图1-2-5b)所示的读数为82°28′51″。

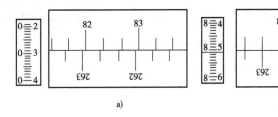

图1-2-5 符合读数窗

应该注意,在主、副像分划线重合的前提下,也可读取度盘主像上任何一条分划线的度数,但如与其相差180°的副像分划线在左边时,则应减去两分划线所夹的格数乘以10′,小数仍在分微尺上读取。如图1-2-5b)所示,在主像分划线中读取83°,因副像263°分划线在其左边4格,故应从83°中减去40′,最后读数为83°-40′+8′51″=82°28′51″,与根据先读82°分划线算出的结果相同。

(3)分微尺读数窗的读数方法

如图1-2-6所示,上面注有"H"(或"水平")为水平度盘读数窗,下面注有"V"(或"竖直")的为竖直度盘读数窗,分微尺的长度等于放大后度盘分划线间隔1°的长度,分微尺分为60个小格,每小格为1′。分微尺每10小格注有数字,表示0′、10′、20′……60′,注记增加方向与度盘相反。这种读数装置直接读到1′,估读到0.1′。

水平或竖直度盘上1°的间隔,成像后与分微尺的全长相等,两条分微尺各分成60等份,最小分划值1′,可估读到0.1′。在读数时,以分微尺的零线为指标线,先读取映在测微尺上的度盘分划线上的度数,再按此度数分划线读出测微尺上的分数,两者相加即为读数值。

图1-2-6中的读数为:

H盘,261° + 4.4′ = 261°04′24″;

V盘,90° + 54.6′ = 90°54′36″。

(4)平板玻璃测微读数窗的读数方法

如图1-2-7所示,上面是测微尺的影像,中间是竖直度盘的影像,下面是水平度盘的影像。度盘的分划值为30′,测微尺上共有30个大格,每大格为1′,每大格又分成3小格,每小格为20″。

在读数时,先转动测微轮,使度盘某分划线精确地移在双指标线的中央,读出该分划线的度盘读数,再根据单指标线在测微尺上读取分、秒数,然后相加,即为全部读数。

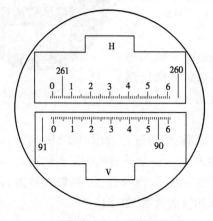

图1-2-6 分微尺读数窗

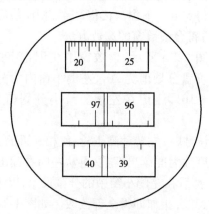

图1-2-7 平板玻璃测微读数窗

图1-2-7读数:39°30′ + 22′30″ = 39°52′30″(水平度盘读数)

如果还要读取竖盘读数,则需要重新转动测微轮,把竖盘某分划线精确地移在双指标线的中央,才能读数。

课题二 水平角的观测

 应知点

1.水平角的概念;

2.水平角的观测方法。

 技能点

1.测回法观测水平角;

2.水平角观测的记录、计算。

想一想

在课题一中我们已向大家介绍了角度测量包括水平角观测和竖直角观测,但什么是水平角,应如何用经纬仪进行水平角观测,这便是本课题要研究的主要内容。

一、水平角

1. 水平角的概念

相交于一点的两方向线在水平面上的垂直投影所形成的夹角,称为水平角。水平角一般用 β 表示,如图 1-2-8 所示,角值的范围为 $0° \sim 360°$。

2. 望远镜水平度盘测角原理

如图 1-2-8 所示,A、O、B 是地面上任意三个点,OA 和 OB 两条方向线所夹的水平角,即为 OA 和 OB 垂直投影在水平面 H 上的投影 O_1A_1 和 O_1B_1 所构成的夹角 β。

如图 1-2-8 所示,可在 O 点的上方任意高度处,水平安置一个带有刻度的圆盘(一般度盘的刻度按顺时针增加),并使圆盘中心在过 O 点的铅垂线上;通过 OA 和 OB 各作一个铅垂面,设这两个铅垂面在刻度盘上截取的读数分别为 a 和 b,则水平角 β 的角值可用以下公式表示:

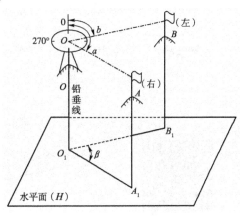

图 1-2-8 水平角测量原理

$$\beta = a - b$$

当 $a > b$ 时或当 $a < b$ 时,可用以下公式表示:

$$\beta = a + 360° - b$$

用于测量水平角的仪器,必须具备一个能置于水平位置的水平度盘,且水平度盘的中心位于水平角顶点的铅垂线上,仪器上的望远镜不仅可以在水平面内转动,而且还能在竖直面内转动,经纬仪就是根据上述基本要求设计制造的测角仪器。

3. 望远镜转动水平度盘读数变化规律

望远镜水平度盘读数与时钟表盘读数类似,也是按顺时针刻划,因此,当望远镜水平顺时针旋转时水平度盘读数增加,当水平逆时针旋转时水平度盘读数减小。

二、水平角的观测方法

水平角的观测方法一般根据目标的多少而定,常用的方法有测回法和方向观测法。那么,什么是测回法?在什么情况下用测回法观测水平角?什么是方向观测法?在什么情况下用方向观测法观测水平角呢?

1. 测回法

测回法是测角的基本方法,如图 1-2-9 所示,要观测 OA、OB 所成的水平角,首先要在 A、B 两点竖立花杆,在 O 点安置经纬仪,分别照准 A、B 两点的目标进行读数,然后进行角度计算。

为了消除误差,一般用盘左和盘右两个盘位分别对每个点进行观测。所谓盘左就是当观测者对着望远镜的目镜时,竖盘在望远镜的左侧;盘右就是当观测者对着望远镜的目镜时,竖盘在望远镜的右侧。盘左又称正镜,盘右又称倒镜。所以,测回法又被称为盘左盘右法或正倒镜法。

1)测回法观测水平角的步骤

(1)如图1-2-9所示,松开照准部制动螺旋,盘左后视瞄准目标 A 花杆的底部中间,读取水平度盘读数 a,记入观测手簿。这里所谓的后视点就是指第一测回先观测的目标点,对后视点的观测就是后视;同样,前视点就是指第一测回后观测的目标点,对前视点的观测就是前视。

(2)转动照准部,用同样的方法前视瞄准目标 B,读取水平度盘读数 b,记入观测手簿。

(3)倒镜,盘右前视观测 B 点,读取水平度盘读数 d,记入观测手簿。

(4)再盘右后视观测 A 点,读取水平度盘读数 c,记入观测手簿。

上述步骤我们可以用图1-2-10来形象地表示。

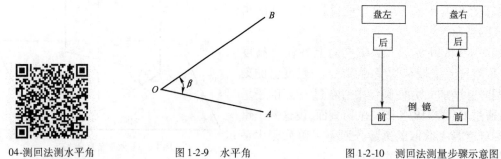

04-测回法测水平角　　　图1-2-9　水平角　　　图1-2-10　测回法测量步骤示意图

2)读数记录

3)计算方法

(1)先计算半测回值

按照后视读数减去前视读数的方法分别计算两半测回的水平角,当后视读数小于前视读数时,将后视读数加上360°后再计算,如表1-2-1所示, $c = a - b$ 或 $c = a + 360° - b$, $c' = a' - b'$ 或 $c' = a' + 360° - b'$。

水平角测回法观测记录表(角点:O)　　　　　　　　　　　表1-2-1

观测点位	盘　　位	
	盘左	盘右
A(后视)	a	a'
B(前视)	b	b'
半测回值	c	c'
平均值	$\dfrac{c+c'}{2}$	

(2)计算平均值

当观测值精度满足要求时,即 DJ_2 经纬仪的上、下两半测回角值之差≤15″,DJ_6 经纬仪的上、下两半测回角值之差≤40″时,计算观测水平角平均值 $\dfrac{c+c'}{2}$,见表1-2-1。

4）所测水平角的位置确定

如图 1-2-9 所示，按照望远镜顺时针旋转水平度盘读数增加、逆时针旋转水平度盘读数减小的规律，可以得出以下结论：

如将从后视到前视的观测作为一个测量方向，位于观测方向左侧的角为左角，右侧的为右角，则按照上述测回法测量计算的结果永远是右角。依照此结论，在图 1-2-9 中，如将 A 点当作后视点观测，则按照测回法直接测出的水平角为图中锐角 β；如将 B 点当作后视点观测，则直接测出的水平角为 OA 与 OB 所夹的大角（位于 β 角外）。

练一练

【例 1-2-1】 表 1-2-2 为测回法水平角观测记录手簿示例。

测回法水平角观测记录表（角点：O）　　　　　　表 1-2-2

观测点位	盘位	
	盘左 （° ′ ″）	盘右 （° ′ ″）
A（后视）	00 02 24	180 02 30
B（前视）	79 14 36	259 14 54
半测回值	280 47 48	280 47 36
平均值（° ′ ″）	280 47 42	

想一想

如图 1-2-11 所示，地面上有 O、A、B、C、D 五点，如果我们要用经纬仪测出 ∠AOB、∠BOC、∠COD 和 ∠DOA 的大小，该如何操作呢？

2. 方向观测法

当在一个测站上需要观测多个水平角时，即观测方向在三个或三个以上时，一般采用方向观测法。

如图 1-2-11 所示，O 为测站点，A、B、C、D 为四个目标点，欲求 O 点到 A、B、C、D 各目标线之间的水平角，可采用方向观测法。

方向观测法观测水平角的具体步骤如下：

(1) 在 O 点安置经纬仪，对中、整平。

(2) 选择一个距离较远、目标较明显的点，如 A 点作为起始方向（或称零方向）。

(3) 用盘左位置精确照准目标 A 点，转动度盘变换手轮，配置水平度盘读数为 0°00′00″ 或稍大于 0°，并读取该水平度盘读数 $a_左$，记入测角记录表中，见表 1-2-3。

(4) 松开水平制动螺旋，顺时针方向转动照准部，依次照准 B、C、D 各点，分别读取水平度盘读数 $b_左$、$c_左$、$d_左$，记入测角记录表中，见表 1-2-3。

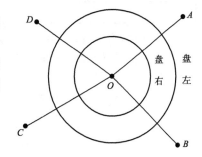

图 1-2-11　方向观测法

方向观测法测角记录表　　　　　　　　　　　　表 1-2-3

测站	测回数	目标	水平度盘读数		2c (″)	平均读数 (° ′ ″)	归零方向值 (° ′ ″)	各测回平均归零方向值 (° ′ ″)	水平角值 (° ′ ″)
			盘左 (° ′ ″)	盘右 (° ′ ″)					
O	1	A	0 01 40	180 01 36	+4	0 01 34 0 01 38	0 00 00	0 00 00	
		B	52 22 18	232 22 24	−6	52 22 21	52 20 47	52 20 42	52 20 42
		C	128 17 45	308 17 33	+12	128 17 39	128 16 05	128 16 05	75 55 23
		D	196 38 27	16 38 25	+2	196 38 26	196 36 52	196 36 52	68 20 47
		A	0 01 32	180 01 26	+6	0 01 29			163 23 08
	2	A	90 02 10	270 02 08	−2	(90 02 12) 90 02 09	0 00 00		
		B	142 22 46	322 22 54	−8	142 22 50	52 20 38		
		C	218 18 15	38 18 19	−4	218 18 17	128 16 05		
		D	286 39 00	106 39 08	−8	286 39 04	196 36 52		
		A	90 02 14	270 02 16	−2	90 02 15			

(5)继续顺时针方向转动照准部,再次照准目标 A(称为归零,归零的目的是为了校核水平度盘在观测过程中是否发生变化)读取水平度盘读数 $a'_{左}$,记入测角记录表中,见表 1-2-3。

两次瞄准目标 A 点的读数 $a_{左}$ 与 $a'_{左}$ 之差称为归零差。对于不同精度等级的仪器,限差要求不同,应符合表 1-2-4 中的规定。上述第(1)步~第(5)步操作被称为上半测回。

水平角方向观测法的技术要求　　　　　　　　　　表 1-2-4

经纬仪型号	半测回归零差 (″)	一测回中两倍照准差(2c)变动范围 (″)	同一方向值各测回较差 (″)
DJ_2	8	13	9
DJ_6	18	—	24

(6)用盘右位置,照准目标 A 点,读取水平度盘读数 $a_{右}$,记入测角记录表中,见表 1-2-3。

(7)逆时针转动照准部,依次照准 B、C、D,并分别读取水平度盘读数 $b_{右}$、$c_{右}$、$d_{右}$,记入测角记录表中,见表 1-2-3。

(8)继续转动照准部,再次照准目标 A 点,读取水平度盘读数 $a'_{右}$,记入测角记录表中,见表 1-2-3。

上述第(6)步~第(8)步操作称为下半测回,$a_{右}$ 与 $a'_{右}$ 之差称为下半测回归零差,应符合表 1-2-4 中的规定。

上、下半测回称为一个测回。观测的测回数取决于工程性质和观测精度的要求,可查阅有关技术标准。如果要观测几个测回,则每个测回应按 $\frac{180°}{n}$ 的差值配置水平度盘的起始位置。

表 1-2-3 是用方向观测法观测了两个测回的测角记录,并计算出 O 点到 A、B、C、D 各目标线之间的水平角。

(9)表1-2-3中的数据计算。

①计算上、下半测回归零差,即半测回归零差:半测回两次瞄准起始方向目标(A点)的读数之差。

②计算两倍照准差,即$2c$值:$2c$ = 同一方向盘左读数减去盘右读数±180°。

两值均不得大于限差规定值(见表1-2-4),否则重测。

③计算各目标的方向值的平均读数,即

$$平均读数 = \frac{盘左读数 + (盘右读数 \pm 180°)}{2}$$

注:起始方向OA有两个平均读数,应再取这两个数的平均值,将其作为A点的方向值并写在表中括号内。

④计算各方向归零方向值,即

各方向归零方向值 = 各方向平均读数 − A点的方向值(表中括号内值)

⑤计算同一方向各测回归零方向值的平均值,即

$$同一方向各测回归零方向值的平均值 = \frac{1}{n}\sum 各测回归零方向值$$

同一方向各测回归零方向值的差值不得大于表1-2-4的规定,然后取同一方向各测回归零方向值的平均值作为该方向的最后观测值。

⑥按顺时针方向,用后一目标的平均归零方向值减前一目标的平均归零方向值,即可得到该两目标间的水平角值。

两目标间的水平角 = 后一目标的平均归零方向值 − 前一目标的平均归零方向值

课题三　竖直角的观测

1. 竖直角的概念;
2. 竖直度盘的构造;
3. 竖直角观测方法。

1. 测回法观测竖直角;
2. 竖盘指标差的计算。

想一想

在课题二中我们已向大家介绍了角度测量中的水平角观测,但什么是竖直角,如何用经纬仪进行竖直角观测,这便是本课题要研究的主要内容。

一、竖直角

在同一竖直面内,将目标视线与水平线的夹角,称为竖直角。其范围为0°~±90°。

45

如图 1-2-12 所示,当视线位于水平线之上,竖直角为正,称为仰角;当视线位于水平线之下,竖直角为负,称为俯角。

如果在测站点 O 上安置带有竖直刻度盘的经纬仪,其竖盘中心通过水平视线,设照准目标点 A 时视线的读数为 n,水平视线的读数为 m,则竖直角 α 可用以下公式计算得出:

$$\alpha = n - m \tag{1-2-1}$$

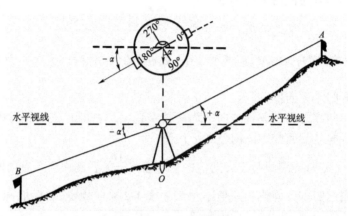

图 1-2-12 竖直角测角原理

二、竖直度盘的构造

如图 1-2-13 所示为竖直度盘的主要组成部分。竖直度盘固定在望远镜横轴的一端,并与横轴垂直,当望远镜在竖直面内转动时,竖直度盘在竖直面内也随着转动。竖盘指标与竖直度盘指标水准管连在一起,不随望远镜做竖直面内的运动。但通过竖盘水准管微动螺旋能使竖盘指标与水准管一起做微小转动,当指标水准管气泡居中时,则竖盘指标处在正确位置。

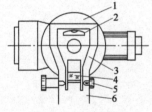

图 1-2-13 竖直度盘构造
1-竖直度盘;2-竖盘指标水准管;3-微动架;
4-指标棱镜;5-竖盘指标水准管微动螺旋;
6-仪器外壳

光学经纬仪的竖盘由玻璃制作,其刻划注记有顺时针与逆时针两种类型,如图 1-2-14 所示。当竖盘指标水准管气泡居中,望远镜视线水平时,竖盘读数应为 90°或 270°。

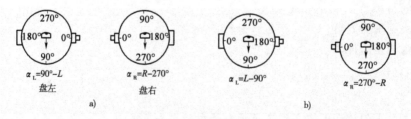

图 1-2-14 竖直度盘的刻划注记

想一想

如图 1-2-15 所示,地面上有 O、M、N 三点,如果要用经纬仪测出 M、N 两点的竖直角,该如何操作呢?

三、竖直角的测量方法

如图1-2-15所示,设测站点为O,观测点为M、N,欲测量M、N两点的竖直角,具体步骤如下:

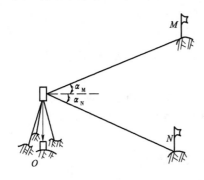

图1-2-15　竖直角观测　　　　05-测回法测竖直角

(1)在测站点O安置经纬仪,对中、整平。

(2)把望远镜大致放平,观察竖盘读数,判断仪器竖盘注记方式,如图1-2-14所示。

当仪器在盘左位置,竖盘读数约为90°,慢慢仰起望远镜物镜,若竖盘读数减小,或当仪器在盘右位置,竖盘读数约为270°,慢慢仰起望远镜物镜,竖盘读数增大时,则竖直度盘为顺时针注记度盘,反之则为逆时针注记度盘。

(3)盘左位置用十字丝的中横丝照准目标M,调整竖盘指标水准管微动螺旋,使竖盘指标水准管气泡居中(或打开自动补偿器的开关),然后读取竖盘读数L,记入表1-2-5中。

上述观测称为上半测回。

(4)根据竖盘的注记形式,按下列公式计算盘左时的竖直角$α_左$。

当顺时针注记时:

$$α_左 = 90° - L \tag{1-2-2}$$

当逆时针注记时:

$$α_左 = L - 90° \tag{1-2-3}$$

(5)盘右位置用十字丝的中横丝照准目标M,调整竖盘指标水准管微动螺旋,使竖盘指标水准管气泡居中,然后读取竖盘读数R,记入表1-2-5中。

竖直角观测记录　　　　表1-2-5

测站	目标	盘位	竖盘读数 (° ′ ″)	半测回竖直角 (° ′ ″)	指标差 (″)	一测回竖直角 (° ′ ″)	备　注
O	M	左	48 17 36	41 42 24	12	41 42 36	
		右	311 42 48	41 42 48			
	N	左	98 28 40	-8 28 40	-13	-8 28 53	
		右	261 30 54	-8 29 06			

(6)根据竖盘的注记形式,按下列公式计算盘右时的竖直角$α_右$。

当顺时针注记时:

$$α_右 = R - 270° \tag{1-2-4}$$

当逆时针注记时:

$$\alpha_{右} = 270° - R \tag{1-2-5}$$

上述观测称为下半测回。

综上可知,在计算竖直角时,应首先弄清物镜抬高时竖盘读数是增大还是减小,才能确定计算公式。为便于计算,将上述公式归纳为:

物镜抬高竖盘读数增大时:

$$竖直角 \alpha = 照准目标时竖盘读数 - 视线水平时竖盘读数 \tag{1-2-6}$$

物镜抬高竖盘读数减小时:

$$竖直角 \alpha = 视线水平时竖盘读数 - 照准目标时竖盘读数 \tag{1-2-7}$$

不论何种竖盘注记形式,也不论是盘左还是盘右,上述方法都是适用的。

(7)计算一测回竖直角 α。

上、下半测回角值的平均值即为一测回竖直角值,即

$$\alpha = \frac{\alpha_{左} + \alpha_{右}}{2} \tag{1-2-8}$$

(8)计算竖盘指标差 x。

由竖盘构造和竖直角计算公式可知,当视线水平竖盘指标水准管气泡居中时,竖盘读数应为 90°或 270°,但实际上这个条件往往不能满足,也即竖盘指标不是恰好指在 90°或 270°整数上,而是指在与 90°或 270°相差一个 x 角处,此 x 角值称为竖盘指标差。

如图 1-2-16 所示,在观测竖直角时,由于存在竖盘指标差,使盘左、盘右读得的读数 L、R 均增大了一个 x 值(或减少了一个 x 值,当竖盘指标的偏移方向与竖盘注记增加的方向一致时,x 值为正值,反之则为负值),则竖直角 α 的计算公式应为:

当盘左时:

$$\alpha = 90° - (L - x) = \alpha_{左} + x \tag{1-2-9}$$

当盘右时:

$$\alpha = (R - x) - 270° = \alpha_{右} - x \tag{1-2-10}$$

将式(1-2-9)与式(1-2-10)相加并取平均值,可得:

$$\alpha = \frac{R - L - 180°}{2} \tag{1-2-11}$$

由此可知,用盘左、盘右两个位置观测竖直角,取其平均值作为最后结果,可以消除竖盘指标差的影响。

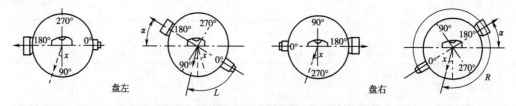

图 1-2-16 竖盘指标

竖盘指标差 $x = \alpha - \alpha_{左}$,即

$$x = \frac{R + L - 360°}{2} \tag{1-2-12}$$

或
$$x = \frac{\alpha_{右} - \alpha_{左}}{2} \tag{1-2-13}$$

竖盘指标差属于仪器误差，一般情况下竖盘指标差的变化很小，可视为定值，如果观测各目标计算的指标差变化较大，说明观测质量较差。对于 DJ_2 级光学经纬仪，规范规定竖盘指标差的变动范围不应超过 ±15″，DJ_6 级光学经纬仪不应超过 ±30″。如果超过此值则需对仪器进行检校。

 练一练

【例1-2-2】 完成竖直角观测手簿（竖直度盘顺时针注记）（见表1-2-6）。

竖直角观测手簿　　　　表1-2-6

测站	目标	盘位	竖盘读数 (° ′ ″)	半测回竖直角 (° ′ ″)	指标差 (″)	一测回竖直角 (° ′ ″)
O	M	左	79 31 06	10 28 54	12	10 28 51
		右	280 29 18	10 29 18		
	N	左	102 51 42	-12 51 42	-9	-12 51 36
		右	257 08 00	-12 52 00		

四、竖直角应用

在公路工程测量中，竖直角主要用来测量架仪器点与测点的视距和高差。视距即为经纬仪观测计算所得的水平距离。

如图1-2-17所示，将经纬仪架设在 A 点，水准尺立在 B 点上，望远镜瞄准水准尺上某一合适位置，水平和竖直均制动，读取水准尺上视、下视读数和中视读数，并读取此时竖直角，则可代入公式计算 A、B 两点间的视距与高差。

1. 视距计算公式

$$D = 100n \times \cos^2\alpha \tag{1-2-14}$$

式中：D——架仪器点与测点间水平距离；

　　　n——上、下视读数差；

　　　α——竖直角。

2. 测点高程计算公式

$$h = 50n \times \sin2\alpha + i - r \tag{1-2-15}$$

式中：h——架仪器点与测点间高差；

　　　r——水准尺上中视读数；

　　　i——仪器高；

其余符号意义同前。

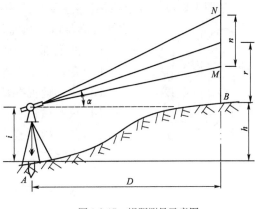

图1-2-17　视距测量示意图

由于上述视距与高差是利用光学原理间接测量得到的，所以其精度一般低于钢尺量距与水准测量高差。

课题四 经纬仪的检验与校正

1. 经纬仪各轴线应满足的几何关系;
2. 经纬仪检验与校正的方法。

1. 经纬仪的检验;
2. 经纬仪的校正。

我们已经知道了经纬仪可以进行角度测量。那么,经纬仪在什么状态下角度观测的结果更精确?

经纬仪由于运输、野外作业受振以及长期使用磨损等原因,其轴线间的几何关系已不能满足要求,为保证观测质量,应定期或在测量任务开始前进行严格的检验与校正。

一、经纬仪各轴线应满足的几何关系

如图 1-2-18 所示,经纬仪各主要轴线为横轴 HH、视准轴 CC、水准管轴 LL、竖轴 VV。它们之间应满足以下几何条件:

(1)照准部水准管轴垂直于仪器竖轴($LL \perp VV$)。
(2)望远镜十字丝竖丝垂直于仪器横轴。
(3)望远镜视准轴垂直于仪器横轴($CC \perp HH$)。
(4)仪器横轴垂直于仪器竖轴($HH \perp VV$)。
(5)竖盘指标差应为零。
(6)光学对中器的光学垂线应与仪器竖轴重合。

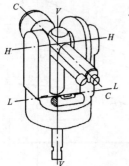

图 1-2-18 经纬仪主要轴线

二、经纬仪检验与校正

1.照准部水准管轴垂直于仪器竖轴的检验与校正

1)检验方法

将经纬仪安置好后,使照准部水准管平行于任意一对脚螺旋的连线,转动这对脚螺旋使气泡居中,然后再将照准部旋转 180°,若气泡仍居中,说明水准管轴垂直于仪器竖轴,否则应校正。

2)校正方法

设水准管轴不垂直于仪器竖轴而偏离了一个 α 角,如图 1-2-19 所示,当气泡居中时,水准管轴水平,此时竖轴却偏离铅垂线方向一个 α 角。当仪器绕竖轴旋转 180°后,竖轴仍在原来位置,而水准管轴线却绕竖轴旋转了 180°,两端交换了位置,因此水准管气泡将偏离零点不再居中,这时水准管轴与水平线的夹角应为 2α,偏离的角 2α 的大小可由气泡偏离的格数来度量。

在校正时,为了使水准管轴垂直于竖轴,只需校正一个 α。

用校正针拨动水准管校正螺旋,使气泡向中央退回偏离格数的一半,水准管轴即垂直于竖轴。气泡偏离的另一半是由竖轴倾斜一个 α 角造成的,再用脚螺旋重新整平即可。

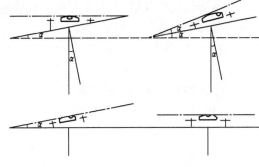

图 1-2-19　水准管轴的校正原理

此项检校必须反复进行,直至水准管位于任何位置气泡均居中。如果仪器上装有圆水准器,则应使圆水准器轴平行于竖轴。在检校时可用校正好的照准部水准管将仪器整平,如果此时圆水准气泡也居中,说明条件满足,否则,应校正圆水准器下面的3个校正螺旋,使气泡居中。

2. 望远镜十字丝竖丝垂直于横轴的检验与校正

1) 检验方法

将仪器整平后,用十字丝竖丝的一端精确照准远处某点,旋紧水平制动螺旋和望远镜的制动螺旋,慢慢转动望远镜竖直微动螺旋,使望远镜做上、下微小仰俯,如果目标点不离开竖丝,说明十字丝竖丝垂直于横轴,否则需校正。

2) 校正方法

如图 1-2-20 所示,旋下目镜处的护盖,微微松开十字丝环的 4 个压环螺旋,轻轻转动十字丝环,直至望远镜上下移动时,目标点始终沿竖丝移动为止,最后将 4 个压环螺旋拧紧并旋上护盖。

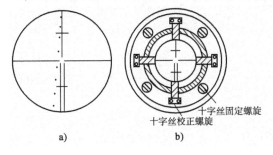

图 1-2-20　十字丝竖丝检验与校正

在实际操作中,尽量用十字丝交点照准目标,以减少因十字丝竖丝不垂直于横轴而产生的测量误差。

3. 视准轴垂直于横轴的检验与校正

检验的目的是使仪器水平时,望远镜绕横轴旋转所扫出的面为一竖直平面,而不是圆锥面。常用的检验与校正的方法有盘左盘右瞄点法和四分之一法。

1) 盘左盘右瞄点法

(1) 检验方法

安置好仪器并整平后,选择远处水平方向一明显的点作为照准目标点,分别用望远镜正、倒镜照准该点,并读得水平度盘读数 $M_左$ 和 $M_右$,若 $M_左 = M_右 \pm 180°$,则说明条件满足。否则,视准轴不垂直于横轴,视准轴不垂直于横轴所偏离的角度称为视准轴误差,用 c 表示,对 DJ_6 经纬仪,c 不超过 $\pm 10''$,DJ_2 经纬仪,c 不超过 $\pm 8''$,否则应校正。

(2) 校正方法

将竖盘置于盘右位置,转动水平微动螺旋,使水平度盘的读数为:

$$m_右 = \frac{M_右 + M_左 \pm 180°}{2} \tag{1-2-16}$$

再从望远镜中观察,此时十字丝交点偏离目标点,当校正时,先取下十字丝环的保护罩,调节十字丝环的左右两个校正螺钉,一松一紧,使十字丝交点重新照准目标点。此项检校需反复进行,直至 c 值不大于 $10''$ 为止,如图 1-2-19 所示。

2）四分之一法

由于盘左盘右瞄点法适用于 DJ_2 经纬仪,对于 DJ_6 经纬仪,只有在度盘偏心差很小时才能见效,否则,$2c$ 中包含了较大的偏心差,校正时将得不到正确的结果。因此,对 DJ_6 经纬仪常采用四分之一法检校。

(1) 检验方法

如图 1-2-21 所示,在平坦的地面上选择一条长为 $60 \sim 100m$ 的直线 AB,将经纬仪安置在 A、B 两点的中间 O 点处,并在 A 点设置一个瞄准标志,在 B 点横置一个有毫米分划的尺子。当检验时,盘左瞄准 A 点后固定照准部,再倒转望远镜瞄准 B 点的横尺,用竖丝在横尺上读数,设读数为 B_1；然后,盘右瞄准 A 点并固定照准部,再倒转望远镜瞄准 B 点的横尺,再用竖丝在横尺上读数,设读数为 B_2。若 B_1、B_2 两点重合,说明条件满足,不需校正,否则应校正。

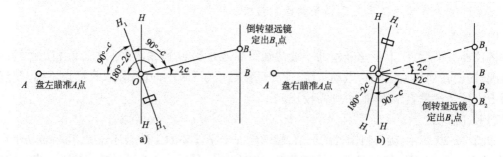

图 1-2-21 四分之一法

(2) 校正方法

若仪器至横尺的距离为 D,则：

$$c = \frac{|B_2 - B_1|}{4D} \cdot \rho \tag{1-2-17}$$

式中,$\rho = 206\,265''$。

在校正时,首先在横尺上定出 B_3 点的位置,使 $\overline{B_2B_3} = \frac{1}{4}\overline{B_1B_2}$,此时,$\angle B_3OB_2 = c$。定出 B_3 点的位置后,取下十字丝环的保护罩,调节十字丝环的左右两个校正螺旋,一松一紧,使十字丝交点重新照准 B_3 点,此项检校需反复进行,直至 c 值不大于 $10''$ 为止。

4. 横轴垂直于竖轴的检验与校正

1）检验方法

(1) 将经纬仪安置在距墙面 $15 \sim 30m$ 附近,事先在墙面上设置一个明显的目标 P,并使望远镜瞄准目标 P 的仰角在 $30°$ 以上,如图 1-2-22 所示。

(2) 盘左位置照准目标 P,固定照准部,调整竖盘指标水准管微动螺旋使水准管气泡居中,读取竖盘读数 L,然后将望远镜放到水平位置,在墙上与仪器同一高度处标出一点 P_1。

(3) 盘右位置仍照准目标 P,固定照准部,调整竖盘指标水准管微动螺旋使水准管气泡居中,读取竖盘读数 R,再放平望远镜,再在墙上与仪器同高处标出一点 P_2。

若 P_1 和 P_2 两点重合,说明横轴垂直于仪器竖轴,否则需校正。

2)校正方法

(1)由于盘左和盘右两个位置定出的 P_1 和 P_2 点各向着不同方向倾斜,而倾斜的角度是相等的,所以取 P_1 和 P_2 两点的中点 P_M 即是正确位置。在墙上定出 P_1 和 P_2 的中点 P_M。

(2)调节水平微动螺旋使望远镜照准 P_M 点,再将望远镜仰起到 P 点,此时十字丝交点将偏离 P 点,而照准 P' 点。

(3)打开支架处横轴一端的护盖,调整支承横轴的偏心轴环,抬高或降低横轴一端,移动十字丝交点位置,直至十字丝交点精确瞄准 P 点。

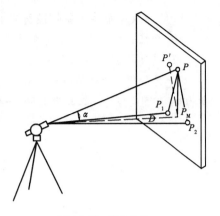

图 1-2-22 横轴检验

在实际操作中,水平角的观测应采用盘左、盘右的结果取平均值的方法,可减少因视准轴不垂直于横轴、横轴不垂直于竖轴所产生的测量误差。

5. 光学对中器的检验与校正

光学对中器由目镜、分划板、物镜及转向棱镜组成,一般安装在经纬仪照准部上。光学对中器分划板中心与物镜圆圈的中心、物镜光心的连线称为光学对中器视准轴。检验的目的是使光学对中器的视准轴经棱镜折射后与仪器竖轴重合,否则产生对中误差。

1)检验方法

(1)将仪器安置在平坦的地面上,严格地整平仪器。

(2)在三脚架正下方地面上固定一张白纸,然后将对中器的刻画圈中心投绘于白纸上,设为 P_1 点。

(3)将照准部旋转 180°,再将对中器的刻划圈中心投绘于白纸上,设为 P_2 点。

(4)如果 P_1 与 P_2 两点重合,说明对中器视准轴与仪器竖轴重合,否则需校正。

2)校正方法

(1)在白纸上定出 P_1 与 P_2 两点的连线的中心 P。

(2)打开两支架之间的圆形护盖,转动光学对中器的校正螺钉,使刻划圈中心前后、左右移动直至刻划圈中心与 P 点重合为止。

此项校正应反复进行,直至旋转照准部不管在任何位置,网圈中心都与 P 点精确对准为止。

 复习思考题

1. 经纬仪主要由哪几部分组成?各有什么作用?
2. 简述经纬仪的技术操作方法。
3. 什么是水平角?
4. 测量水平角时,对中的目的是什么?整平的目的是什么?
5. 观测水平角的方法分别是哪两种?
6. 经纬仪进行水平角观测时,应注意哪些问题?
7. 什么是竖直角?
8. 什么是竖盘指标差?

9. 经纬仪有哪些主要轴线？它们之间应满足的几何关系是什么？

10. 经纬仪的检验主要有哪几项？

11. 简述测回法测水平角的步骤和角度计算方法。

12. 已知用视距法测得某点水准尺上、下视读数分别为 1.986 和 1.028，中视读数为 1.480，竖直角为 40°20′50″，量得仪器高为 1.56m，试根据公式计算架仪器点与测点间的视距和高差。

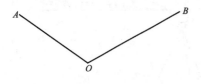

图 1-2-23　第 13 题图

13. 如图 1-2-23 所示，在 O 点安置经纬仪，照准 A 点，水平度盘读数为 a，照准 B 点，水平度盘读数为 b，令 $\beta = a - b$，请在图上标出 β 角位置。

14. 如图 1-2-24 所示，在 Q 点安置经纬仪，照准 M 点，水平度盘读数为 m，照准 N 点，水平度盘读数为 n，令 $\beta = n - m$，请在图上标出 β 角的位置。

15. 如图 1-2-25 所示，在 A 点安置经纬仪，照准 B 点，水平度盘读数为 34°32′，照准 C 点，水平度盘读数为 254°40′，计算 β 角的度数。

16. 如图 1-2-26 所示，在 P 点安置经纬仪，照准 H 点，水平度盘读数为 330°20′，照准 K 点，水平度盘读数为 60°10′，计算 β 角的度数。

17. 如图 1-2-27 所示，在 JD_2 安置经纬仪，观测路线右角，盘左后视 JD_1，水平度盘读数为 284°58′56″，盘左前视 JD_3，水平度盘读数为 73°30′50″，盘右前视 JD_3，水平度盘读数为 253°30′42″，盘右后视 JD_1，水平度盘读数为 104°58′56″。按以上读数记录、计算水平角，并填入表 1-2-7 中。

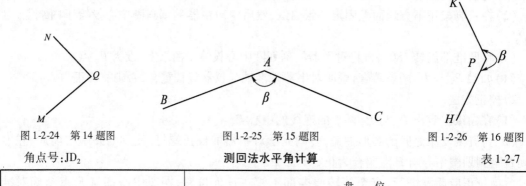

图 1-2-24　第 14 题图　　　图 1-2-25　第 15 题图　　　图 1-2-26　第 16 题图

角点号：JD_2　　　　　　　　测回法水平角计算　　　　　　　　表 1-2-7

观测点位	盘位	
	盘左 (° ′ ″)	盘右 (° ′ ″)
JD_1（后视）		
JD_3（前视）		
半测回值		
平均值		

18. 如图 1-2-28 所示，在 JD_7 安置经纬仪观测右角，盘左后视 JD_6，水平度盘读数为 83°35′20″，盘左前视 JD_8，水平度盘读数为 291°40′24″；盘右前视 JD_8，水平度盘读数为 111°40′18″，盘右后视 JD_6，水平度盘读数为 263°35′08″。按以上读数记录、计算水平角。

19. 在 O 点架设经纬仪,观测 M、N 两点,其竖盘读数如表 1-2-8 所示。
(1)试计算各竖直角。
(2)求竖盘指标差 x。

图 1-2-27 第 17 题图　　　　　　　　图 1-2-28 第 18 题图

竖直角计算方法　　　　　　　　　　　　　　　　表 1-2-8

测站	目标	盘位	竖盘读数 (° ′ ″)	半测回值 (° ′ ″)	指标差 (″)	一测回值 (° ′ ″)	备　注
O	M	左	69 17 24				
		右	290 41 54				
	N	左	98 35 48				
		右	261 23 40				

模块三　直线丈量与坐标计算

课题一　距　离　丈　量

1. 距离丈量的常用工具；
2. 距离丈量成果处理与精度评定。

1. 直线定线的方法；
2. 用钢尺进行距离丈量的实施方法。

 想一想

中国最长的高速公路是哪条？有多长？连霍高速（045国道）全长4 395km，连接江苏连云港和新疆霍尔果斯，横贯中国大陆的东、中、西部，是目前中国最长的高速公路。这么长的距离是怎么测出来的？还有许多高速公路，像京珠高速公路全长约2 310km，它们的距离是怎么测得的？相比，你学校操场的跑道应不算太长，你能量出它的长度吗？

距离测量的方法有多种。那么传统方法是如何丈量两点间的距离呢？

一、地面上点的标志

要丈量地面上两点间的水平距离，就需要用标志把点固定下来，标志的种类应根据测量的具体要求和使用年限来选择。点的标志可分为临时性标志和永久性标志两种。临时性标志可采用木桩打入地中，桩顶略高于地面，并在桩顶钉一小钉或画一个十字表示点的位置，如图1-3-1a）所示。永久性标志可用石桩或混凝土桩，在石桩顶刻十字或在混凝土桩顶埋入刻有十字的钢柱以表示点位，如图1-3-1b）所示。

二、丈量工具

通常使用的量距工具有钢尺、皮尺、绳尺等，辅助工具有测钎、标杆和垂球等。

钢尺又称钢卷尺，由带状薄钢条制成，如图1-3-2a）所示。钢尺有手柄式和盒式两种，长度有20m、30m、50m三种。按尺的零点位置的不同可分为端点尺和刻线尺两种，端点尺是零点从尺的端点开始，如图1-3-3a）所示，适用于从建筑物墙边开始丈量距离的工作；刻线尺是从尺上刻的一条横线作为零点,如图1-3-3b)所示。使用钢尺时必须注意钢尺的零点位置,以免发生错误。

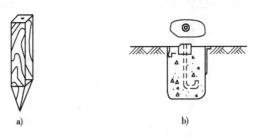

图1-3-1　点的标志

用普通钢尺量距一般精度为1/1 000～1/5 000,若按较精密的方法施测并按较严密的方法进行数据处理,其精度可达1/10 000～1/30 000。

皮尺又称布卷尺,如图1-3-2b)所示。皮尺多由麻布织入铜丝制成,呈带状,也有用塑料制成的。长度有20m、30m、50m三种,一般刻划到厘米(cm),尺的零点在尺的最外端。皮尺的耐拉能力较差,伸缩性较大,可用于普通低精度量距。

绳尺又称测绳,外皮用线或麻绳包裹,中间加入金属丝。其外形如电线,并涂上蜡,每隔1m包一个金属片,并注明米数。长度有50m、100m两种,一般用于精度要求较低的测量工作,如图1-3-2c)所示。

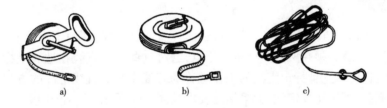

图1-3-2　丈量工具
a)钢尺;b)皮尺;c)测绳

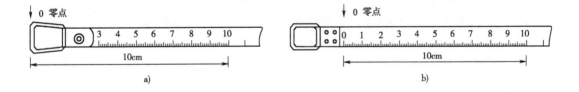

图1-3-3　端点尺与刻线尺
a)端点尺;b)刻线尺

标杆又称花杆,长为2m或3m,直径为3～4cm,用木杆或玻璃钢管、空心钢管制成。杆上按20cm间隔涂上红白漆,杆底为锥形铁脚,用于显示目标和直线定线,如图1-3-4a)所示。

测钎用粗铁丝制成,如图1-3-4b)所示。测钎长为30cm或40cm,上部弯一个小圈,可套入环内,在小圈上系一醒目的红布条。一般要求一组测钎有6根或11根。在丈量时用它来标定尺端点位置和计算所量过的整尺段数。

垂球是由金属制成的,似圆锥形,上端系有细线,是对点的工具。有时为了克服地面起伏的障碍,垂球常挂在标杆架上使用。

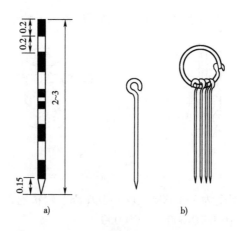

图 1-3-4 标杆与测钎(尺寸单位:m)
a)标杆;b)测钎

想一想

用钢尺进行量距时,如果两点间直线距离较长,钢尺的一个尺段长远远不够时怎么办?如果分成几段来丈量,各个分段点不在一条直线上怎么办?

三、直线定线

直线定线就是当两点间距较长时,要分成几段进行距离丈量,为了使量距能够沿着拟定的方向在直线上测量,就必须在两点间标定若干点,通过这些点将直线在地面上标定出来,从而使量具沿着直线进行。这种标定直线的工作就称为直线定线。直线定线的方法有两种,在测量精度要求不高时,可用花杆定线;如果精度要求较高,就必须用经纬仪定线。

1. 花杆定线

花杆定线适用于 A、B 两点间距离不超过 150m 时的直线定线,一般需要甲、乙两人。

1) 两点间通视时的直线定线

如图 1-3-5 所示,设 A、B 两点为直线的两端点,今在 A、B 两点之间标定①、②、③等中间点,使其与 AB 成一条直线。定线步骤如下:

(1) 先在 A、B 两点上竖立标杆,甲站于 A 点标杆后 $1\sim 2$m 处,由 A 点瞄向 B 点,使单眼的视线与标杆边缘相切。

(2) 甲以手势指挥乙,乙持花杆在①点附近左右移动花杆,直至 A、①、B 三点在同一直线上时,把①点标定出来。

(3) 用同样的方法标定②、③等其他各点。

标定直线一般由远到近逐点标定。

2) 两点间不通视时的直线定线

如图 1-3-6 所示,设 A、B 两点在山丘两侧,互不通视。在定线时,甲在山上持标杆选择靠近 AB 方向的$①_1$点立标杆,$①_1$点要靠近 A 点并能看见 B 点。甲指挥乙将所持标杆定在$①_1B$ 直线上,标定出$②_1$点位置,要求$②_1$点靠近 B 点并能看见 A 点。然后由乙指挥甲把标杆移动到$②_1A$ 直线上,定出$①_2$点。这样互相指挥、逐渐趋近,直到①点在 $A②$ 直线上、②点在 $①B$ 直线上为止。这时①、②两点就在 AB 直线上了。

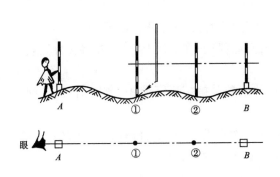

图 1-3-5 花杆定线　　　　　　　　图 1-3-6 两点间不通视的直线定线

2. 经纬仪法定线

经纬仪法是一种精密的定线方法,用于精确测量两点间距离时的定线。有两点间定线法和正倒镜延长直线法两种定线方法。

1)两点间定线法

以经纬仪望远镜的十字丝纵丝作为标准,如图 1-3-7 所示,具体步骤如下:

(1)在待量直线的一端点 A 上安置经纬仪,用经纬仪望远镜精确瞄准直线另一端 B 点的花杆(或测钎)的底部,此时固定经纬仪水平制动螺旋。

(2)沿 BA 方向按尺段长 l_0 概量 1 点。

(3)上、下转动望远镜瞄到 1 处附近,指挥定点人员移动花杆(或测钎),使得 1 号分段点落在望远镜十字丝纵丝影像上。

(4)依此法在 AB 上依次定出分段点 2、3、4 等。

2)正倒镜延长直线法

如图 1-3-8 所示,欲把 D 点定在 AC 直线的延长线上。具体步骤如下:

(1)在 C 点安置经纬仪,盘左瞄准 A 点。

(2)倒镜在概量位置 D 的附近定 D' 点。

(3)盘右瞄准 A 点,倒镜在 D' 点附近定 D'' 点。

(4)取 D' 与 D'' 点连线的中点作为最后定线点 D 的位置。

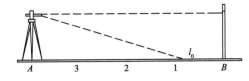

图 1-3-7 经纬仪两点间定线　　　　　　　图 1-3-8 经纬仪延长直线法定线

四、直线丈量的方法

普通量距的方法是用钢尺丈量地面上两点间的水平距离,通常用在低等级的导线测量中或精度要求不高的量距中。为了提高丈量精度,往往采用往返丈量的方法进行。

1. 平坦地面上丈量距离的方法

如图 1-3-10 所示,用钢尺丈量地面上 A、B 两点间的距离,其测量步骤如下:

(1)先在 A、B 两点立花杆,然后再用花杆法(或经纬仪法)在地面上定线,并将各分段点用小木桩标定在 A、B 直线上。

(2)后尺手拿尺的零端立在 A 点,前尺手拿尺的末端并携带测钎沿 AB 方向前进,走到一整尺段处停下。

(3)后尺手把钢尺的零点对准 A 点,并喊"预备",然后前、后尺手将钢尺沿着用小木桩标定的直线同时拉紧尺子,并拉平、拉直以确保量距沿着 AB 直线进行。

(4)当尺子拉平、拉直并稳定后,后尺手喊"好",前尺手迅速将一测钎对准尺的终点刻划竖直插在地面上,如图 1-3-9b)所示。这样就量完了第一尺段。

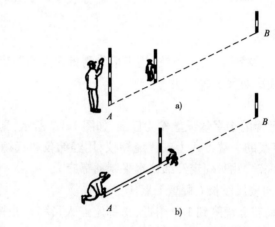

图 1-3-9 距离丈量

(5)前、后尺手同时抬尺前进,当后尺手到达测钎处时停住,重复以上操作方法,继续向前量第二、第三等尺段。

注:量好每一尺段时,后尺手必须将前尺手插在地面上的测钎拔出收好,用来计算整尺段数。

(6)当丈量到 B 点时,一般已不足一个整尺段(称为零尺段),这时由前尺手用尺上某整刻划线对准终点 B,后尺手在尺的零端读数至毫米,求出零尺段长 Δl。

这样就完成了从 A 点到 B 点的往测,如图 1-3-10 所示。往测距离全长 D 用公式表示为:

$$D = nl + \Delta l \tag{1-3-1}$$

式中:l——整尺段的长度;

n——丈量的整尺段数;

Δl——不足一个整尺段的余长。

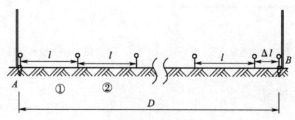

图 1-3-10 往测丈量

（7）往测后再调转尺头，从 B 点返测至 A 点。往、返各丈量一次称为一测回，在符合精度要求时，取往返距离的平均值作为丈量结果。

距离丈量记录如表 1-3-1 所示。

量 距 记 录 表　　　　　　　　表 1-3-1

工程名称：×-×		日期：			量距人员：×××；×××		
钢尺型号：5#(30m)		天气：晴天			记录：×××		
测线		整尺段(m)	零尺段(m)	总计(m)	较差(m)	精度	平均值(m)	备注
AB	往	4×30	15.782	135.782	0.034	1/3 900	135.765	精度要求 1/2 000
	返	4×30	15.748	135.748				

2. 倾斜地面上丈量距离的方法

当地面稍有倾斜时，可把尺的一端紧贴高端对准端点，低处一端抬高，使钢尺处于水平状态，再按整尺段依次分段量取水平距离，最后计算总长，如图 1-3-11a)所示。

若地面倾斜较大，则使尺子的一端靠地对准高端点位置，尺子另一端用垂球线紧靠尺的某刻划，将尺拉紧成水平状态，放开垂球线使垂球自由下坠，其垂球尖端所指位置即为分段量距位置，如图 1-3-11b)所示，各测段之和即为水平距离总长。

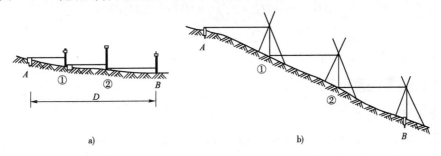

图 1-3-11　倾斜地面上的直线丈量

五、丈量成果处理与精度评定

为了避免出错和增强丈量结果的可靠性，并提高丈量精度，距离丈量要求往返丈量。当丈量精度符合要求时，取往返丈量的平均值作为丈量结果。如果超限，则应重新丈量至符合要求为止。

用往返丈量的较差 ΔD 的绝对值与平均距离 D 之比来衡量它的精度，并用分子为 1 的分数形式来表示，即为相对误差 K。计算公式如下：

$$\Delta D = D_{往} - D_{返} \tag{1-3-2}$$

$$D_{平} = \frac{1}{2}(D_{往} + D_{返}) \tag{1-3-3}$$

$$K = |\Delta D|/D_{平} = \frac{1}{D_{平}/|\Delta D|} \tag{1-3-4}$$

如果相对误差在规定的允许限度内，即 $K \leq K_{允}$，精度符合要求，可取往返丈量的平均值作为丈量结果。

在一般情况下，平坦地区丈量的相对精度应高于 1/3 000，困难地区也不应低于 1/1 000。

> 练一练

【例1-3-1】 用钢尺丈量两点间的直线距离,往测丈量的距离为165.403m,返测丈量的距离为165.443m,要求距离丈量的相对误差不应大于1/2 000,试问:

(1)所丈量成果是否满足精度要求?

(2)按此规定,若丈量100m的距离,往返丈量的较差最大可允许相差多少?

解:由题意知:

$$D_{平} = \frac{1}{2}(D_{往} + D_{返}) = \frac{1}{2}(165.403 + 165.443) = 165.423(m)$$

$$\Delta D = D_{往} - D_{返} = 165.403 - 165.443 = -0.040(m)$$

$$K = \frac{1}{D_{平}/|\Delta D|} = \frac{1}{165.423/0.04} \approx \frac{1}{4\ 100}$$

因为:
$$K < K_{允} = \frac{1}{2\ 000}$$

所以丈量成果满足精度要求。

又由 $K = \frac{1}{D_{平}/|\Delta D|}$ 得:

$$|\Delta D| = K \cdot D_{平} = \frac{1}{2\ 000} \times 100 = 0.05(m)$$

$$\Delta D \leqslant \pm 5cm$$

即往返丈量的较差最大可相差 ±5cm。

六、距离测量注意事项

1. 尺身要平

距离测量时,要求尺身水平,就是要量两点间的水平距离。尺身不平将会使丈量的结果较水平距离长,而且具有误差积累的特性。例如用30m钢尺量距,当尺身两端高差为0.4m时,距离误差约为3mm,相当于1/10 000的精度。所以量距时应特别注意把尺身放平。

2. 定线要直

距离丈量是量测两点间的直线长度,定线不直会使丈量沿折线进行,从而影响丈量精度。在精度要求较高时,应用经纬仪定线。

3. 拉力要均匀

钢尺的标准拉力为100N,在一般丈量中,每段拉尺要保持拉力均匀。

4. 对点、投点要准

在丈量过程中,用测钎插在地面上标志尺端点位置时,点要准确,插钎要直。如在倾斜地区丈量,用垂球投点,误差可能较大。要求丈量时,对点准确,插钎要直,配合协调,尺要拉平,投点要准。

5. 读数、计算要正确

读数时应集中精力,防止把数字读错和记错。计算要正确,结果应符合精度要求。

6. 应精心保护钢尺

在钢尺拉出和收卷时,要避免钢尺打卷。

丈量时,不可在地上拖拉钢尺,更不要扭折,防止人踩和车压,以免折断钢尺。钢尺用过后,要用软布擦去泥沙,擦干净后要涂上防锈油,再卷入盒中。

课题二 直线定向

1. 直线定向的概念;
2. 方位角的概念。

罗盘仪观测磁方位角的方法。

 想一想

如图1-3-12所示,假如你的学校在图上A点,公园到学校的距离是300m,你能不能在图上标出公园的具体地点(用B点来表示)?也就是已知一条线段的长度和一个端点,而没有方向,能不能唯一地确定出此线段?

你能举个需要确定直线方向的实例吗?

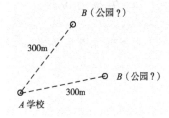

图1-3-12 直线定向示意图

 议一议

过一点作长度一定的线段可以作出无数条,所以只有距离没有方向是无法确定出公园的具体位置的。

在工程测量中,常用坐标方位角来确定直线的方向。那么,什么是坐标方位角?

 读一读

工程测量中,经常需要确定某直线的方向,只要确定好该直线与标准方向之间的水平夹角,则此直线的方向就确定了。在测量中把确定一条直线与标准方向线之间水平夹角的工作称为直线定向。

一、标准方向

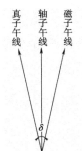

1-3-13 标准方向

在测量工作中以子午线方向为标准方向。子午线方向分为真子午线方向、磁子午线方向和轴子午线方向三种,见图1-3-13。

1. 真子午线方向

通过地面上某点指向地球南北极的方向,称为该点的真子午线方向。它是通过天文测量的方法测定的。

63

2. 磁子午线方向

地面上某点当磁针静止时所指的方向，称为该点的磁子午线方向。磁子午线方向可用罗盘仪测定。

磁子午线不宜作为精密定向的基本方向线，但是，由于确定磁子午线的方向比较方便，因而在独立地区和低等级公路测量中，仍可以利用它作为基本方向线。

3. 轴子午线方向

轴子午线方向又称坐标纵轴线方向，就是大地坐标系中纵坐标的方向。由于地面上各点的真子午线都是指向地球的南北极，所以不同点的真子午线方向是不平行的，这就给计算工作带来不便，因此，在普通测量中一般采用纵坐标轴方向作为标准方向。这样一来，测区内地面各点的标准方向就都是互相平行的。在局部地区，也可采用假定的临时坐标纵轴方向作为直线定向的依据。

综上所述，任何子午线方向都是指向北（或南）的，由于我国处于北半球，所以常将北方向作为标准方向。在工程测量中，通常将轴子午线的北方向作为标准方向，用坐标方位角来确定直线的方向。

二、坐标方位角

1. 工程测量中所用的平面直角坐标系

当测量的范围较小时，可以将测区的地球球面当作平面看待，直接将地面点沿铅垂线投影到水平面上，用平面直角坐标来表示它的平面位置。在这种平面直角坐标系中，将纵坐标轴的方向，即轴子午线的正北（N）方向作为标准方向，规定纵坐标轴为 X 轴，表示南北方向，向北为正；横坐标轴为 Y 轴，表示东西方向，向东为正，如图 1-3-14 所示；坐标原点可假定，也可选在测区的已知点上。象限按顺时针方向编号，测量所用的平面直角坐标系之所以与数学上常用的直角坐标系不同，是因为测量上的直线方向都是从纵坐标轴的北端顺时针方向量度的。

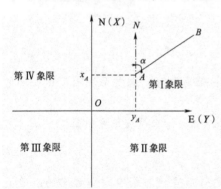

图 1-3-14　测量中的平面直角坐标系与坐标方位角

2. 坐标方位角

在平面直角坐标系中，直线的方向用坐标方位角来表示。坐标方位角是指以纵轴正北方向为起始方向，以直线的起点为中心，顺时针转至该直线的水平夹角。方位角的角值范围介于 0°~360°，如图 1-3-14 中直线 AB 方位角为 α。

三、坐标方位角的推算

1. 图解法

图解法推算的原则是：欲推算哪条有向直线的坐标方位角，就要首先过这条直线的起点作正北方向线，然后根据前后方位角与偏角（转角）的几何关系来进行推算。

(1) 反方位角的推算

如图 1-3-15 所示,如果有向直线 AB 的方位角 α_{AB} 为正方位角,则有向直线 BA 的方位角 α_{BA} 为反方位角。

已知方位角 α_{AB},要求推算出反方位角 α_{BA}。首先,过有向线段 BA 的起点 B 作正北方向线,则方位角:

$$\alpha_{BA} = \alpha_{AB} \pm 180°$$

或

$$\alpha_{正} = \alpha_{反} \pm 180° \quad (1\text{-}3\text{-}5)$$

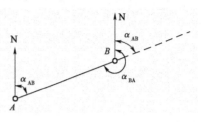

图 1-3-15 正、反方位角

由此可见,一条有向直线的方位角与它的反方位角相差 180°。在实际计算中,可以根据情况加 180°或减 180°来计算反方向方位角,使其介于 0°~360°。如有向直线 MN 的方位角为 30°50′,那么它的反方位角即为 30°50′+180°=210°50′;再如,有向直线 CD 的方位角为 350°,那么 DC 的方位角就应为 350°-180°=170°。

(2) 由转角推算坐标方位角

如图 1-3-16 所示,已知起始边 12 的方位角为 α_{12},路线的转角分别为 θ_1、θ_2、θ_3、θ_4,求 56 边的方位角。

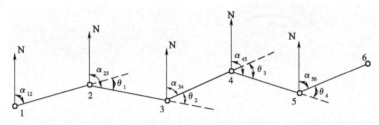

图 1-3-16 方位角推算

所谓转角是指路线由一个方向偏转到另一方向时,偏转后的方向与原方向的水平夹角。当偏转后的方向在原方向的右边时称为右转角,如 θ_1 和 θ_3;当偏转后的方向在原方向的左边时称为左转角,如 θ_2 和 θ_4。转角通常是通过测量路线的右角而推算出的。

首先,过每个转点作正北方向线,由图 1-3-16 可知:

$$\alpha_{23} = \alpha_{12} + \theta_1$$

$$\alpha_{34} = \alpha_{23} - \theta_2$$

$$\alpha_{45} = \alpha_{34} + \theta_3$$

$$\alpha_{56} = \alpha_{45} - \theta_4$$

由此看来,按路线前进方向,前一条直线的坐标方位角等于后一条直线的坐标方位角加减转角而得。如果是右转角就是"+",如果是左转角就是"-",即:

$$\alpha_{前} = \alpha_{后} \begin{matrix} +\theta_{右} \\ -\theta_{左} \end{matrix} \quad (1\text{-}3\text{-}6)$$

2. 公式法

由上述各边方位角的表达式互相代入,可得:

$$\alpha_{56} = \alpha_{12} + \theta_1 - \theta_2 + \theta_3 - \theta_4$$

即

$$终边方位角 = 始边方位角 + \sum 右转角 - \sum 左转角 \qquad (1\text{-}3\text{-}7)$$

这个规律对于有任意条边的情况都成立。

那么,用什么仪器测量方位角呢?该如何测量?

四、罗盘仪的使用

罗盘仪是利用磁针确定直线方向的仪器,通常用于独立测区的近似定向,以及线路和森林的勘测定向。

1. 罗盘仪的构造

罗盘仪是测定直线磁方位角的仪器,图 1-3-17a)所示为 DQL-1 型罗盘仪,它主要由望远镜、罗盘盒、基座三部分组成。

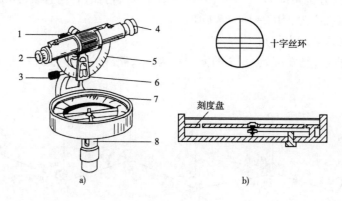

图 1-3-17 罗盘仪

1-望远镜制动螺旋;2-目镜;3-望远镜微动螺旋;4-物镜;5-竖直度盘;6-竖直度盘指标;7-罗盘盒;8-球臼

(1)望远镜

望远镜是用于瞄准目标的部件,通过支架固连在罗盘盒的上方,它由物镜、十字丝、目镜组成。在望远镜一侧附有竖直度盘,可用来测量竖直角。

(2)罗盘盒

罗盘盒固定在望远镜的下方,可随望远镜转动。如图 1-3-17b)所示,罗盘盒内装有磁针和刻度盘,磁针安在刻度盘中心顶针上,可自由转动。为减少顶针的磨损,在罗盘盒的底部装有磁针制动螺旋,不用时可将磁针顶起并固定在玻璃盖上。

刻度盘上按逆时针顺序刻有 0°~360°的刻划,最小刻划为 1°或 30′,每隔 10°有一注记,望远镜的视准轴与 0°和 180°的连线一致,盘内注有 N(北)、E(东)、W(西)、S(南)字。盒内还有水准器,用来整平该度盘。

磁针两端由于受地球两磁极吸引力的不同使得磁针会发生倾斜,由于我国位于北半球,则使得磁针北端往下倾斜,为了使磁针保持水平,常在磁针南端缠上几圈细铜丝。

(3)基座

基座是球臼结构,能装在小三脚架上,松开球臼接头螺旋,摆动罗盘盒可以使水准气泡居中,再旋紧球臼接头螺旋,此时度盘就处于水平位置。

2. 罗盘仪的使用方法

罗盘仪测定某直线的磁方位角的步骤如下:

（1）安置罗盘仪

将罗盘仪安置在直线的一端，用垂球对中，用罗盘盒内的水准器进行整平，并在直线的另一端树立花杆。

（2）瞄准目标

先转动望远镜的目镜进行调焦，使十字丝十分清晰，再用望远镜大致瞄准目标，然后调节物镜对光螺旋使目标成像清晰，并以十字丝交点精确照准目标底部。

（3）读数

松开磁针固定螺旋，使磁针自由转动，读取磁针静止时磁针北端的读数，用 A_m 表示。如图 1-3-18 所示，该直线的磁方位角为 240°。

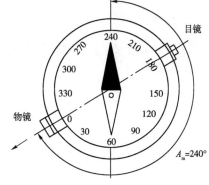

图 1-3-18　罗盘仪刻度盘

3. 罗盘仪使用注意事项

（1）读数时，当望远镜的物镜在度盘 0°刻划上方时，应读取磁针北端指向的读数；若物镜在 180°刻划上方时，应读取磁针南端（带铜丝的一端）的读数。

（2）使用罗盘仪时，周围不能有任何铁器，在铁路旁、高压线、铁矿区及雷雨天气观测时，磁针的读数将受到很大的影响，应避免使用。

（3）测量结束时，必须旋紧磁针制动螺旋，避免顶针磨损，以保护磁针的灵敏性。

课题三　坐 标 计 算

1. 点坐标的计算；
2. 坐标反算方位角；
3. 坐标方位角的推算。

在"课程入门指导"中，我们已经知道，测量工作的关键内容是确定地面点的位置。地面点的平面位置可以用其平面坐标来表示，那么点的平面坐标如何计算？

一、点的平面坐标计算公式

根据已知点的坐标及已知边长和坐标方位角计算未知点的坐标，称为坐标正算。

如图 1-3-19 所示，设 A 点为已知起始点，B 点为终点，A 点的坐标为 (x_A, y_A)，AB 的长度为 D_{AB}，直线 AB 的坐标方位角为 α_{AB}，则终点 B 的坐标 (x_B, y_B) 可按式（1-3-8）计算。

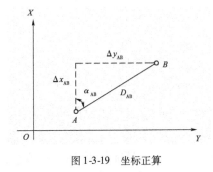

图 1-3-19　坐标正算

由图(1-3-19)可知：

$$x_B = x_A + \Delta x_{AB}$$
$$y_B = y_A + \Delta y_{AB}$$
(1-3-8)

其中，Δx_{AB}、Δy_{AB} 为坐标增量（即 A、B 两点的坐标差），它可以根据边长 D_{AB} 和坐标方位角 α_{AB} 计算求得：

$$\Delta x_{AB} = D_{AB} \cdot \cos\alpha_{AB}$$
$$\Delta y_{AB} = D_{AB} \cdot \sin\alpha_{AB}$$
(1-3-9)

所以式(1-3-8)又可写成：

$$x_B = x_A + D_{AB} \cdot \cos\alpha_{AB}$$
$$y_B = y_A + D_{AB} \cdot \sin\alpha_{AB}$$
(1-3-10)

式(1-3-8)是我们在公路施工测量中进行放样点坐标计算的基本公式。在工程实际中，欲计算哪一点的坐标就将此点看作某条有向直线的终点，然后利用公式(1-3-8)计算其坐标。此公式也是全站仪进行点位平面坐标测量的理论依据。

练一练

【例1-3-2】 已知一条有向直线 MN，起点 M 的平面坐标为(4 123 824.120m, 563 818.306m)，直线距离为284.171m，直线 MN 方位角为213°50′41″，求终点 N 的平面坐标。

解：由已知，起点 M 的坐标分别为：$x_M = 4\ 123\ 824.120$m，$y_M = 563\ 818.306$m。
代入公式：

$x_N = x_M + D_{MN}\cos\alpha_{MN} = 4\ 123\ 824.120 + 284.171 \times \cos213°50′41″$
$\quad = 4\ 123\ 588.102(\text{m})$

$y_N = y_M + D_{MN}\sin\alpha_{MN} = 563\ 818.306 + 284.171 \times \sin213°50′41″$
$\quad = 563\ 660.039(\text{m})$。

二、坐标反算方位角

已知一条有向直线起、终点坐标，反求该直线坐标方位角称为坐标反算。

如图1-3-20所示，设 A、B 为两个已知点，其坐标分别为 (x_A, y_A) 和 (x_B, y_B)，α_{AB} 为有向直线 AB 方位角，则：

坐标增量：
$$\Delta x_{AB} = x_B - x_A$$
$$\Delta y_{AB} = y_B - y_A$$

$$\tan\theta = \left|\frac{\Delta y_{AB}}{\Delta x_{AB}}\right|$$

$$\theta = \arctan\left|\frac{\Delta y_{AB}}{\Delta x_{AB}}\right|$$
(1-3-11)

按式(1-3-11)求得的 θ 只是象限角的大小，即纵轴的北端或南端与直线 AB 所夹的锐角，要获得直线 AB 的坐标方位角 α_{AB}，还需根据 Δx_{AB} 和 Δy_{AB}

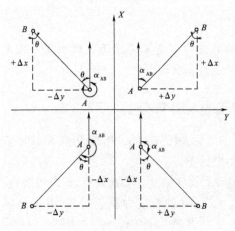

图1-3-20　坐标反算方位角

的正负按下列公式计算：

（1）当 $\Delta x_{AB} > 0, \Delta y_{AB} > 0$ 时，直线 AB 在第一象限，其方位角用以下方式计算：

$$\alpha_{AB} = \arctan \frac{\Delta y_{AB}}{\Delta x_{AB}} \tag{1-3-12}$$

（2）当 $\Delta x_{AB} < 0, \Delta y_{AB} > 0$ 时，直线 AB 在第二象限，其方位角用以下公式计算：

$$\alpha_{AB} = 180° - \arctan \left| \frac{\Delta y_{AB}}{\Delta x_{AB}} \right| \tag{1-3-13}$$

（3）当 $\Delta x_{AB} < 0, \Delta y_{AB} < 0$ 时，直线 AB 在第三象限，方位角用以下公式计算：

$$\alpha_{AB} = 180° + \arctan \frac{\Delta y_{AB}}{\Delta x_{AB}} \tag{1-3-14}$$

（4）当 $\Delta x_{AB} > 0, \Delta y_{AB} < 0$ 时，直线 AB 在第四象限，方位角用以下公式计算：

$$\alpha_{AB} = 360° - \arctan \left| \frac{\Delta y_{AB}}{\Delta x_{AB}} \right| \tag{1-3-15}$$

练一练

【例1-3-3】 如图 1-3-21 所示，已知路线的三个交点，坐标分别为 JD_1(40 591.000m, 110 045.000m)，JD_2(40 728.000m, 110 516.000m)，JD_3(40 485.200m, 111 275.000m)，分别求出直线 JD_1—JD_2、JD_2—JD_3 的坐标方位角和边长，并计算出路线的转角 θ 值。

解：（1）$\Delta x_1 = x_{JD_2} - x_{JD_1} = 40\ 728.000 - 40\ 591.000 = 137.000 (\text{m})$

$\Delta y_1 = y_{JD_2} - y_{JD_1} = 110\ 516.000 - 110\ 045.000 = 471.000 (\text{m})$

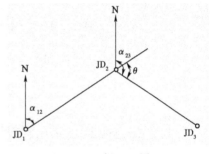

图 1-3-21 例 1-3-3 图

$$\arctan \left| \frac{\Delta y_1}{\Delta x_1} \right| = \arctan \frac{471}{137} = 73°46'55''$$

因 $\Delta x_1 > 0, \Delta y_1 > 0$，知 JD_1—JD_2 为第一象限的直线，故得

$$\alpha_{JD_1-JD_2} = \arctan \frac{\Delta y_1}{\Delta x_1} = 73°46'55''$$

$$D_1 = \sqrt{137^2 + 471^2} = 490.520 (\text{m})$$

（2）$\Delta x_2 = x_{JD_3} - x_{JD_2} = 40\ 485.200 - 40\ 728.000 = -242.800 (\text{m})$

$\Delta y_2 = y_{JD_3} - y_{JD_2} = 111\ 275.000 - 110\ 516.000 = 759.000 (\text{m})$

$$\arctan \left| \frac{\Delta y_2}{\Delta x_2} \right| = \arctan \left| \frac{759}{-242.8} \right| = 72°15'39''$$

因 $\Delta x_2 < 0, \Delta y_2 > 0$，知 JD_2—JD_3 为第二象限的直线，故得

$$\alpha_{JD_2-JD_3} = 180° - \arctan \left| \frac{\Delta y_2}{\Delta x_2} \right| = 107°44'21''$$

$$D_2 = \sqrt{(-242.8)^2 + 759.0^2} = 796.889 (\text{m})$$

(3)转角　　　$\theta = \alpha_{JD_2-JD_3} - \alpha_{JD_1-JD_2} = 107°44'21'' - 73°46'55'' = 33°57'26''$

此转角为右转角。

练一练

【例1-3-4】 如图1-3-22所示,已知P_1点的坐标为(4 230.053m,2 689.74m),P_2点的坐标为(4 143.89m,2 537.24m),路线的转折角$\theta_1 = 50°35'$,$\theta_2 = 53°17'$,P_2P_3的边长为134.43m,P_3P_4的边长为127.18m,求P_4点的坐标。

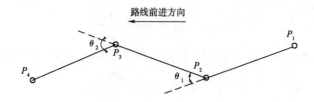

图1-3-22　例1-3-4图

解:(1)根据P_1点和P_2点的坐标反算其坐标方位角。

$$\Delta x_{12} = x_{P_2} - x_{P_1} = 4\ 143.89 - 4\ 230.053 = -86.163(m)$$

$$\Delta y_{12} = y_{P_2} - y_{P_1} = 2\ 537.24 - 2\ 689.74 = -152.5(m)$$

$$\arctan\left|\frac{\Delta y_{12}}{\Delta x_{12}}\right| = \arctan\left|\frac{-152.5}{-86.163}\right| = 60°32'$$

因$\Delta x < 0, \Delta y < 0$,故$P_1P_2$是第三象限的直线,其方位角:

$$\alpha_{12} = 180° + \arctan\frac{\Delta y_{12}}{\Delta x_{12}} = 180° + 60°32' = 240°32'$$

(2)根据图中的路线前进方向可知,转角θ_1为右转角,转角θ_2为路线的左转角,又知路线方位角的推算公式为:

$$\alpha_\text{前} = \alpha_\text{后} \begin{matrix}+\theta_\text{右}\\-\theta_\text{左}\end{matrix}$$

所以方位角

$$\alpha_{23} = \alpha_{12} + \theta_1 = 240°32' + 50°35' = 291°07'$$

$$\alpha_{34} = \alpha_{23} - \theta_2 = 291°07' - 53°17' = 237°50'$$

(3)根据坐标推算公式(1-3-10)知:

$$x_{P_3} = x_{P_2} + D_{23} \cdot \cos\alpha_{23} = 4\ 143.89 + 134.43 \times \cos 291°07' = 4\ 192.32(m)$$

$$y_{P_3} = y_{P_2} + D_{23} \cdot \sin\alpha_{23} = 2\ 537.24 + 134.43 \times \sin 291°07' = 2\ 411.84(m)$$

$$x_{P_4} = x_{P_3} + D_{34} \cdot \cos\alpha_{34} = 4\ 192.32 + 127.18 \times \cos 237°50' = 4\ 124.61(m)$$

$$y_{P_4} = y_{P_3} + D_{34} \cdot \sin\alpha_{34} = 2\ 411.84 + 127.18 \times \sin 237°50' = 2\ 304.18(m)$$

所得P_4点的坐标为(4 124.61m,2 304.18m)。

复习思考题

1. 确定地面上点的位置一般要进行哪几项测量?
2. 地面上点的标志有哪几种?
3. 钢尺量距是丈量地面上两点间的水平距离还是斜距?
4. 端点尺和刻线尺有什么区别?
5. 什么是直线定线? 直线定线的方法有哪几种?
6. 说明直线丈量时应注意哪几项?
7. 用钢尺丈量一直线,往测丈量的长度为326.40m,返测为326.50m,今规定其相对误差不应大于1/2 000,试问:

(1)此测量成果是否满足精度要求?

(2)按此规定,若丈量500m的距离,往返丈量的较差最大可允许相差是多少?

8. 丈量两段距离,一段往、返测分别为126.78m、126.68m,另一段往返测分别为357.23m、357.33m。问哪一段量得精确?

9. 距离丈量数据如表1-3-2所示,要求把表计算完整。

量 距 记 录 表　　　　　　　　　　　　　　　表1-3-2

测线		整尺段(m)	零尺段(m)	总计(m)	较差(m)	精度	平均值(m)	备注
AB	往	5×30	13.863					精度要求小于 1/2 000
	返	5×30	13.793					

10. 何谓直线定向? 直线定向的方法有哪几种?
11. 什么是坐标方位角? 什么是正、反方位角? 什么是坐标方位角? 方位角的角值范围是多少?
12. 试述用罗盘仪测定一条直线的磁方位角的步骤。
13. 试按表1-3-3中各直线的已知方向值换算出它们的正、反方位角,并填在表中。

表1-3-3

直线名称	正方位角 (° ′)	反方位角 (° ′)
AB	256 30	
BC		75 40

14. 已知A点的坐标$x_A=515.98$m,$y_A=972.14$m,直线AB的方位角$\alpha_{AB}=313°46'12''$。AB的距离$D_{AB}=197.38$m,绘草图并计算B点的坐标x_B和y_B。

15. 如图1-3-23所示,测得直线AB的方位角$\alpha_{AB}=81°30'$,B点的转角$\theta=55°22'$,求直线BC的方位角。

16. 已知A、B两点的坐标分别为A(2 447.013m,5 745.230m)、B(2 731.378m,5 328.905m),试求直线AB的坐标方位角α_{AB}与边长D_{AB}。

17. 如图1-3-24所示的导线,已知A点的坐标为(5 624.312m,1 546.954m),B点的坐标为(5 286.365m,1 805.745m),外业测出的导线点处的左角$\beta_1=98°16'23''$,$\beta_2=233°45'15''$,导线边1—2的边长为

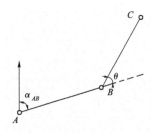

图1-3-23　第15题图

264.23m,2—3 的边长为 308.36m,试推算导线点 2 和 3 的坐标。

18. 如图 1-3-25 所示的导线,AB 的方位角 $\alpha_{AB}=60°$,B 点的右角为 110°,C 点的左转折角为 38°,则 CD 的方位角 α_{CD} 为多少?

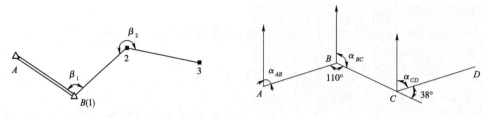

图 1-3-24　第 17 题图　　　　图 1-3-25　第 18 题图

19. 如表 1-3-4 所示,已知 P_1、P_2、P_3 三点的坐标,试计算 P_1P_2 和 P_2P_3 的坐标方位角及边长。

表 1-3-4

点号	x(m)	y(m)	点号	x(m)	y(m)
P_1	6 821.071	1 293.387	P_3	6 187.419	1 302.020
P_2	6 590.933	1 043.074			

模块四　全站仪及其使用

课题一　全站仪的认识

1. 全站仪的特点和功能；
2. 全站仪的面板形式及键盘上各键的功能；
3. 全站仪的主要辅助设备。

目前，在工程中应用最广、技术先进、功能强大的测量仪器就是全站仪。它集经纬仪、水准仪和测距仪多种仪器的功能于一身，可以完成多种测量任务，使繁重的外业工作和复杂的内业计算变得轻松自如。正因为它具有功能强、精度高、用途广和使用方便、快捷等特点，所以备受欢迎。

下面认识一下全站仪的功能和面板形式。

一、全站仪简介

全站仪是光电技术的最新产物，是目前各工程单位进行测量和放样的主要仪器。它由电子经纬仪、光电测距仪和数据处理系统组成，是一种能够自动测角、自动测距和自动记录计算且能自动显示测量结果，并能与外围设备交换信息的多功能测量仪器。由于这种测量仪器较完善地实现了外业测量和数据处理过程的电子化和一体化，所以人们将其称之为全站型"电子速测仪"，简称"全站仪"。

全站仪除了能完成角度测量、距离测量、坐标测量等基本测量功能外，依据内部系统软件还可以进行强大的数据采集、坐标放样和存储管理等功能。虽然全站仪的测量功能很多，但坐标测量与坐标放样是它的主要功能，在公路勘测与施工中应用最多，它使那些以往烦琐的坐标测量与公路中线放样工作变得简单、快速。

目前我国市场上和工地上常见仪器类型有日本的拓普康（Topcon）、尼康（Nikon）、索佳（Sokkia）、瑞士徕卡（Leica）、德国蔡司（Zeiss），我国的南方 NTS 系列、苏光 OTS 系列等。各种不同品牌、型号的全站仪其外貌和结构各不相同，但其使用功能却大同小异。

现以拓普康 330 系列电子全站仪为例来介绍其功能和使用。

二、全站仪的外观与键盘上各键的基本功能

全站仪的价格除与仪器本身硬件有关外，还与其自带的测量程序有关。

1. 仪器外观

拓普康 330 系列全站仪有 GTS-332、GTS-335、GTS-336 三种型号,其中常用的 GTS－332 型全站仪的主要技术指标是:单棱镜测程 3km,测角精度 ±2″,测距精度 ±(2mm+2ppm·D)。如图 1-4-1 所示为拓普康 330 系列电子全站仪的外形结构与各部件名称。

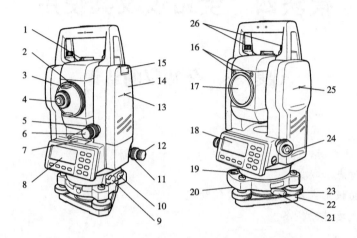

图 1-4-1　拓普康 GTS－330 系列全站仪

1-粗瞄准器;2-望远镜调焦螺旋;3-望远镜把手;4-目镜;5-垂直制动螺旋;6-垂直微动螺旋;7-管水准器;8-显示屏;9-串行信号接口;10-外接电源接口;11-水平制动螺旋;12-水平微动螺旋;13-仪器中心标志;14-机载电池 BT—52QA;15-电池锁紧/拆卸按钮;16-定线点指示器;17-物镜;18-显示屏(GTS－332/335);19-圆水准器;20-圆水准器校正螺钉;21-基座固定钮;22-底板;23-整平脚螺旋;24-光学对中器;25-仪器中心标志;26-提手固定螺旋

2. 操作键

拓普康 GTS－330 全站仪操作面板如图 1-4-2 所示。

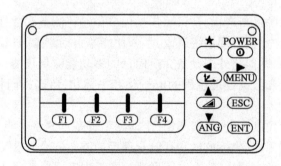

图 1-4-2　拓普康 GTS－330 系列全站仪操作面板

　　⌊——进入坐标测量模式键;
　　◢——进入距离测量模式键;
　[ANG]——进入角度测量模式键;
　[MENU]——进入菜单测量模式键;
　[ESC]——退出键,返回上一级状态或返回测量模式;
　[ENT]——确认键,在输入数值后按此键确认保存;

［POWER］——电源开关键；

　　［0~9］——数字键,输入数字、字母、小数点和负号；

　　　▶◀——光标左右移动键；

　　　▲▼——光标上下移动、翻屏键；

　　　　★——进入星键模式。

3.功能键(软键)

［F1］、［F2］、［F3］、［F4］——软功能键,分别对应显示屏上相应位置显示的命令,在不同测量模式下具有不同的功能,具体如表 1-4-1、表 1-4-2 所示。

4.星键模式

按下★键即可看到下列仪器选项,并进行设置。

(1)按▲或▼键调节显示屏黑白对比度。

(2)按▶或◀调节十字丝亮度(1~9 节)。

(3)显示屏照明开/关［F1］。

(4)设置倾斜改正［F2］。

(5)定线点指示灯开/关［F3］(仅适用于有定线点指示器类型)。

(6)设置音响模式(S/A)［F4］。

5.显示屏上显示符号的含义

　V——竖盘读数；

　HR——水平角(右角)；

　HL——水平角(左角)；

　HD——水平距离；

　VD——仪器望远镜至棱镜间高差；

　SD——斜距；

　V%——(垂直角)坡度显示；

　＊——正在测距；

　N——北坐标,相当于 x；

　E——东坐标,相当于 y；

　Z——天顶方向坐标,相当于高程 H。

三、全站仪的主要辅助设备

全站仪想要完成预定的测量工作,必须要有必要的辅助设备。全站仪主要的辅助设备有：三脚架、反射棱镜、通信数据连接线及备用电池和充电器等,下面主要对三脚架和反射棱镜进行介绍。

三脚架,用于测站上架设仪器或架设带底座棱镜,其操作与经纬仪相同。

反射棱镜,作为目标安置于目标点上,供望远镜照准以测距离或坐标,其形式如图 1-4-3 所示。其中,图 1-4-3a)为三脚架上安置用的棱镜；图 1-4-3d)为测杆棱镜。在工程测量中,往往根据测程的不同,选用三棱镜、九棱镜等。

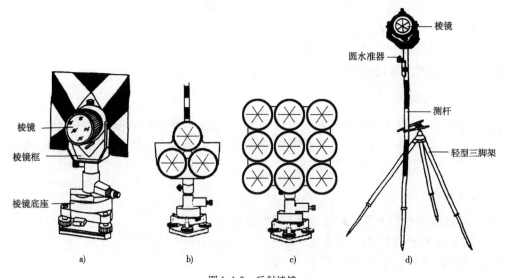

图 1-4-3　反射棱镜

a)倾斜式单棱镜组；b)固定式三棱镜组；c)固定式九棱镜组；d)测杆棱镜

课题二　全站仪基本测量模式

1. 角度、距离、坐标三种基本测量模式的界面及功能；
2. 全站仪操作注意事项。

1. 使用全站仪测量角度；
2. 使用全站仪进行距离测量和距离放样；
3. 在基本模式下进行坐标测量。

 想一想

全站仪能完成角度测量、距离测量和坐标测量等基本测量工作，测量中只需要操作面板上的键盘，测量结果便可以自动记录并显示于屏幕上，避免了烦琐的数据计算。

那么如何用全站仪进行角度测量、距离测量和坐标测量呢？需要先了解全站仪的基本测量模式。

全站仪有角度、距离、坐标三种基本测量模式。各个软功能键在不同测量模式下分别有不同的功能，软键信息显示在屏幕的最底行，各软键功能详见相应的显示信息。

一、角度测量模式

全站仪测量水平角和竖直角的方法与经纬仪操作步骤基本相同，只是照准目标后，水平度盘读数或竖直度盘读数是从液晶显示屏幕上直接读得。开机后,仪器默认状态是角度测量模式,它共有三个界面菜单,如图1-4-4所示。屏幕上显示"V"即为竖直角,"HR"或"HL"为水平角。在每页菜单的最后一行,显示了角度测量的一些功能,其具体含义如表1-4-1所示。

角度测量模式功能表　　　　　　　　　　　　　表1-4-1

页数	软键	显示符号	功能
1	F1	置零	水平角置为0°00′00″
	F2	锁定	水平角读数锁定
	F3	置盘	通过键盘输入数字设置水平度盘读数
	F4	P1↓	显示第2页的软键功能
2	F1	倾斜	设置倾斜改正开或关,若选择开,则显示倾斜改正值
	F2	复测	角度重复测量模式
	F3	V%	垂直角与百分比坡度(%)的切换
	F4	P2↓	显示第3页的软键功能
3	F1	H-蜂鸣	仪器转动至水平度盘读数为0°、90°、180°、270°时是否发出蜂鸣声的设置
	F2	R/L	水平角右/左计数方向的转换
	F3	竖角	竖直角显示格式(高度角/天顶距)的切换
	F4	P3↓	显示下一页(第1页)的软键功能

1. 选择水平角显示方式

水平角显示具有左角(HL)和右角(HR)两种形式。进行测量前,应利用"R/L"键选择右角/左角(即HR/HL)。当选择"HR"时,照准部顺时针旋转水平角度增加;当选择"HL"时,照准部逆时针旋转水平角度增加。这项功能在拨角放线时较为方便。

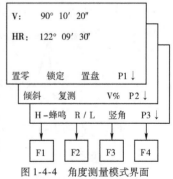

图1-4-4　角度测量模式界面

2. 水平度盘读数的设置

(1) 水平方向置零

测定两条直线间的水平角,可将其中任一方向作为起始方向,并按"置零"功能键,将望远镜照准该方向时水平度盘的读数设置为00°00′00″,简称为水平方向置零。

(2) 方位角设置(水平度盘定向)

当在已知点上设站,照准另一已知点时,该直线方向的坐标方位角是已知的,此时可按"置盘"功能键,设置水平度盘的读数为已知方位角值,这项操作称为水平度盘定向。此后照准其他方向时,水平度盘显示的读数即为该方向的方位角值。

3. 水平角测量

用全站仪测水平角时,首先选择水平角的显示方式HR或HL,再精确照准后视点并进行水平方向置零的设置(即水平度盘的读数设置为00°00′00″),然后旋转望远镜精确照准前视点,此时显示屏上的读数便是要测的水平角值。

全站仪测水平角也可采用后视方向与前视方向的水平读数相减的方法。

4. 竖直角设置

竖直角既可为天顶距式,又可为高度角式,如图1-4-5所示,竖直角读数零位为天顶方向的角,称为天顶距;竖直角读数零位为水平方向的角,称为高度角。按"竖角"键可在天顶距和高度角间进行切换,习惯上一般设置为天顶距式。

V%键可用于竖直角和竖直百分度显示方式的切换,当竖直角为仰角时,V%显示为正值;当竖直角为俯角时,V%显示为负值。竖直百分度V%主要用于设置固定坡度或进行坡度放样。

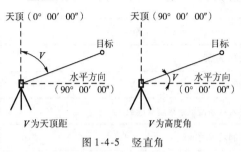

图1-4-5 竖直角

二、距离测量模式

1. 红外测距原理

全站仪测距是通过测定它发出的红外线在两点间传播的时间来计算距离的,此即为红外线测距原理。

方法如图1-4-6所示,在 A 点安置全站仪,在 B 点上设置反射棱镜,当望远镜发出的红外线到达棱镜又被反射回来时,仪器通过记录光线的往还时间为 t,计算出仪器至棱镜的距离 D。即

$$D = \frac{1}{2} c \cdot t \tag{1-4-1}$$

式中:D——待测距离;

c——红外光在大气中的传播速度;

t——红外光在往、返距离上的传播时间。

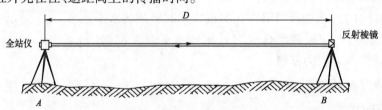

图1-4-6 红外光电测距原理

全站仪可自动把计算出的距离显示在屏幕上。

2. 功能模式介绍

按 ▲ 键进入距离测量模式,它有两个界面菜单如图1-4-7所示。在显示屏上,HR表示水平角读数,HD表示水平距离,VD表示高差。距离测量模式下的功能介绍如表1-4-2所示。

距离测量模式功能列表说明　　　　　　表1-4-2

页数	软键	显示符号	功能
1	F1	测量	启动测量
	F2	模式	设置测距模式:精测/粗测/跟踪
	F3	S/A	温度、气压、棱镜常数等设置
	F4	P1↓	显示第2页软键功能

续上表

页数	软键	显示符号	功能
2	F1	偏心	偏心测量模式
	F2	放样	平距、高差、斜距放样测量模式
	F3	m/f/i	米、英尺或者英尺、英寸单位变换
A	F4	P2↓	显示第1页软键功能

3. 距离测量

全站仪测距时,棱镜是其不可缺少的"合作伙伴"(近几年出现了免棱镜全站仪,但测程都较短,一般在 250m 以下)。

在瞄准棱镜、读取距离值之前,首先应该按"S/A"键,进行大气改正值 PPM 和棱镜常数改正值 PSM 的设置。大气改正的设置可以通过输入温度和气压来获取,也可直接输入 PPM 值。拓普康的棱镜常数为0,设置棱镜改正为0,如使用其他厂家生产的棱镜,则在使用之前应先设置一个相应的常数。

其次,应按"模式"键选择合适的测距模式。全站仪的测距模式有精测模式、跟踪模式、粗测模式三种。精测模式是最常用的测距模式,最小显示单位0.2mm 或 1mm;跟踪模式,常用于跟踪移动目标或放样时连续测距,最小显示单位一般为1cm;粗测模式,最小显示单位为 1cm 或 1mm。

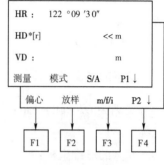

图1-4-7 距离测量模式界面

当仪器设置好后,按"测量"键,可以测出仪器点至棱镜点的斜距或平距,并显示在屏幕上。

4. 距离放样

在距离测量模式下还可以进行距离放样,所谓距离放样就是在确定的方向线上将已知的距离在地面上确定下来。

仍以 GTS-330 系列为例,距离放样的方法如下:

(1)在距离测量模式下,选择第2页的"放样"键,显示上次设置的数据。

(2)通过按[F1]~[F3]软键选择一种测量模式,其中[F1]:平距;[F2]:高差;[F3]:斜距。

(3)输入要放样的距离值。

(4)在确定的方向上,照准目标(棱镜),开始测量,并在屏幕上显示当前测量的距离值与放样距离之差。

(5)在确定的方向上前后移动棱镜,直至使距离差(dHD)等于0为止。

GTS-330 系列全站仪距离放样操作界面如图1-4-8所示。

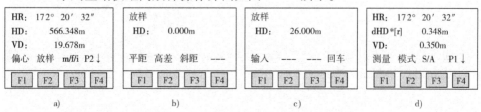

图1-4-8 GTS-330 系列距离放样操作界面

三、坐标测量模式

坐标测量是全站仪的一项主要功能,按[⌴]键可进入坐标测量模式。它有三个主界面菜单,按[F4]软键可翻页查看,如图1-4-9所示。其中,功能键"镜高"是要输入棱镜高,"仪高"是要输入仪器高,"测站"是要输入测站点的坐标。

1. 全站仪坐标测量原理

在一定的已知条件下,利用全站仪可以很方便地测出某些点的三维坐标(平面坐标和高程)。

如图1-4-10所示,已知O点的坐标为(N_O, E_O, Z_O),直线OA的方位角为α_{OA},利用全站仪测量出β角(即直线OA和OB的夹角)和O、B两点间的斜距S,则B点的坐标(N_B, E_B, Z_B)计算过程如下:

直线OB的方位角:
$$\alpha_{OB} = \alpha_{OA} + \beta \tag{1-4-2}$$

B点的平面坐标:
$$\left.\begin{array}{l} N_B = N_O + D \cdot \cos\alpha_{OB} \\ E_B = E_O + D \cdot \sin\alpha_{OB} \end{array}\right\} \tag{1-4-3}$$

又因为OB间的平距:
$$D = S \cdot \sin\theta_Z \tag{1-4-4}$$

B点的三维坐标:
$$\left.\begin{array}{l} N_B = N_O + S \cdot \sin\theta_Z \cdot \cos\alpha_{OB} \\ E_B = E_O + S \cdot \sin\theta_Z \cdot \sin\alpha_{OB} \\ Z_B = Z_O + S \cdot \cos\theta_Z + i - r \end{array}\right\} \tag{1-4-5}$$

式中:N_O、E_O、Z_O——为测站点坐标,其中Z_O指测站点的高程;
$\quad\quad N_B$、E_B、Z_B——待测点B的坐标,其中Z_B指待测点的高程;
$\quad\quad D$——O、B两点间的平距;
$\quad\quad S$——O、B两点间的斜距;
$\quad\quad i$——测站点O上的仪器高;
$\quad\quad r$——待测点B上的棱镜高;
$\quad\quad \theta_Z$——天顶距(天顶为0)。

上述计算过程是由全站仪机内软件计算完成的,B点的坐标(N_B, E_B, Z_B)直接显示在屏幕上。

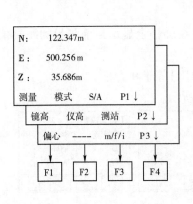

图1-4-9 坐标测量模式界面

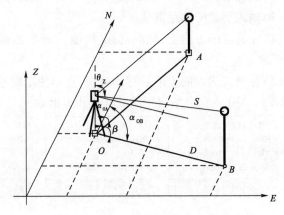

图1-4-10 全站仪坐标测量

2.全站仪坐标测量一般步骤

按照上述原理,全站仪坐标测量一般步骤为:

(1)坐标测量前的准备工作。仪器已正确地安置在测站上,电池电量充足,气象参数、棱镜常数已设置好,度盘定标已完成,测距模式已准确设置。

(2)输入测站点坐标。

(3)输入后视点坐标或后视边坐标方位角,并将仪器后视设定,使仪器水平角度值与地面上望远镜所瞄的直线方位角相对应。这样便为仪器自动推算同站其他方向方位角奠定了基础。

(4)将带棱镜跟踪杆立在地面上某待测点上,望远镜瞄准棱镜测出该点平面坐标。

(5)若要测某点的高程,需在坐标测量前输入测站点高程、仪器高和待测点棱镜高。

3.拓普康330系列全站仪初始状态坐标测量方法

如图1-4-10所示,已知直线OA的方位角α_{OA}和O点的坐标(N_0,E_0,Z_0),要求用全站仪测出B点的坐标(N_B,E_B,Z_B)。

测量时,选择已知坐标点O作为测站点,选择已知方位角的直线OA作为后视方向线,直线OB作为前视方向。具体操作步骤如下:

(1)安置仪器。在测站点O上安置全站仪,对中、整平,用钢尺仔细量取仪器高和待测点上的棱镜高。

(2)开机。按[↙]键进入坐标测量模式,按[F3](S/A)键,进行棱镜常数改正值PSM和大气改正值PPM的设置。

拓普康的棱镜常数为0,设置棱镜改正为0,如使用其他厂家生产的棱镜,则在使用之前应先设置一个相应的常数。大气改正的设置可以通过输入温度和气压来获取,也可直接输入PPM值。

当棱镜常数改正值PSM和大气改正值PPM设置完之后,按[ESC]退出键,返回上一级坐标测量模式。

(3)在坐标测量模式下,按[F4]键进入第2页主界面,输入测站点的坐标、仪器高和棱镜高。

设置结束,在电源关闭后,可保存测站点坐标、仪器高和棱镜高。

(4)后视方向坐标方位角的设置。先利用全站仪的望远镜瞄准目标A,进入角度测量模式,把水平角设置为方位角α_{OA}的数值。仪器在测量中设置方位角后,在角度测量模式下的水平角显示的角值和坐标方位角一致。

(5)坐标测量。旋转照准部,用望远镜照准目标B点上的棱镜,再进入坐标测量模式,开始坐标测量,则B点的坐标(N_B,E_B,Z_B)直接显示在屏幕上。

四、全站仪操作注意事项

全站仪是一种结构复杂、功能齐全、价格昂贵的先进测量仪器,如果仪器损坏或发生故障,就会给生产带来直接影响。因此,必须严格遵守操作规程,正确使用仪器。全站仪操作注意事项如下:

(1)全站仪在测量前的仪器对中、整平操作方法与经纬仪相同。

(2)由于全站仪较重,因此在迁站时,即使很近也应取下仪器装箱。

（3）望远镜不能直接照准太阳，以免损坏测距部的发光二极管。

（4）在阳光下或阴雨天气进行作业时，应打伞遮阳、避雨。

（5）仪器安置在三脚架上之前，应检查三脚架的三个伸缩脚螺旋是否已旋紧。等连接螺旋固定仪器于三脚架上之后才能放开仪器。在整个操作过程中，观测者绝不能离开仪器，以免发生意外事故。

（6）仪器应保持干燥，遇雨后应将仪器擦干，放在通风处，待仪器完全晾干后才能装箱。仪器箱应保持清洁、干燥。由于仪器箱密封程度很好，因而箱内潮湿会损坏仪器。

（7）运输过程中必须注意防振。长途运输最好装在原包装箱内。

课题三　全站仪菜单模式主要功能

全站仪的菜单（MENU）模式。

全站仪菜单程序模式下坐标测量方法。

想一想

在课题二中我们已经介绍了拓普康 330 系列在初始测量模式下的坐标测量功能，该功能只能现输现测，没有数据存储和调用功能，且测量结果不稳定。那么全站仪有无更好的坐标测量程序，使得坐标测量更加便捷呢？

下面请看拓普康 330 系列全站仪菜单模式下数据采集功能，它可以事先编辑输入测站点与后视点等的坐标，便于在后续测量中随时调用，并具有测量数据的存储功能。

一、菜单（MENU）模式

在全站仪的菜单模式下，有数据采集、放样和存储管理三项主要功能。在正常测量模式下按［MENU］键，进入菜单（MENU）模式，然后选择［F1］键可进行数据采集测量，选择［F2］键可进行放样测量，选择［F3］键可进入存储管理模式。菜单模式的操作流程如图1-4-11所示。

1．数据采集模式

数据采集就是测量地面上点的三维坐标。坐标测量可在坐标测量模式下进行，也可在数据采集中完成。

2．坐标放样模式

全站仪坐标放样就是根据点的已知坐标值在地面上确定出点的位置。它广泛应用于公路中线的测设、路基的施工放样等测量工作中，其功能与具体使用方法将在第三篇中向大家介绍。

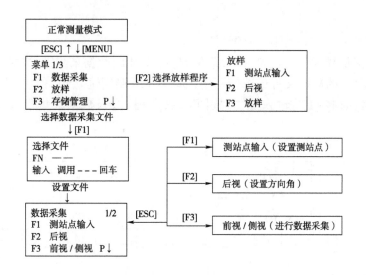

图 1-4-11　菜单模式操作流程图

3. 存储管理模式

GTS-330 系列的文件管理是在存储管理模式下进行的,在此模式下可使用下列内存项目:

(1) 文件状态　检查存储数据的个数/剩余内存空间。

(2) 查找　查看记录数据。

(3) 文件维护　删除文件/编辑文件名。

(4) 输入坐标　将坐标数据输入并存入坐标数据文件。

(5) 删除坐标　删除坐标数据文件中的坐标数据。

(6) 输入编码　将编码数据输入并存入编码库文件。

(7) 数据传送　发送测量数据或坐标数据,或编码库数据,上传坐标数据或编码数据,设置通信参数。

(8) 初始化　内存初始化。

二、全站仪坐标测量

利用全站仪内的数据采集程序,可以直接测得野外某点位的坐标数据。

如图 1-4-12 所示,已知控制点 A、B 的坐标,利用全站仪测量出点 1、2、3 的坐标。现以拓普康 GTS-330 系列全站仪为例,说明其操作过程。

在测量时,选择已知坐标点 A 作为测站点,选择已知坐标点 B 作为后视点,点 1、2、3 为前视点。其具体操作步骤如下。

1. 安置仪器

在测站点 A 安置全站仪,对中、整平,并用钢尺仔细量取仪器高。在后视点 B 上安置棱镜,并量取棱镜高。

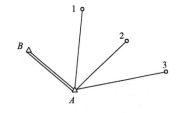

图 1-4-12　坐标测量

仪器高是指仪器的横轴中心至测站点的垂直高度,棱镜高(或称目标高)是指棱镜中心至测点的垂直高度,两者均需用钢尺量得,棱镜高也可从跟踪杆上读取。

2. 开机

进入数据采集程序,进行测站点的设置。

(1)在正常测量模式下,按[MENU]菜单键,再按[F1]数据采集键,选择数据采集文件。这时,既可在已存储的数据文件中选择调用(选择[F2]调用键),也可直接由键盘输入一个新文件的文件名(选择[F1]输入键,并按[F4]回车键)进入数据采集模式,操作界面如图1-4-13所示。

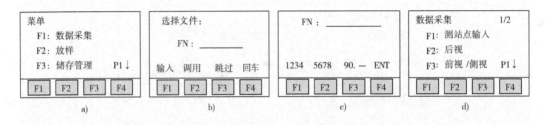

图1-4-13 GTS-330系列数据采集操作菜单界面

(2)在数据采集模式下,按[F1]测站点输入键,再按[F4](测站)键,输入测站点的坐标和仪器高。测站点坐标既可从内存的坐标数据文件中调用来设定(选择[F2]调用键),也可直接由键盘输入,即按[F3]坐标键,输入测站点的坐标并回车,然后输入仪器高并记录。操作界面如图1-4-14 所示。

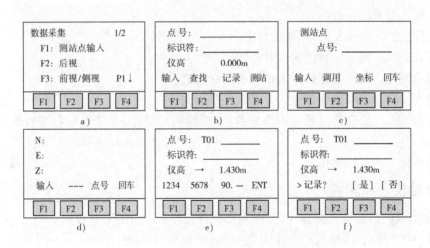

图1-4-14 GTS-330系列数据采集操作菜单界面

3. 瞄准后视点,进行后视方向角的设置

先瞄准后视点 B,在数据采集菜单下,按[F2]后视键,输入后视点号,设置后视方位角,输入棱镜高。

设置后视方位角的方法,其一是直接调用内存坐标数据文件中的后视点坐标(选择[F2]调用键);其二是按[F3](NE/AZ)键直接输入后视点坐标,这两种方法在照准和输入后视点后,必须按"测量"键[F3],并选择一种测量方法(角度、斜距、坐标),这样后视点方位角才被设置;其三是先照准后视点,直接从键盘按[F3](NE/AZ)键输入后视边的方位角。操作界面如图1-4-15 所示。

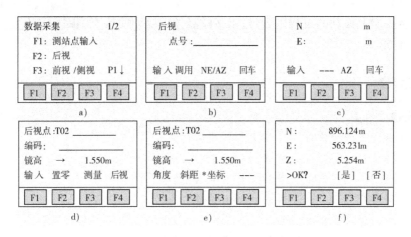

图 1-4-15 GTS-330 系列数据采集操作菜单界面

4. 进行数据采集

旋转仪器，瞄准前视点 1 上的棱镜，在数据采集模式下，按[F3]前视键，输入点号和镜高，再按[F3]测量键，进行坐标测量并记录。

再旋转仪器，瞄准前视点 2 上的棱镜，按[F4]同前键，进行坐标测量并记录。依此方法可以再测出前视点 3 的坐标。

最后要按[ESC]键退出，以防测量数据的丢失。数据采集操作菜单界面如图 1-4-16 所示。

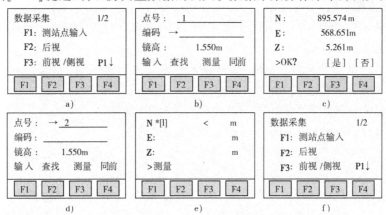

图 1-4-16 GTS-330 系列数据采集操作菜单界面

如果一个测站不能把所有点的坐标采集完，可以迁站，按上述步骤重新设置仪器，继续测量。被采集的数据都存储在测量数据文件中。

三、全站仪坐标测量注意事项

（1）为了提高工作效率，可以将坐标测量中会用到的测站点与后视点坐标事先编辑存入仪器，用时调用即可。

（2）可以将测得的点坐标按点号等编辑存储。

（3）在目标瞄准时，与经纬仪一样，应先用望远镜外粗瞄准器瞄准，而后再用望远镜十字丝精确瞄准。

（4）坐标测量时，一方面跑点员要立直跟踪杆，保证水准气泡居中；另一方面，仪器观测员在瞄准时要先瞄准跟踪杆底部中心，水平制动，然后缓缓拧竖直微动螺旋再对中棱镜中心，这样在望远镜竖直向上移动的过程中,通过十字丝竖丝可以顺便检查跟踪杆是否立直,以保证测量数据的准确性。

复习思考题

一、应知题

1. 全站仪由哪三部分组成?主要有哪些测量功能?
2. 全站仪有哪几种基本测量模式?如何进入该基本测量模式?
3. "HR"代表什么?"HL"代表什么?有何区别?
4. 什么叫天顶距?什么叫高度角?如何设置?
5. 简述全站仪距离放样的步骤。
6. 测量点的坐标可在什么测量模式下完成?
7. 简述全站仪进行坐标测量的主要步骤。
8. 在 GTS-330 系列全站仪的菜单(MENU)模式下,有哪些测量程序?
9. 全站仪的望远镜能直接照准太阳吗?全站仪的操作有哪些注意事项?
10. 全站仪坐标测量与坐标放样有什么区别?
11. 全站仪坐标测量时,后视设置的内容是什么?为什么必须进行后视设置?如何进行后视设置?

二、应会操作练习题

1. 输入棱镜常数 PSM 为 -30mm,气温 T 为 35℃,气压 P 为 760mmHg。
2. 将倾斜改正的 X、Y 均打开。
3. 将竖盘读数 V 的显示由目前的"望远镜水平时盘左为 90°"改为"望远镜水平时盘左为 0°"(即显示的 V 直接为竖直角)。
4. 将测量模式由目前的"精测"改为"粗测",再改回"精测"。
5. 将距离单位由目前的"米"改为"英尺",再改回"米"。
6. 在地面上任取两个点 A 和 B,在 B 点架全站仪,后视地面上任一点 A,用"距离放样方式"在 BA 直线上找到一点,使其与 B 点的距离等于 23.115m。
7. 在地面上任意选 3 个点,分别为 D_1、D_2、D_3,在 D_2 架仪器,后视 D_1,设 D_2 的三维坐标为 (1 367.357m,2 568.854m,58.348m),D_2 至 D_1 的坐标方位角为 α_{21} = 158°25′58″,用盘左测出 D_3 点的三维坐标。

模块五 GPS 测 量

课题一 GPS 简 介

1. 全球定位系统的种类;
2. GPS 的作业方式;
3. GPS 测量的优点。

一、全球定位系统简介

GPS 是全球定位系统的英文简称,它起源于美国军方,主要目的是为陆、海、空三大领域提供实时、全天候和全球性的导航服务,耗资巨大,到 1994 年,已基本完成覆盖全球的 24 颗 GPS 卫星布设。后来逐渐开放于民用,GPS 在工程测量方面主要用于测量点的坐标以及工程放样。它被广泛用于测图与工程施工测量等实际工作中,大大地提高了工作效率。

除了 GPS 全球定位系统外,还有中国的北斗全球定位系统(BDS)、俄罗斯的 GLONASS 和欧洲的伽利略(Galileo)。目前随着我国经济与技术实力的不断提升,北斗全球定位系统进展迅速,已覆盖亚太地区,预计到 2020 年将完成全球卫星定位的服务功能,到时我国将拥有自己独立的精度更高的全球定位系统,从而可以取代 GPS 的使用。

二、GPS 的系统组成

GPS 系统包括三大部分,即空间部分、地面控制部分、用户设备部分(见图 1-5-1)。

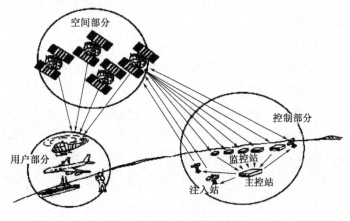

图 1-5-1 GPS 的系统组成

1. 空间星座部分

GPS 空间部分由 24 颗卫星组成,其中包括 21 颗工作卫星,3 颗备用卫星。这 24 颗卫星均匀地分布在 6 个轨道面上,每个轨道面上有 4 颗卫星,如图 1-5-2 所示。卫星轨道面相对地球赤道面的倾角约为 55°,各个轨道平面之间交角为 60°,同一轨道上各卫星之间交角 90°,轨道均为近圆形轨道。GPS 工作卫星发射各种信号,供用户接收后再进行导航和定位。

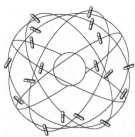

图 1-5-2 空间卫星

GPS 星座高度约为 2.02 万 km,卫星的运行周期(即绕地球一周)约为 11h58min,因而在同一观测站上,每天出现的卫星分布图形相同,只是每天提前约 4min。卫星的分布使得在全球的任何地方、任何时间都可以观测到 4 颗以上的卫星,并能保持良好定位计算精度的几何图形。这就提供了在时间上连续的全球导航能力。

2. 地面监控部分

GPS 系统的地面监控部分由设在美国本土上的 1 个主控站、3 个注入站和 5 个监控站组合而成。

3. 用户设备部分

GPS 用户设备部分由 GPS 接收机硬件和相应的数据软件以及微处理机及其他终端附属设备组成。

三、GPS 的作业方式

GPS 的主要作业方式有静态测量、RTK 动态测量两种。这是根据 GPS 作业时定位方式的不同而区分的,下面分别介绍。

GPS 静态测量:就是在 GPS 测量定位时,接收机的天线在整个观测过程中的位置是保持不变的。静态测量一般用于高精度的测量定位,即在工程中用于测量控制点的坐标,其具体观测模式是多台接收机在不同的观测站上进行静止同步观测,根据测量精度的不同,观察时间有几分钟、几小时到数十个小时不等。

RTK 动态测量:就是在 GPS 测量定位时,认为接收机的天线在整个观测过程中的位置是变化的。RTK 测量精度略低,一般用于详细测量中一些碎部点(或特征点)的坐标测量或通过已知坐标对特征点进行实地放样。

四、GPS 测量的优点

GPS 测量技术与常规测量相比,具有以下优点:

(1) GPS 点之间不要求相互通视,对 GPS 网的几何图形也没有什么严格要求,因而使 GPS 点位的选择更为灵活,可以自由布设。

(2) 定位精度高。目前采用的载波相位相对定位,精度可达 1ppm (1ppm = 10^{-6}m)。

(3) 观测速度快。目前采用静态定位方法完成一条基线的相对定位所需要的观测时间,根据要求的精度不同,一般为 1~3h。如果采用快速静态相对定位,观测时间可缩短至数分钟。

(4) 功能齐全。GPS 测量可同时测定待测点的平面位置和高程。采用实时动态测量还可以进行施工放样。

(5) 操作简便。GPS 测量的自动化程度很高,操作者在观测中只需要安置并开启(关闭)仪器、量取天线高度、监视仪器的工作状态及采集环境的气象数据,而其他如捕获、跟踪观测卫星和记录观测数据等一系列测量工作均由仪器自动完成。

（6）全天候、全球性作业。由于 GPS 卫星有 24 颗，且分布合理，在地球上任何地点、任何时刻均可连续同步观测到 4 颗以上的卫星，因此在任何地点、任何时间均可进行 GPS 测量。GPS 测量一般不受天气的影响。

课题二 GPS 路线静态测量

1. GPS 路线控制测量的程序及技术要求；
2. 内业数据处理过程。

1. 会进行外业选点、埋石；
2. 会利用 GPS 接收机进行外业数据采集。

进行路线控制测量和在确定控制点的坐标时，精度要求较高，这就需要利用静态相对定位的作业模式。GPS 静态测量需选择 GPS 控制点，构成闭合的网形，野外采集数据并进行内业基线的解算，才能求出控制点的坐标。

一、概述

目前，GPS 定位技术在公路建设中的应用越来越多。从许多施测的 GPS 控制网来看，使用较多的方法基本上有两种：一种是对全线控制点都采用 GPS 测量，每个 GPS 点相距 500 ~ 1 000m，相邻点互相通视；另一种是沿线每隔 5 ~ 10km 布设一对 GPS 点，且对点间通视，即一个作为控制点，另一个作为定向点，每对 GPS 点之间用全站仪进行导线加密。

现修建某段高速公路，路线在崇山峻岭中穿行，沿线地形复杂多变，需要用 GPS 进行路线控制测量，我们采用上面第二种方案施测，为发展下一级导线提供已知定向数据，供分段进行附合导线测量所用。

二、资料收集及作业依据

1. 资料收集及利用

如表 1-5-1 所示，测区内有两个已知三角点 K001、K002。采用 3 台 GPS 接收机观测，利用静态相对定位的方法，网形布设成边连式（即在观测作业时，相邻的同步图形间有一条边相连）。

已知三角点成果表　　　　　　　　　　　表 1-5-1

点名	$X(m)$	$Y(m)$	$H(m)$
K001	38 374.567	522 096.838	6.619
K002	38 790.230	522 097.337	6.502

2. 技术依据

技术作业依据：《公路勘测规范》（JTG C10—2007）和《国家三、四等水准测量规范》

（GB 12898—2009）。

3.坐标系统的选择

坐标系统的选择主要包括以下几点：

（1）平面坐标系为公路独立坐标系，采用高斯正形投影3°带，中央子午线为108°，平均纬度32°00′28″。测区长度归化到参考椭球体面上363m（未考虑高程异常值）的抵偿高程面上，然后再按统一的3°带投影到高斯面上。

（2）高程系统采用1985年国家高程基准。

（3）GPS点采用WGS-84地心直角坐标系，再转换成公路独立坐标系。

三、GPS控制网的施测

1.作业方法

1）选点

（1）沿路线中心线由北向南约每5km布设一对GPS点，且对点间通视，分布在中心线两侧，对点距离在500~800m，其连线与中心线大致垂直。

（2）周围应便于安置接收设备和操作，视野开阔，障碍物的高度角应小于15°。

（3）远离大功率无线电发射源（如电视台、微波站等），其距离不小于400m；远离高压输电线200m以上。

（4）为避免多路径效应，点位附近不应有强烈干扰卫星信号接收的物体，还要尽量避开大面积水域。

（5）交通方便，有利于其他测量手段扩展和联测；基础稳固，便于点的保存。

2）埋石与点之记

（1）标石规格：上表面20cm×20cm，底面25cm×25cm，高60cm，埋石时标石上表面高出地面约5cm，并在标石底部现浇厚约15cm、长宽约40cm×40cm混凝土作底盘。

（2）参照测量规范中有关规定，在实地绘制点之记，在点之记中做2~3个护桩，其与GPS点位的距离精确到0.1m。

（3）四等GPS点编号与点名取用：GPS点应尽量使用原有的编号，不用变化编号，以免混淆；点名应取用该GPS点所在村名、山名或地名的拼音字母组成。

3）使用仪器

外业观测使用仪器为南方NGS-200（静态GPS测量系统），标称精度为5mm+2ppm的双频接收机3台，编号分别为Ⅰ、Ⅱ、Ⅲ。所有机型都通过仪器检测中心鉴定，仪器性能可靠，精度满足设计要求。

4）GPS网的布设

布网时应尽可能采用独立观测边构成闭合图形，要和一定数量的已知点联测，观测要视野开阔以便能捕获足够数量的卫星信号。

本次实际采用K001和K002这两个已知点进行GPS联测，由北向南共布设GPS点8个，构成6个同步图形，如图1-5-3所示。

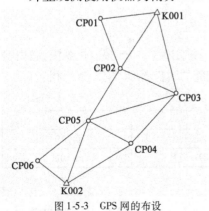

图1-5-3 GPS网的布设

5）观测的基本技术要求

观测的基本技术要求详见《公路勘测规范》(JTG C10—2007),如表 1-5-2 所示。

GPS 观测的主要技术要求 表 1-5-2

项 目		测 量 等 级				
		二等	三等	四等	一级	二级
卫星高度角(°)		≥15	≥15	≥15	≥15	≥15
时段长度	静态(min)	≥240	≥90	≥60	≥45	≥40
	快速静态(min)	—	≥30	≥20	≥15	≥10
平均重复设站数(次/每点)		≥4	≥2	≥1.6	≥1.4	≥1.2
同时观测有效卫星数(个)		≥4	≥4	≥4	≥4	≥4
数据采样率(s)		≤30	≤30	≤30	≤30	≤30
GDOP		≤6	≤6	≤6	≤6	≤6

6）观测方法

3 台仪器必须架在某个三角形的 3 个待测点上,进行同步观测。观测完一个时段后,使一台或两台仪器不动,其余仪器往前迁站继续同步观测下一个相邻的三角形,即完成第二个观测时段。依次进行观测,最后保证观测产生的基线都能够连成上面的那个网形。GPS 作业调度表如表 1-5-3 所示。

GPS 作业调度表 表 1-5-3

日 期	时段序号	起 止 时 间	观测 GPS 点号		
			接收机Ⅰ	接收机Ⅱ	接收机Ⅲ
2008.1.10	1	8:00-8:45	K001	CP01	CP02
2008.1.10	2	9:20-10:10	K001	CP03	CP02
2008.1.10	3	11:00-11:45	CP05	CP03	CP02
2008.1.10	4	12:40-13:25	CP05	CP03	CP04
2008.1.10	5	14:10-14:55	CP05	K002	CP04
2008.1.10	6	16:00-16:45	CP05	K002	CP06

2．数据采集

1）测前准备

测前准备包括检查仪器情况、充足电源、采集器采集软件的安装(初次观测时需要此项)以及通信设备、交通工具、后勤保障等事项。

2）安置仪器

至少需要 3 台仪器同时开、同时结束,测量时间至少 45min。

（1）将接收机设置为静态模式,并通过电脑设置高度角及采样间隔参数,选择数据采集模式(常选"自动")。一般要求在 15°截止角以上,能锁定 4 颗以上卫星,几何精度因子 PDOP 小于4即可开始采集,如图1-5-4和图1-5-5所示。设置好后DATA灯会按设置的采样间隔闪烁。

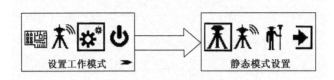

图1-5-4 设置仪器(1)

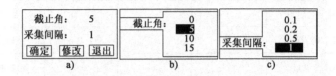

图1-5-5 设置仪器(2)

(2)在控制点架设好三脚架,在测点上严格对中、整平。

(3)量取仪器高3次,3次量取的结果之差不得超过3mm,并取平均值。若仪器高为斜高,应由控制点中心量至主机上的测高片上沿,内业导入数据时在后处理软件中选择相应的天线类型输入即可。

(4)开机,确认为静态模式,主机开始搜星时卫星灯开始闪烁。达到记录条件时,状态灯会按照设定好的采样间隔闪烁,闪一下表示采集了一个历元。

(5)记录仪器号、点名、仪器高、开始时间

由测站观测人员及时填写《GPS外业观测记录表》,如表1-5-4所示,要记录观测员姓名、每个点对应仪器编号、仪高(斜高),到站时,再同时开,记录每次测量开始时间与结束时间。

GPS外业观测记录表　　　　表1-5-4

点名		观测员		观测日期	
接收机名称及编号		天气情况		仪器高	
开始时间		结束时间		异常情况	

3. 内业数据处理

静态相对定位采集的数据需要利用GPS数据处理软件进行内业后处理,才能得到控制点坐标。下面以南方数据处理软件为例,操作步骤如下:

(1)先将GPS主机数据传输到电脑。用数据线连接GPS主机与电脑,开机,出现像移动U盘的提示→点击打开→找出相应文件(按关机时间找)→复制粘贴。

(2)按仪器所在点号修改文件名。将文件名对应仪器编号改为所在点号,即变为X001(前四位)。

(3)新建文件。打开软件→注册→文件→新建→坐标系统WGS-84。

(4)增加数据。界面选择"导入数据",然后全选右侧数据,显示网图。

(5)基线解算。基线解算→静态基线解算(方差比大于3,中误差小于0.04,高度截止角15°)→选基线全部解算→确定→第2基线解算→基线简表。

(6)修改实测时量得的天线高(斜高),并保存。

(7)平差处理。先自动处理,后三维平差。

（8）输入网内已知控制点坐标（X、Y、H）。

（9）二维平差。

（10）高程拟合。

（11）平差计算中选"网平差计算"。

（12）成果输出。在"成果"菜单的最后一项对话框中选"Word 格式"，选择保存位置，点击"输出"按钮，则成果文件就被保存到预先指定位置。

课题三　GPS-RTK 坐标测量

为何要求转换参数。

1. 如何设置和连接仪器；
2. GPS-RTK 点坐标测量方法。

一、GPS-RTK 仪器组成

GPS-RTK 测量仪器由基准站与移动站组成。移动站又由移动站主机头与手簿组成，一般被一起固定在移动杆上，如图 1-5-6 所示。

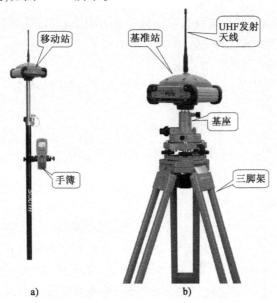

图 1-5-6　GPS-RTK 测量仪器的组成

GPS-RTK 测量操作主要在手簿上完成。手簿上装有若干测量计算程序，由于手簿与移动站蓝牙连接，所以移动站机头测得的原始数据被实时传到手簿当中，再通过操作手簿上相应指令，启动对应程序完成目标任务。鉴于此，有些型号 GPS-RTK 测量仪器将这些程序做成 APP 软件，可以装到手机上来运行。图 1-5-7 为南方 S86 手簿图示。

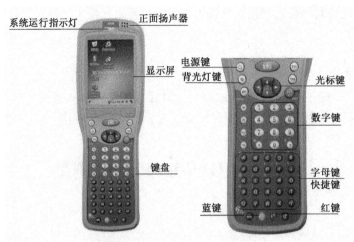

图 1-5-7 南方 S86 手簿

二、GPS-RTK 坐标测量一般步骤

1. 仪器设置

(1) 基准站与移动站的设置

将基准站主机在工作模式中设置成基准站模式;将移动站主机设置成移动站模式。

①基准站安置。在基准站架设点上安置脚架,然后安装上基座,再将基准站主机用连接器安置于基座上,对中、整平(如架在未知点上,则整平即可)。

②移动站安装。将移动站主机装在移动杆上,并将手簿卡在移动杆支架上。

(2) 移动站与基准站的通道连接

在数据链中将基准站与移动站设置成同样的电台通道,并且频率要一致,使得基准站与移动站能通过无线进行有效的数据联通。

(3) 手簿与移动站的蓝牙连接

启动装有测量软件的手簿之中的蓝牙,选中要蓝牙连接的移动站的仪器序列号,将手簿与移动站配对连接起来。

2. 新建工程

新建工程与全站仪类似,开始需在手簿软件上新建作业工程名。

3. 选择坐标系统

(1) 选择目标坐标系

由于 GPS 直接测得的为 WGS-84 坐标系中的经纬度,WGS-84 是一种地心坐标系,坐标原点为地球质心,如图 1-5-8 所示。而工程上用的坐标一般为高斯平面直角坐标,这种高斯平面坐标系有北京-54、西安-80 等多种,这些种类的高斯坐标系在 GPS 的手簿程序中都有,供测量时选择。换句话说,你目前工程中需要选用哪种高斯坐标系,你就事先选哪种坐标系名称作为手簿软件程序将要转换的目标坐标。

(2) 选择坐标带

就是选择你当前测量的地域属于地球的那个坐标带,

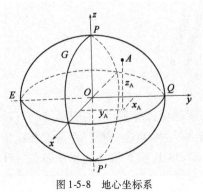

图 1-5-8 地心坐标系

以进行对应的高斯平面坐标转换。由于每个坐标带的中央子午线度数不同,因此输入所在带的中央子午线度数来确定所在坐标带,3°带的中央子午线经度 $L = 3 \times$ 所在带的带号。

图 1-5-9　高斯投影分带

高斯平面坐标系是想象将地球作为椭球体沿地球南北极像切西瓜一样将地球切成 60 块(6°带)或 120 块(3°带),但不能切透分开离散,如图 1-5-9 所示,然后横套在椭圆柱之中,并与椭球面上的一条子午线相切,该子午线称中央子午线,如图 1-5-10 所示。椭球体在其中沿椭圆柱母线滚动,同时所有切开的瓣块在椭圆柱面上进行正投影,最后将此椭圆柱面沿过两极的母线切开并展成平面,便形成如图1-5-11所示的高斯投影带。我国位于 6°带的 13～23 号带,3°带的 24～45 号带上。

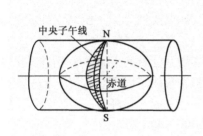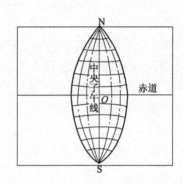

图 1-5-10　地球椭球面的高斯投影平面形成

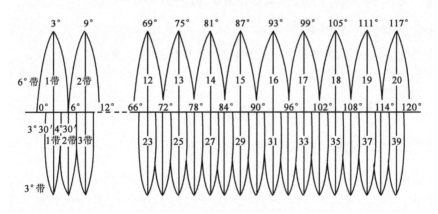

图 1-5-11　高斯投影3°带与6°带

如图 1-5-12 所示,在每个带的高斯平面直角坐标系中,中央子午线为纵轴(x 轴),赤道为横轴(y 轴)。由于我国领土都在赤道以北,所以 x 值均为正值,但 y 值却有正有负,为了避免 y 值出现负值,将所有 y 值统一加上 500km。此外,为了避免不同带的同一位置出现相同的坐标,将 y 坐标前加带号,以使坐标与点位一一对应。

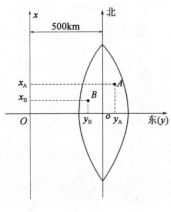

图 1-5-12 高斯投影带平面直角坐标

需要说明的是,在同一个地方一般只需选择一次目标坐标系与坐标带,以后测量默认前次坐标系统即可。

如新出产的仪器具有智能选择坐标系(带)的功能,即它能根据所测经纬度自动识别所在坐标带,并自动转换,那么,这样就可以省略选择坐标系(带)这一步。

4. 求转换参数

求转换参数就是求仪器直接测得的经纬度与所在工程上的高斯平面坐标之间的转换关系(即转换参数)。求转换参数要用已知控制点来求,至少要选两个控制点,越多越精确。

首先应在坐标管理库中输入已知控制点的工程坐标(即平面坐标),然后现场在对应控制点上测量它们的经纬度,并确认记录,最后选择进入转换参数计算程序求出控制点经纬度到工程坐标的转换关系,并保存在当前工程中。这样操作以后,仪器直接测得的所有碎部点经纬度就通过手簿程序自动转换成工程上所要的高斯平面坐标,并显示在屏幕上。由此看来,求转换参数非常重要,其重要性等同于全站仪的后视设置,如果这一步出错,那后面的所有测量数据就全有问题。

转换参数有四参数、七参数和高程拟合参数。四参数只能转换平面坐标,需选择至少 2 个已知控制点;如果需要转换高程就需要选用七参数与高程拟合参数,至少需要选用 3 个已知控制点。

需要指出的是,如果第一次求得转换参数后,没有完成测量任务,后续在同一工程或同一地点继续测量时,可以不用再求转换参数,只需进行单点校正即可。

5. 实地坐标测量

将移动杆置于碎部点上,点击手簿桌面上坐标测量程序即可开始坐标测量,使移动杆的水泡居中,点击"菜单"命令或按"手簿"命令键测量点坐标,并确认记录。

6. 输出成果,并使用 CAD 软件绘图

如果需要绘图,还可以将测得的点坐标转成 CAD 格式传送到电脑上,在 CAD 软件中完成详细点的绘图工作。

三、GPS 南方 S-86 RTK 坐标测量步骤

下面以南方 S-86 为例,具体说明 GPS-RTK 坐标测量方法。

1. 仪器设置

先将基准站主机与移动站主机分别安置在三脚架和移动杆上,然后分别按下列方法操作。

(1)工作模式设置

如图 1-5-13、图 1-5-14 所示,按红色键(此处无法显示颜色)进入,再点击 F2 后,按红色键(此处无法显示颜色)确定,基站设置为基准站模式,移动站设置为移动站模式。

(2)数据链设置

如图 1-5-15 所示,先选择电台设置模式,比如设置为内置电台模式,然后将移动站的电台通道设置成与基准站的通道一致,且频率相同,则基准站与移动站便能无线连接了。

图 1-5-13　GPS 主机头正面图　　　　图 1-5-14　工作模式设置

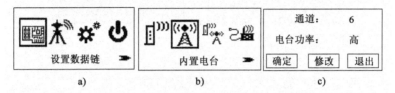

图 1-5-15　基准站与移动站的无线连接

(3)蓝牙连接手簿与移动站

①选择仪器编号和端口号,并初步连接(见图 1-5-16 ~ 图 1-5-19)。

打开手簿→双击蓝牙标志扫描(或点击控制面板→双击蓝牙标志→扫描设备)→选择与移动站底部相同的机器编号→点 + →双击串口服务→选端口号→确定→ok。

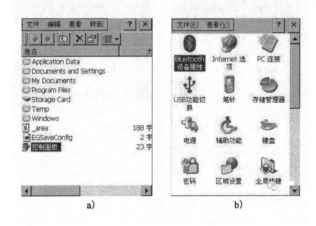

图 1-5-16　控制面板选择蓝牙

图 1-5-17　启动蓝牙并扫描搜索移动站　　图 1-5-18　选中要配对的移动站机器序列号并双击

97

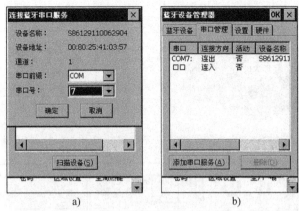

图 1-5-19　点击"串口服务"选择端口号蓝牙连接移动站

②进入工程之星(EGStar)重新确认端口号,见图 1-5-20。

进入工程之星→桌面选择"配置"→端口设置→选相同端口号→确定,则显示信号联通。

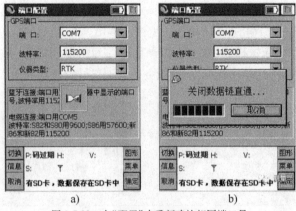

图 1-5-20　在"配置"中重新确认相同端口号

基准站与移动站连接好后,移动站与手簿应显示"固定解",如果显示"单点解"或"浮点解"等,需查明原因,再进行下步操作。

2. 新建工程并选择坐标系统

(1)新建工程

点击桌面"工程"→新建工程→取名→确定,如图 1-5-21 所示。

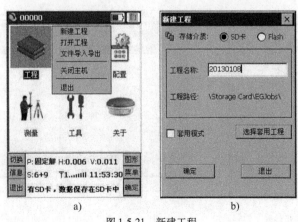

图 1-5-21　新建工程

(2)选择坐标系统

编辑→增加→选坐标系(常用北京-54、西安-80、大地2000)→输入中央子午线经度→取坐标系名→OK→确定→确定,见图1-5-22。根据需要再进行水平、高程或七参数设置,即四参数、高程拟合参数或七参数设置,此处略。

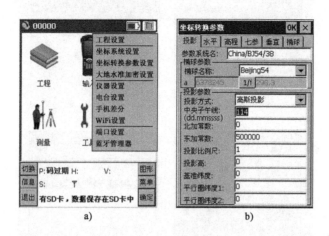

图1-5-22 选择坐标系统

3.求转换参数

求转换参数有三种方法,即"从坐标库中选点"、"读取当前点坐标"和"直线输入大地坐标",常用前两种。"从坐标库中选点"是指在存入控制点工程坐标后,先现场测出控制点的经纬度,确定保存,然后再从坐标管理库中依次分别调控制点的工程坐标与对应经纬度,求转换参数;"读取当前点坐标"是指控制点工程坐标调入后,求转换参数时现场测对应点经纬度,不用像第一种方法事先测量经纬度那样再调用。

下面是选择"从坐标库中选点"求转换参数的步骤:

(1)先在坐标管理库中输入已知控制点的工程坐标,见图1-5-23。

点击桌面上"输入"图标→坐标管理库→点击"增加"按钮→依次输入已知控制点工程坐标(至少两个点以上)→确认保存。如图1-5-24、图1-5-25所示。

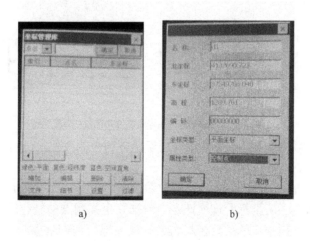

图1-5-23 增加控制点平面坐标

图1-5-24 选择对应控制点工程坐标与现场测得的经纬度

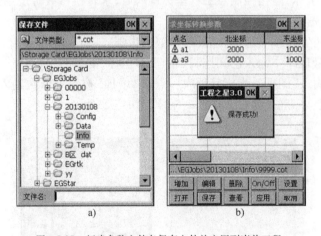

图1-5-25 新建参数文件名保存文件并应用到当前工程

（2）点击桌面上"测量"图标→将移动杆立于已知的控制点位上（气泡居中）→按键A→确认→同理测量另外控制点经纬度坐标。

（3）点击桌面上"输入"图标→求转换参数→点击"增加"→从坐标库调入(123)选已知控制点的工程坐标→确定→从坐标管理库选点→选同一个控制点的经纬度→确定→确认→再重复同样的方法增加另外控制点的工程坐标与经纬度→保存→新建参数文件名→OK→OK→应用→是→在已知点上校核。

100

(4)单点校正(第二次)。

如果某个项目在测量中间停止,下次再继续作业时可不用求转换参数,在此工程名下进行单点校正即可,具体步骤如下:

点击桌面上"输入"图标→校正向导→选择"基准站架设在已知点"或"基准站架设在未知点"→下一步→输入单点的已知工程坐标(天线高输入杆高)→移动杆立于校正点上,对中、整平→校正→确定→再立于校正点上校核(按手部上键 A 或 1 进行坐标测量,双击 B 或 2 查看,按"ENTER"记录保存),如图 1-5-26 所示。

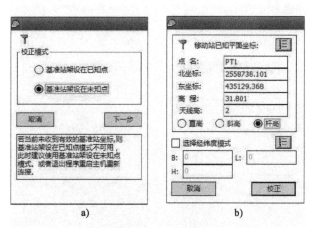

图 1-5-26　单点校正

4. 测量坐标

测量坐标的步骤是:点击桌面上"测量"按钮→点测量→按手部上键 A(或 1)→输入点名→按界面"确定"或键盘 Enter 保存(双击 B 可查看测量结果),如图 1-5-27 所示。

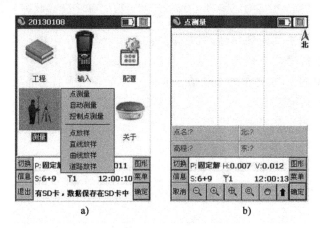

图 1-5-27　点坐标测量

5. 文件导出

如果需将测量数据导出或转换格式导入 CAD 画图,则操作如下:工程→文件导入导出→文件导出。打开"文件导出"对话框,在数据格式里选择需要输出的格式,如图 1-5-28b)所示,选择数据格式后,单击"测量文件"按钮。选择需转换的原始数据文件,然后单击确定,此时单击"成果文件"按钮,然后输入转换后需要保存文件的名称,如图 1-5-28c)所示。最后按"导出"按钮,则文件就按要求格式转换成功,见图 1-5-28d)所示。

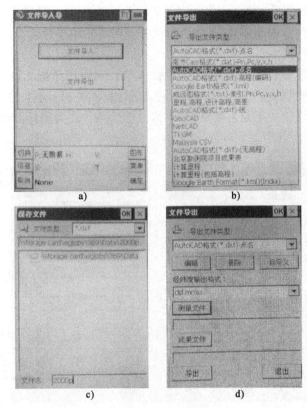

图 1-5-28　点坐标测量

复习思考题

一、应知题

1. 什么是 GPS？与常规测量相比，它有哪些优点？
2. GPS 的组成包括哪几个部分？
3. 目前主要常用的 GPS 测量的作业模式有哪几种？各用于什么情况？
4. GPS 选点有哪些要求？
5. GPS 接收机由哪几个部分组成？
6. 进行 GPS 静态外业测量时，有哪些要求？
7. GPS – RTK 测量为何要求转换参数？
8. 简述 GPS-RTK 坐标测量的一般步骤。

二、应会操作题

在操场选择两个控制点，然后新建一个文件，求得转换参数后，按下列步骤完成任务：

（1）测量一个篮球场标线图的所有特征点坐标，并保存；

（2）将数据文件格式转换为 AutoCAD 格式；

（3）将转换格式后的数据文件传入电脑，用 AutoCAD 软件画出篮球场标线图。

模块六　测量误差基本知识

课题一　测量误差的产生与分类

1. 误差产生的原因；
2. 系统误差、偶然误差的概念；
3. 消除系统误差的方法；
4. 偶然误差的特性和作用。

想一想

在测量过程中，不可避免地会产生一些误差，误差对测量结果有着很大影响，因此我们有必要了解误差产生的原因及其对观测结果的影响，从而在实际测量工作中采取应对措施，以减小误差的产生。

一、误差产生的原因

在测量工作中，由于所使用的仪器和工具的构造精度不够高和校正结果不够完善，或者受观测者的视觉误差及操作技能以及外界自然环境的影响，观测者会发现对某个量进行观测时，多次的观测结果之间总是存在差异，而每个观测值又与真值之间存在着差值，形成了真误差或闭合差，统称为测量误差，简称为误差。例如，对某一闭合导线进行观测后发现，其内角和的观测值并不等于其理论计算值，而其高差闭合差的观测值也不等于理论值，这些都说明了观测中误差存在的客观性和普遍性。

测量工作大都是观测者使用某种测量仪器和工具在一定的外界环境中进行的，观测者总希望每次观测中的测量误差越小越好，为此需要对测量过程中引起误差的原因进行分析，设法将误差控制在与测量目的相适应的范围内，以符合工程实际的要求。

测量误差产生的原因主要有以下三个方面：

1. 测量仪器和工具

由于测量仪器和工具加工制造得不完善或校正之后残余误差的存在所引起的误差。

2. 观测者

由于观测者感觉器官鉴别能力的局限性，在仪器的操作中所引起的误差。

3. 外界条件的影响

外界条件的变化(温度、风力、大气折光、湿度、气压等)所引起的误差。

人、仪器和外界条件是引起测量误差的主要因素,通常称为观测条件。

观测条件相同的各次观测,称为等精度观测;观测条件不相同的各次观测,称为非等精度观测。

在观测结果中,有时还会出现错误,称为粗差。粗差在观测结果中是不允许出现的,为了杜绝粗差,除认真仔细作业外,还必须采取必要的校核措施。

 想一想

在实际应用中,产生误差的原因不同,它们对观测成果的影响也不相同,只有在了解了各类误差的特性后,我们才能知道怎样才能尽可能地减小误差,得到更精确的结果。那么误差按其成因该怎样定义呢?我们又该如何消除各类误差的影响?

二、测量误差的分类

测量误差按其对观测成果的影响性质,可分为系统误差和偶然误差两大类。

1. 系统误差

在相同观测条件下,对某个量进行一系列的观测,如果误差出现的符号和大小均相同,或按一定的规律变化,这种误差称为系统误差。系统误差对观测结果影响较大,多由于仪器设备所引起,因此必须采取各种办法加以消除或减小它的影响。例如,某一钢尺其名义长度为30m,鉴定后,它的实际长度为30.009m,用此钢尺量距离,每量一尺段就要少量0.009m,即产生了0.009m的系统误差,该误差在数值和符号上都是固定的,大小与距离成正比,并随观测次数的增加而具有累积性。

系统误差对测量成果影响较大,但它具有一定的规律性,一般可采用以下三种方法消除或减弱其影响。

(1)检校仪器。

检校仪器是把系统误差降到最低,如降低指标差等。

(2)进行计算改正。

进行计算改正是指在观测结果中加入系统误差改正数。

(3)选择适当的观测方法。

选择适当观测方法的目的,是使系统误差相互抵消或减弱,如测水平角时采用盘左、盘右观测以消除视准轴误差;在水准测量中,采用前、后视距相等来消除水准仪的视准轴不平行于水准管轴产生的误差。

2. 偶然误差

在相同的观测条件下,对某量进行一系列的观测,如果观测误差的符号和大小都不一致,表面上没有任何规律性,这种误差称为偶然误差。例如,在对水准尺进行读数时,观测者估读毫米数时,有时估读偏大,有时估读偏小。又如观测者在照准目标时,有时偏左,有时偏右等。偶然误差属于小误差,是不可避免的,多由于各种不可抗拒的随机扰动所引起的。

偶然误差从表面上看没有任何规律性,但是随着对同一量值观测次数的增加,大量的偶然误差就表现出一定的统计规律性。

例如，对一个三角形的三个内角进行测量，三角形各内角之和 l 不等于其真值 180°。用 X 表示真值，则 X 与 l 的差值 Δ 称为真误差（即偶然误差），即：

$$\Delta = X - l \tag{1-6-1}$$

现在相同的观测条件下观测了 217 个三角形，按式(1-6-1)计算出 217 个内角和观测值的真误差，再按绝对值大小，分区间统计相应的误差个数，列入表 1-6-1 中。

从表 1-6-1 中可以看出以下几点：
(1)绝对值较小的误差比绝对值较大的误差个数多。
(2)绝对值相等的正负误差的个数大致相等。
(3)最大误差不超过 27″。

通过长期对大量测量数据分析和统计计算，人们总结出了偶然误差的 4 个特性：
(1)在一定观测条件下，偶然误差的绝对值有一定的限值，或者说，超出该限值的误差出现的概率为 0。

偶然误差统计　　　　　　　　　　表 1-6-1

误差区间(″)	正误差个数	负误差个数	总　计
0～3	30	29	59
3～6	21	20	41
6～9	15	18	33
9～12	14	16	30
12～15	12	10	22
15～18	8	8	16
18～21	5	6	11
21～24	2	2	4
24～27	1	0	1
27 以上	0	0	0
合计	108	109	217

(2)绝对值较小的误差比绝对值较大的误差出现的概率大。
(3)绝对值相等的正、负误差出现的概率相同。
(4)同一量值的等精度观测，其偶然误差的算术平均值，随着观测次数 n 的无限增大而趋于零，即：

$$\lim_{n \to \infty} \frac{[\Delta]}{n} = 0 \tag{1-6-2}$$

式中：$[\Delta]$——偶然误差的代数和，$[\Delta] = \Delta_1 + \Delta_2 + \cdots + \Delta_n$。

上述第四个特性是由第三个特性导出的，说明偶然误差具有抵偿性。

在观测中，系统误差和偶然误差往往是同时产生的。当系统误差被设法消除或减弱后，决定观测精度的关键是偶然误差。因此，在学习了误差的基本知识，了解了误差产生的规律，并且正确处理了观测成果后，我们就可利用所得观测数据，求出未知量的最可靠值，并衡量其精度。

课题二 算术平均值及评定观测值精度的标准

1. 算术平均值的概念和计算方法；
2. 改正数的定义和作用；
3. 中误差及相对中误差的计算方法和作用；
4. 容许误差在实际中的应用。

我们了解误差的目的是为了得到更接近于真实值的一个值，以此作为测量结果，并运用于工程实际中去。那么，我们怎样才能得到这样一个值？又怎样对这一值进行校核呢？

一、算术平均值

在相同的观测条件下，对某一量值进行多次重复观测后，根据偶然误差特性，可取其算术平均值作为最终观测结果。

设对某一量值进行了 n 次等精度观测，观测值分别为 l_1、l_2、$\cdots$、l_n，其算术平均值为：

$$L = \frac{l_1 + l_2 + \cdots + l_n}{n} = \frac{[l]}{n} \tag{1-6-3}$$

设观测量的真值为 X，观测值为 l_i，则观测值的真误差为：

$$\begin{aligned} \Delta_1 &= X - l_1 \\ \Delta_2 &= X - l_2 \\ &\cdots \\ \Delta_n &= X - l_n \end{aligned} \tag{1-6-4}$$

将式(1-6-4)内各式两边相加，并除以 n，得

$$\frac{[\Delta]}{n} = X - \frac{[l]}{n}$$

将式(1-6-3)代入上式，并移项得：

$$L = X - \frac{[\Delta]}{n}$$

根据偶然误差的特性，当观测次数 n 无限增大时，则有：

$$\lim_{n \to \infty} \frac{[\Delta]}{n} = 0$$

那么同时可得：

$$\lim_{n \to \infty} L = X \tag{1-6-5}$$

由式(1-6-5)可知，当观测次数 n 无限增大时，算术平均值趋近于真值。但在实际测量工作中，观测次数总是有限的，因此，算术平均值较观测值更接近于真值。我们将最接近于真值

的算术平均值称为最或是值或最可靠值。

 练一练

【例 1-6-1】 某一段距离在等精度条件下共丈量了 6 次，结果分别为 73.294m、73.287m、73.295m、73.289m、73.297m、73.292m，试计算其算术平均值。

解：
$$L = \frac{l_1 + l_2 + \cdots + l_n}{n} = \frac{[l]}{n}$$
$$= \frac{73.294 + 73.287 + 73.295 + 73.289 + 73.297 + 73.292}{6}$$
$$= 73.292(\text{m})$$

因为我们不能判定 6 次的观测结果中哪一个是该距离的真实值，所以只有通过计算算术平均值来获取最接近于真实值的结果。

二、观测值改正数

观测量的算术平均值与观测值之差，称为观测值改正数，用 v 表示。当观测次数为 n 时，有：

$$\begin{aligned} v_1 &= L - l_1 \\ v_2 &= L - l_2 \\ &\cdots \\ v_n &= L - l_n \end{aligned} \quad (1\text{-}6\text{-}6)$$

将式（1-6-6）内各式两边相加，得：

$$[v] = nL - [l]$$

将公式（1-6-3）代入上式，得：

$$[v] = 0 \qquad (1\text{-}6\text{-}7)$$

观测值改正数的重要特性，即对于等精度观测，观测值改正数的总和恒为 0，这一公式可以作为计算的校核。

我们在完成算术平均值的计算后，需要通过改正数来检查算术平均值的计算是否正确。

 想一想

在测量工作中，观测误差对观测结果的影响是不相同的，因此观测质量的好坏也有所不同。我们总是希望能得到精度更高、更准确的观测结果，那么，当完成一项观测任务之后，我们该如何评定测量成果的质量呢？

三、评定观测值精度的标准

利用误差可以评定观测值的精度，以此来作为衡量观测精度的标准。在实际应用中，我们常采用以下几种标准来评定测量成果的精度。

1. 中误差

(1) 用真误差来确定中误差

设在相同的观测条件下,对某量进行 n 次重复观测,其观测值为 $l_1、l_2、\cdots、l_n$,相应的真误差为 $\Delta_1、\Delta_2、\cdots、\Delta_n$,则观测值的中误差 m 为:

$$m = \pm\sqrt{\frac{[\Delta\Delta]}{n}} \qquad (1\text{-}6\text{-}8)$$

式中:$[\Delta\Delta]$——真误差的平方和,$[\Delta\Delta] = \Delta_1^2 + \Delta_2^2 + \cdots + \Delta_n^2$。

练一练

【例 1-6-2】 设有 1、2 两组观测值,各组均为等精度观测,它们的真误差分别为:

1 组:$+3''、-2''、-4''、+2''、0''、-4''、+3''、+2''、-3''、-1''$;

2 组:$0''、-1''、-7''、+2''、+1''、+1''、-8''、0''、+3''、-1''$。

试计算 1、2 两组各自的观测精度。

解:根据式(1-6-8)计算 1、2 两组观测值的中误差为:

$$m_1 = \pm\sqrt{\frac{(+3'')^2 + (-2'')^2 + (-4'')^2 + (+2'')^2 + (0'')^2 + (-4'')^2 + (+3'')^2 + (+2'')^2 + (-3'')^2 + (-1'')^2}{10}}$$

$$= \pm 2.7''$$

$$m_2 = \sqrt{\frac{(0'')^2 + (-1'')^2 + (-7'')^2 + (+2'')^2 + (+1'')^2 + (+1'')^2 + (-8'')^2 + (0'')^2 + (+3'')^2 + (-1'')^2}{10}}$$

$$= \pm 3.6''$$

比较 m_1 和 m_2 可知,1 组的观测精度比 2 组高。中误差所代表的是某一组观测值的精度,而不是这组观测中某一次的观测精度。

(2) 用观测值的改正数来确定观测值中误差

按式(1-6-8)计算中误差时,需要知道观测值的真误差,而在实际测量工作中,观测值的真值往往是不知道的,因此,中误差也无法求得。所以常通过观测值的改正数 v_i 来计算观测值中误差。即:

$$v_i = L - l_i \qquad (i = 1, 2, \cdots, n)$$

$$m = \pm\sqrt{\frac{[vv]}{n-1}} \qquad (1\text{-}6\text{-}9)$$

(3) 算术平均值中误差

算术平均值 L 的中误差 M,按下式计算:

$$M = \frac{m}{\sqrt{n}} = \pm\sqrt{\frac{[vv]}{n(n-1)}} \qquad (1\text{-}6\text{-}10)$$

练一练

【例 1-6-3】 某一段距离共丈量了 6 次,结果如表 1-6-2 所示,求算术平均值、观测中误差、算术平均值的中误差及相对误差。

表 1-6-2

测次	观测值(m)	观测值改正数 v(mm)	vv(mm²)	计算
1	148.643	+15	225	$L = \dfrac{[l]}{n} = 148.628(\text{m})$
2	148.590	−38	1 444	
3	148.610	−18	324	$m = \pm\sqrt{\dfrac{[vv]}{n-1}} = \pm\sqrt{\dfrac{3\,046}{6-1}} = \pm 24.7(\text{mm})$
4	148.624	−4	16	
5	148.654	+26	676	$M = \pm\sqrt{\dfrac{[vv]}{n(n-1)}} = \pm\sqrt{\dfrac{3\,046}{6(6-1)}} = \pm 10.1(\text{mm})$
6	148.647	+19	361	
平均值	148.628	$[\Delta] = 0$	≈508	$m_K = \dfrac{|M|}{D} = \dfrac{0.010\,1}{148.628} = \dfrac{1}{14\,716}$

2. 相对中误差

中误差是绝对误差。在距离丈量中,中误差不能准确地反映出观测值的精度。例如丈量两段距离,$D_1 = 100\text{m}$、$m_1 = \pm 1\text{cm}$ 和 $D_2 = 300\text{m}$、$m_2 = \pm 1\text{cm}$,虽然两者中误差相等,$m_1 = m_2$,但显然不能认为这两段距离丈量精度是相同的。因此,当观测量的精度与观测量本身大小相关时,则应采用相对中误差 K 来作为衡量精度的标准。

相对中误差是用中误差的绝对值与相应观测结果之比来衡量精度高低的指标,并化为分子为 1 的分数,用 $1/N$ 表示,即:

$$K = \frac{|m|}{L} = \frac{1}{L/|m|} = \frac{1}{N} \tag{1-6-11}$$

式中:K——相对中误差;

m——观测误差(中误差);

L——观测量的值;

N——相对误差分母。

在上面所举例中:

$$K_1 = \frac{|m_1|}{L_1} = \frac{0.01\text{m}}{100\text{m}} = \frac{1}{10\,000}$$

$$K_2 = \frac{|m_2|}{L_2} = \frac{0.01\text{m}}{300\text{m}} = \frac{1}{30\,000}$$

说明前者的精度比后者低。

注意:相对中误差是个比值,而真误差、中误差、容许误差是带有测量单位的数值。

想一想

在观测中所产生的误差值有大有小,对观测结果的影响也不相同,虽然我们可以利用前面介绍的评定标准来对观测结果的精度进行评定,但最终我们要确定什么样的观测值不能使用,什么样的观测值可以应用于实际中,必须有一个衡量标准。这个标准是如何确定的?我们又该怎样运用呢?

3. 容许误差

在一定观测条件下,偶然误差的绝对值不超过一定的限值,称为容许误差,也称限差或极限误差。通常将 2 倍或 3 倍中误差作为偶然误差的容许值,即:

$$\Delta_{容} = 2m \quad 或 \quad \Delta_{容} = 3m$$

如果某个观测值的偶然误差超过了容许误差，就可以认为该观测值含有粗差，应舍去不用或返工重测。

 复习思考题

1. 什么叫测量误差？产生测量误差的原因有哪些？
2. 什么是系统误差？什么是偶然误差？它们各有什么特点？在测量中如何消除或减弱其对测量结果的影响？
3. 在测量工作中为什么要进行多次观测？
4. 什么是观测值的算术平均值？它在实际应用中有什么作用？
5. 试述中误差与相对误差的定义及它们的区别。
6. 什么是容许误差？试举例说明容许误差的应用。
7. 在同精度的条件下丈量 AB 距离 6 次，其结果如下：$L_1 = 246.535 \text{m}$，$L_2 = 246.548 \text{m}$，$L_3 = 246.520 \text{m}$，$L_4 = 246.529 \text{m}$，$L_5 = 246.550 \text{m}$，$L_6 = 246.537 \text{m}$，试求：

(1) AB 最可靠值 L；

(2) 观测值中误差 m；

(3) 最可靠值的中误差 M 及其相对中误差 K。

8. 同精度丈量某基线 5 次，各次丈量结果如下：$L_1 = 87.923 \text{m}$，$L_2 = 87.925 \text{m}$，$L_3 = 87.929 \text{m}$，$L_4 = 87.930 \text{m}$，$L_5 = 87.927 \text{m}$，求最或是值、观测值中误差、算术平均值中误差及其相对中误差。

9. 在等精度观测条件下，对某三角形进行 4 次观测，其三内角之和分别为：179°59′59″、180°00′08″、179°59′56″、180°00′02″。试求：

(1) 每个内角和的观测值真误差；

(2) 三角形内角和的观测值中误差。

10. 丈量 AB、CD 两段距离，结果分别为 400m 和 500m，中误差均为 ±3.5cm，分别计算其相对误差，并判断其精度高低。

模块七　导线测量

课题一　导线测量的认识

1. 导线测量的概念；
2. 导线的布设形式。

 想一想

从"课程入门指导"中我们已经知道，在测量中为了避免误差的累积，要遵循"从整体到局部，从高级到低级，从控制到碎部"的原则，无论是将地面的形状测绘成地形图，还是测设一条高速公路，都是首先在测区范围内选定一些有控制意义的点，组成一定的几何图形，用精密的测量仪器和精确的测量方法，测定它们的平面位置和高程，再以这些点为基础，测定其他碎部点的位置。这些有控制意义的点组成了测区的"骨干"，这些骨干点成为控制点。测定它们相对位置的工作，称为控制测量。那么什么是导线测量呢？导线测量主要解决什么问题？如何实施？

一、导线测量概念

控制测量分平面控制测量与高程控制测量。导线测量是平面控制测量的一种方法。所谓导线就是由测区内选定的平面控制点组成的折线，如图1-7-1所示。折线的转折点A、B、C、E、F称为导线点；转折边AB、BC、CE、EF称为导线边；水平角β_B、β_C、β_E称为转折角，其中β_B、β_E在导线前进方向的左侧，称为左角，β_C在导线前进方向的右侧，称为右角；α_{AB}为起始边AB的坐标方位角。导线测量就是测量导线边长及其转折角，然后根据起始点的已知坐标和起始边的坐标方位角，计算各导线点的坐标。

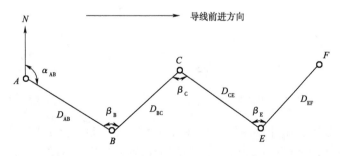

图1-7-1　导线

二、导线布设形式

根据测区的情况和要求,导线一般可布设成以下三种形式。

1. 闭合导线

如图 1-7-2a)所示,从一点出发,经过各导线点后,最后仍回到这一点,组成一个闭合多边形,这样的导线布设形式称为闭合导线。

闭合导线的起始点坐标和起始边方位角可以分别测定或假定,若导线附近有高级控制点时,应尽量使导线与高级控制点连接。图 1-7-2b)和图 1-7-2c)是导线和高级控制点直接连接和间接连接的形式,其中 β_A、β_C 为连接角,D_{A1} 为连接边,连接后可获得起算数据,使之与高级控制点连成统一的整体。闭合导线多用在面积比较宽阔的独立地区作测图控制,如车站、码头、工厂、住宅等。

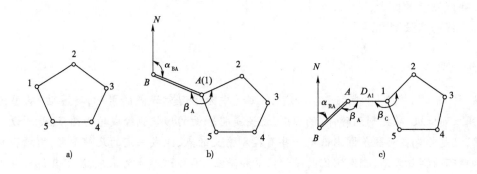

图 1-7-2 闭合导线

2. 附合导线

如图 1-7-3 所示,从一个高级控制点出发,经过各导线点后,又附合到另一个高级控制点上,这样的导线布设形式称为附合导线。附合导线多用在带状地区作测图控制。此外,也广泛应用于公路、铁路、水利等工程的勘测设计与施工控制点的建立。

3. 支导线

如图 1-7-4 所示,从一个控制点出发,经过各导线点后,既不回到原来的已知控制点,也不终止于另一已知控制点上,这样的导线布设形式称为支导线。

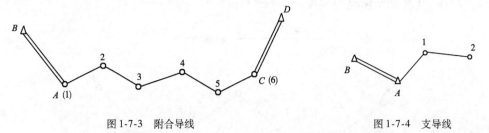

图 1-7-3 附合导线　　　　图 1-7-4 支导线

闭合导线和附合导线在外业测量与内业计算中都能校核,它们是布设导线的主要形式。支导线没有校核条件,差错不易发现,故支导线的导线点数不宜超过两个,一般仅作导线点加密使用。

三、导线等级

除国家精密导线外,在公路勘测阶段,根据测区范围和精度的要求,导线测量可分为二等、三等、四等、一级和二级五个等级,各级公路和桥梁、隧道平面控制测量的等级不得低于表1-7-1中的规定。

平面控制测量等级选用   表1-7-1

高架桥、路线控制测量	多跨桥梁总长 L(m)	单跨桥梁长度 L_K(m)	隧道贯通长度 L_G(m)	测量等级
—	$L \geq 3\,000$	$L_K \geq 500$	$L_G \geq 6\,000$	二等
—	$2\,000 \leq L < 3\,000$	$300 \leq L_K < 500$	$3\,000 \leq L_G < 6\,000$	三等
高架桥	$1\,000 \leq L < 2\,000$	$150 \leq L_K < 300$	$1\,000 \leq L_G < 3\,000$	四等
高速公路、一级公路	$L < 1\,000$	$L_K < 150$	$L_G < 1\,000$	一级
二、三、四级公路	—	—	—	二级

各级导线测量的主要技术要求应符合表1-7-2中的规定。

导线测量的主要技术要求   表1-7-2

测量等级	附(闭)合导线长度(km)	边数	每边测距中误差(mm)	单位权中误差(")	导线全长相对闭合差	方位角闭合差(")	测回数 DJ$_1$	测回数 DJ$_2$	测回数 DJ$_6$
三等	≤18	≤9	≤±14	≤±1.8	1/52 000	$3.6\sqrt{n}$	≥6	≥10	—
四等	≤12	≤12	≤±10	≤±2.5	1/35 000	$5\sqrt{n}$	≥4	≥6	—
一级	≤6	≤12	≤±14	≤±5.0	1/17 000	$10\sqrt{n}$	—	≥2	≥4
二级	≤3.6	≤12	≤±11	≤±8.0	1/11 000	$16\sqrt{n}$	—	≥1	≥3

注:①表中 n 为测站数。
②以测角中误差为单位权中误差。
③导线网节点间的长度不得大于表中长度的0.7倍。

当工程需要提供大比例尺地形图时,就得建立测图控制网,图根导线测量的技术要求如表1-7-3所示。

图根导线测量的技术要求   表1-7-3

边长测定方法	测图比例尺	导线全长(m)	平均边长(m)	测回数	测角中误差(")	方位角闭合差(")	导线最大相对闭合差
光电测距	1:500	≤750	75	≥1	≤±20	$±40\sqrt{n}$	≤1/4 000
光电测距	1:1 000	≤1 500	150	≥1	≤±20	$±40\sqrt{n}$	≤1/4 000
光电测距	1:2 000	≤3 000	300	≥1	≤±20	$±40\sqrt{n}$	≤1/4 000
钢尺量距	1:500	≤500	50	≥1	≤±20	$±40\sqrt{n}$	≤1/2 000
钢尺量距	1:1 000	≤1 000	85	≥1	≤±20	$±40\sqrt{n}$	≤1/2 000
钢尺量距	1:2 000	≤2 000	180	≥1	≤±20	$±40\sqrt{n}$	≤1/2 000

路线平面控制网是公路平面控制的主控制网,通常采用导线测量的方法来建立。沿线桥梁、隧道等各种建筑物的局部平面控制网,应联系于主控制网之上。当局部控制网的精度等级

高于路线控制网时,应保持基本控制网的精度。

公路平面控制也可采用全球定位系统(GPS)测量,此时应遵照《公路勘测规范》(JTG C10—2007)进行。

四、导线种类

导线按其边长测定方法的不同可分为以下几种类型。

(1)钢尺量距导线:是用经纬仪测量转折角,用钢尺丈量导线边长的导线。

(2)视距导线:是利用视距测量的方法测量导线边长。

(3)电磁波测距导线:是用全站仪或光电测距仪测定导线边长的导线。这种方法大大减轻了劳动强度,并提高了测量精度和测量速度。

(4)GPS导线:是用GPS静态测量布设的导线。

为了使大家更深刻地理解导线测量原理,我们主要介绍钢尺量距导线。

课题二　导线测量的外业工作

导线点的设置。

我们知道平面控制测量就是要测出测区范围内平面控制点的坐标,从而为详细测量(即碎部测量)奠定基础。那么导线点坐标是如何精确测量的呢?

导线测量就是精确测量测区内导线点的坐标。导线测量工作分为外业和内业。外业工作一般包括选点、测角和量边;内业工作是根据外业的观测成果经过计算,最后求得各导线点的平面坐标。下面我们看一下导线测量的几项工作。

一、选点及建立标志

1.踏勘选点

在选点前,应调查收集测区已有的地形图和控制点的资料,先在已有的地形图上拟订导线布设方案,然后到野外去踏勘、校对、修改和落实点位。如果测区没有地形图资料,则需详细踏勘现场,根据已知控制点的分布、地形条件及测图和施工需要等具体情况,合理地选定导线点的位置。选点时应考虑以下几点:

(1)相邻导线点间必须通视良好,地势较为平坦,便于测角和量距。

(2)导线点应选在土质坚实、便于保存标志和安置仪器的地方。

(3)导线边长最好大致相等,并尽量避免测角时由长边突然转到短边,以减小因望远镜过多调焦而产生的误差,导线平均边长应符合表1-7-2和表1-7-3的规定。

(4)导线点上应视野开阔,便于测图或放样。

(5)导线点应有足够的密度,分布较均匀,便于控制整个测区。
(6)导线点应尽量靠近路线位置。
(7)在桥梁和隧道处,应考虑桥隧布设控制网的要求,并且在大型构造物的两侧应分别布设一对平面控制点。

2.建立标志

确定导线点位置后,应在点位上埋设标志。对于一般的图根点,可在地上打入木桩,在桩的周围浇筑混凝土,桩顶钉一小钉作为导线点的标志。如导线点需长期保存,可埋设水泥桩或石桩,桩顶刻凿"十"字或嵌入锯有"十"字的钢筋作标志,中心标志的刻划应细小、清晰。如图 1-7-5 所示为四等平面控制测量桩的固定和埋设尺寸图,其他等级导线控制桩尺寸,请查阅《公路勘测规范》(JTG C10—2007)。导线点位确定后应对导线点按顺序编号。为便于寻找,可根据导线点与周围地物的相对关系绘制导线点位略图。

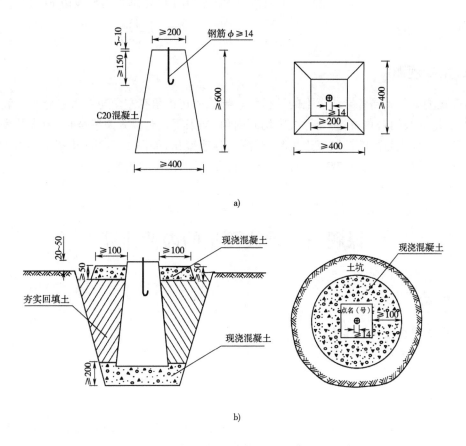

图 1-7-5 四等平面控制测量桩的固定和埋设尺寸图(尺寸单位:mm)
a)四等平面控制测量桩尺寸图;b)控制测量桩埋设剖面图

二、测定导线边长

导线边长既可以用钢尺丈量也可以用光电测距仪测定。用钢尺量距时,导线边长是用鉴定过的钢尺来丈量的。丈量方法见"直线丈量与坐标计算"模块。钢尺量距主要技术要求如表 1-7-4 所示。

普通钢尺丈量距离的主要技术要求 表 1-7-4

定线偏差 (mm)	每尺段往返高差 (cm)	最小读数 (mm)	三组读数之差 (mm)	同段尺长差 (mm)	外业手簿计算取值(mm)		
					尺长	各项改正	高差
≤5	≤1	1	≤3	≤4	1	1	1

注：每尺段指两根同向丈量或单尺往返丈量。

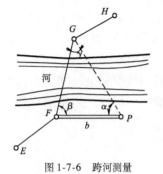

图 1-7-6 跨河测量

如果导线边遇障碍或因高差过大不能直接丈量时，可采用电磁波测距仪或全站仪测定。若无测距仪或全站仪，则可采用间接方法测定。

如图 1-7-6 所示，导线边 FG 跨越河流，不能直接丈量，这时可在河岸上选定一辅助点 P，由 FP 构成基线，要求基线便于丈量，且 △FGP 接近等边三角形。然后丈量基线长度 b，并用经纬仪测出三角形三个内角 α、β、γ。用正弦定理算出导线边 FG 的边长：

$$FG = b\frac{\sin\alpha}{\sin\gamma}$$

三、角度观测

角度观测就是观测各导线点上的转折角。导线的转折角有左角与右角之分。一般在附合导线中，测量导线的右角；在闭合导线中均测内角，当采用顺时针方向编号时，闭合导线的内角即为右角。当导线与高级控制点连接时，需测出各连接角，如图 1-7-2b) 和图 1-7-2c) 所示的 β_A、β_C。如果是在没有高级控制点的独立地区布设导线时，应测出起始边的方位角以确定导线方向。

课题三 导线测量的内业计算

1. 闭合导线内业坐标计算；
2. 附合导线内业坐标计算。

导线的内业计算是利用外业的观测成果（导线的转折角和边长）来计算导线点坐标。外业观测成果不可避免存在着误差，那么，如何判定误差是否满足要求？又如何处理这些误差，从而准确计算出导线点坐标呢？

一、导线测量内业计算步骤

导线测量的最终目的是要获得各导线点。内业计算就是通过外业观测成果，计算各导线点平面直角坐标。内业计算思路为：首先根据起始边的坐标方位角和转折角推算各导线边的坐标方位角，然后再根据所量导线边长计算坐标增量，最后通过已知导线点的坐标，推算其他各导线点的坐标。因此导线内业计算的步骤如下：

(1)角度闭合差的计算与调整。

(2)方位角的推算。

(3)坐标增量的计算。

(4)坐标增量闭合差的计算与调整。

(5)坐标的推算。

由于导线的布设形式不同,计算也各有差异,下面分别介绍闭合导线和附合导线的内业计算。

二、闭合导线的内业平差计算

1. 角度闭合差的计算与调整

闭合导线从几何上讲是一多边形,如图 1-7-7 所示。其内角和在理论上应满足下列关系：

$$\sum \beta_{理} = 180° \times (n-2)$$

但由于测角时不可避免地有误差存在,使实测内角之和不等于理论值,这样就产生了角度闭合差,以 f_β 来表示,则：

$$f_\beta = \sum \beta_{测} - \sum \beta_{理}$$

或

$$f_\beta = \sum \beta_{测} - (n-2) \times 180° \tag{1-7-1}$$

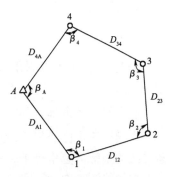

图 1-7-7 闭合导线

式中：n——闭合导线的转折角数；

$\sum \beta_{测}$——观测角的总和。

计算出角度闭合差之后,如果 f_β 值不超过允许误差的限度(各级导线角度容许闭合差见表 1-7-2、表 1-7-3),即可进行角度闭合差的调整,使调整后的角值满足理论上的要求。

由于导线的各内角是采用相同的仪器和方法,在相同的条件下观测的,所以对于每一个角度来讲,可以认为它们产生的误差大致相同,因此在调整角度闭合差时,可将闭合差按相反的符号平均分配于每个观测内角中。设以 $V_{\beta i}$ 表示各观测角的改正数,$\beta_{测i}$ 表示观测角,β_i 表示改正后的角值,则：

$$V_{\beta i} = -\frac{f_\beta}{n} \tag{1-7-2}$$

$$\beta_i = \beta_{测i} + V_{\beta i} \quad (i=1,2,\cdots,n)$$

当上式不能整除时,则可将余数凑整到导线中短边相邻的角上,这是因为在短边测角时由于仪器对中、照准所引起的误差较大。

各内角的改正数之和应等于角度闭合差,但符号相反,即 $\sum v_\beta = -f_\beta$。改正后的各内角值之和应等于理论值,即 $\sum \beta_i = (n-2) \times 180°$。

练一练

【例 1-7-1】 如表 1-7-5 所示的图根导线是一个四边形闭合导线,四个内角的观测值分别为 $\beta_1 = 89°36'30''$,$\beta_2 = 89°33'48''$,$\beta_3 = 73°00'12''$,$\beta_4 = 107°48'30''$,求各角改正数。

解：由多边形内角和计算公式可知：

$$\sum \beta_{测} = 359°59'00''$$

$$\sum \beta_{理} = (4-2) \times 180° = 360°$$

则角度闭合差 $f_\beta = \sum \beta_{测} - \sum \beta_{理} = -60''$

按要求允许的角度闭合差为：

$$f_{\beta 容} = \pm 40''\sqrt{n} = \pm 40''\sqrt{4} = \pm 1'20''$$

即 f_β 在允许误差范围内，可以进行角度闭合差的调整。

各角改正数为：

$$V_{\beta i} = -\frac{f_\beta}{n} = -\frac{-60''}{4} = +15''$$

分配时，由于短边测角误差大，短边角的改正数为 $+18''$。改正后的各内角值之和应等于 $360°$。

2. 坐标方位角推算

在模块三中已经知道，坐标方位角可以由路线的转角推导得出，即按路线前进方向，前一条导线的坐标方位角等于后一条导线坐标方位角加减转角而得。

在导线测量中，通常观测导线的左角或右角，而转角是通过左角或右角计算而得到的。如图 1-7-8 所示的导线中，右角 β_1、β_2、β_3、β_4 是观测角，转角的计算公式如下：

$$\theta_1 = 180° - \beta_1$$

$$\theta_2 = \beta_2 - 180°$$

$$\theta_3 = 180° - \beta_3$$

$$\theta_4 = \beta_4 - 180°$$

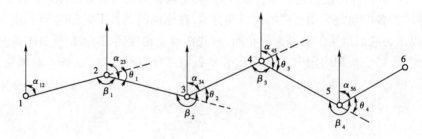

图 1-7-8 方位角的推导

则各导线边方位角的公式如下：

$$\alpha_{23} = \alpha_{12} + \theta_1 = \alpha_{12} + 180° - \beta_1$$
$$\alpha_{34} = \alpha_{23} - \theta_2 = \alpha_{13} + 180° - \beta_2$$
$$\alpha_{45} = \alpha_{34} + \theta_3 = \alpha_{34} + 180° - \beta_3$$
$$\alpha_{56} = \alpha_{45} - \theta_4 = \alpha_{45} + 180° - \beta_4$$

经理论推导可知，用右角推算方位角的一般公式为：

$$\alpha_{前} = \alpha_{后} - \beta_{右} + 180° \tag{1-7-3}$$

式中：$\alpha_{前}$——前一条边的方位角；

$\alpha_{后}$——后一条边的方位角。

即前一边的坐标方位角等于后一边的坐标方位角减去导线的右角,再加上180°。

同理,根据图1-7-8,当观测角β为导线点处的左角时,则推算的方位角为:

$$\alpha_{前} = \alpha_{后} + \beta_{左} - 180° \qquad (1-7-4)$$

即前一边的坐标方位角等于后一边的坐标方位角加上导线的左角,再减去180°。

练一练

【例1-7-2】 在表1-7-5中,已知AB边的方位角α_{AB}为42°24′06″,要求推算出各边的坐标方位角。

解:表中测量的各内角是右角,根据方位角的推算原理,可利用公式(1-7-3)直接计算各导线边的方位角[注意要利用改正后的内角值(右角)]。

$\alpha_{BC} = \alpha_{AB} - \beta_2 + 180° = 42°24′06″ - 89°34′06″ + 180° = 132°50′00″$

$\alpha_{CD} = \alpha_{BC} - \beta_3 + 180° = 132°50′00″ - 73°00′24″ + 180° = 239°49′36″$

$\alpha_{DA} = \alpha_{CD} - \beta_4 + 180° = 239°49′36″ - 107°48′42″ + 180° = 312°00′54″$

$\alpha_{AB} = \alpha_{DA} - \beta_1 + 180° = 312°00′54″ - 89°36′48″ + 180° = 42°24′06″$

3. 坐标增量的计算

在表1-7-5中,各导线边的边长观测值分别为$D_{AB} = 78.16$m,$D_{BC} = 129.34$m,$D_{CD} = 80.18$m,$D_{DA} = 105.22$m,利用模块三中坐标增量计算公式来计算各导线边的坐标增量。

$$\begin{cases} \Delta x_{AB} = D_{AB} \cdot \cos\alpha_{AB} = 57.72(\text{m}) \\ \Delta y_{AB} = D_{AB} \cdot \sin\alpha_{AB} = 52.71(\text{m}) \end{cases}$$

$$\begin{cases} \Delta x_{BC} = D_{BC} \cdot \cos\alpha_{BC} = -87.93(\text{m}) \\ \Delta y_{BC} = D_{BC} \cdot \sin\alpha_{BC} = 94.85(\text{m}) \end{cases}$$

$$\begin{cases} \Delta x_{CD} = D_{CD} \cdot \cos\alpha_{CD} = -40.30(\text{m}) \\ \Delta y_{CD} = D_{CD} \cdot \sin\alpha_{CD} = -69.32\text{m} \end{cases}$$

$$\begin{cases} \Delta x_{DA} = D_{DA} \cdot \cos\alpha_{DA} = 70.43(\text{m}) \\ \Delta y_{DA} = D_{DA} \cdot \sin\alpha_{DA} = -78.18(\text{m}) \end{cases}$$

4. 坐标增量闭合差的计算与调整

(1)坐标增量闭合差的计算

如图1-7-9a)所示,导线边的坐标增量可以看成是在坐标轴上的投影线段。从理论上讲,闭合多边形各边的纵坐标增量的代数和与横坐标增量的代数和均应等于零。即:

$$\begin{cases} \sum\Delta x_{理} = 0 \\ \sum\Delta y_{理} = 0 \end{cases} \qquad (1-7-5)$$

但实际上由于量边的误差和前面计算改正后的角度仍有残余误差,所以算出的坐标增量总和$\sum\Delta x_{算}$与$\sum\Delta y_{算}$往往都不为零,其值称为坐标增量闭合差,分别用f_x与f_y表示,如图1-7-9b)所示。即:

$$\begin{cases} f_x = \sum\Delta x_{算} \\ f_y = \sum\Delta y_{算} \end{cases} \qquad (1-7-6)$$

这说明，实际计算的闭合导线并不闭合，而存在一个缺口 $A\text{-}A'$，这个缺口的长度称为导线全长闭合差，以 f_D 表示。而 f_x 和 f_y 正好是 f_D 在纵、横坐标轴上的投影长度，所以：

$$f_D = \sqrt{f_x^2 + f_y^2} \tag{1-7-7}$$

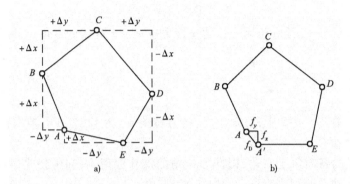

图 1-7-9 闭合导线平差计算

(2) 导线精度的衡量

导线全长闭合差 f_D 的产生，是由于测角和量距中有误差存在的缘故，所以一般用它来衡量导线的观测精度。可是导线全长闭合差是一个绝对闭合差，且导线越长，所量的边数与所测的转折角数就越多，对全长闭合差的影响也就越大。因此，通常用导线全长相对闭合差来衡量导线测量的精度，导线的全长相对闭合差按下式计算：

$$K = \frac{f_D}{\sum D} = \frac{1}{\sum D / f_D} \tag{1-7-8}$$

式中：$\sum D$——导线边边长的总和。

若 $K \leq K_{容}$（各级导线全长相对闭合差容许值见表 1-7-2），则表明导线的精度符合要求，否则应查明原因进行补测或重测。

(3) 坐标增量闭合差的调整

如果导线的精度符合要求，即可将坐标增量闭合差进行调整，使改正后的坐标增量满足理论上的要求。由于是等精度观测，所以坐标增量闭合差的调整原则上是将它们以相反的符号按与边长成正比例分配在各边的坐标增量中。设 $V_{\Delta x_i}$、$V_{\Delta y_i}$ 分别为纵、横坐标增量的改正数，即：

$$\left. \begin{array}{l} V_{\Delta x_i} = -\dfrac{f_x}{\sum D} D_i \\[6pt] V_{\Delta y_i} = -\dfrac{f_y}{\sum D} D_i \end{array} \right\} \tag{1-7-9}$$

式中：$\sum D$——导线边长的总和；

D_i——导线某边长 $(i = 1, 2, \cdots, n)$。

所有坐标增量改正数的总和应等于坐标增量闭合差的相反数，即：

$$\left. \begin{array}{l} \sum V_{\Delta x} = V_{\Delta x_1} + V_{\Delta x_2} + \cdots + V_{\Delta x_n} = -f_x \\ \sum V_{\Delta y} = V_{\Delta y_1} + V_{\Delta y_2} + \cdots + V_{\Delta y_n} = -f_y \end{array} \right\} \tag{1-7-10}$$

改正后的坐标增量应为：

$$\left.\begin{aligned}\Delta x_i &= \Delta x_{算i} + V_{\Delta x_i}\\ \Delta y_i &= \Delta y_{算i} + V_{\Delta y_i}\end{aligned}\right\} \qquad (1\text{-}7\text{-}11)$$

坐标增量闭合差的计算与调整示例如表 1-7-5 所示。

5. 坐标推算

根据起始点的已知坐标和改正后的坐标增量,依次推算其他各导线点的坐标,即

$$\left.\begin{aligned}x_i &= x_{i-1} + \Delta x_{i-1,i}\\ y_i &= y_{i-1} + \Delta y_{i-1,i}\end{aligned}\right\} \qquad (1\text{-}7\text{-}12)$$

闭合导线的坐标计算示例如表 1-7-5 所示。

 想一想

附合导线为带状测区的平面控制测量形式,广泛应用于公路、铁路等工程的勘测设计与施工中,那么如何进行附合导线坐标计算呢?

三、附合导线测量

如图 1-7-10 所示的附合导线,其坐标计算方法与闭合导线基本上相同,也分为五步计算,但由于布置形式不同,且附合导线两端与已知高级控制点相连,因而角度闭合差和坐标增量闭合差的计算公式有所不同。

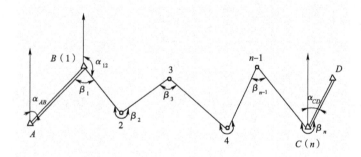

图 1-7-10 附合导线

1. 角度闭合差的计算与调整

如图 1-7-10 所示,附合导线连接在高级控制点 A、B 和 C、D 上,它们的坐标均已知,连接角为 β_1 和 β_n。起始高级导线边坐标方位角 α_{AB} 和终边高级导线边坐标方位角 α_{CD},可根据坐标反算求得。另外,从起始边方位角 α_{AB} 经连接角和导线的转折角可推算出终边的方位角 α'_{CD},此方位角应与反算求得的坐标方位角 α_{CD} 相等。但由于测角误差,推算的 α'_{CD} 与已知的 α_{CD} 往往不相等,其差值即为附合导线的角度闭合差 f_β,即

$$f_\beta = \alpha'_{CD} - \alpha_{CD} \qquad (1\text{-}7\text{-}13)$$

其中,根据起始边坐标方位角 α_{AB} 和观测的各转折角推算的终边方位角 α'_{CD} 计算公式如下。

计算者：××× 检查者：×××

表 1-7-5

闭合导线计算

点号	观测角 $\beta_{右}$ (° ′ ″)	改正数 v_β (″)	改正后的角值 $\beta_{右}$	方位角 α (° ′ ″)	边长 D (m)	纵坐标增量 Δx (m) 计算值	改正数	改正后值	纵坐标 x (m)	横坐标增量 Δy (m) 计算值	改正数	改正后值	横坐标 y (m)
A				42 24 06					$\underline{1\,200}$				$\underline{1\,200}$
					78.16	57.72	+0.02	57.74		52.71	−0.01	52.70	
B	89 33 48	+18	89 34 06	132 50 00					1 257.74				1 252.70
					129.34	−87.93	+0.02	−87.91		94.85	−0.02	94.83	
C	73 00 12	+12	73 00 24	239 49 36					1 169.83				1 347.53
					80.18	−40.30	+0.02	−40.28		−69.32	−0.01	−69.33	
D	107 48 30	+12	107 48 42	312 00 54					1 129.55				1 278.20
					105.22	70.43	+0.02	70.45		−78.18	−0.02	−78.20	
A	89 36 30	+18	89 36 48						1 200				1 200
Σ	359 59 00	+60	360°		392.9	−0.08	+0.08	0		+0.06	−0.06	0	

角度闭合差及改正数之计算	坐标增量闭合差的计算	导线相对闭合差的计算
$\sum\beta_{理} = 180° \cdot (4-2) = 360°$ $f_\beta = \sum\beta_{测} - \sum\beta_{理} = -60″$ $f_{\beta容} = \pm 40″\sqrt{4} = \pm 1′20″$ $v_\beta = -\dfrac{f_\beta}{n} = -\dfrac{-60″}{4} = +15″$	$\sum\Delta x_{理} = 0 \quad \sum\Delta y_{理} = 0$ $f_x = -0.08 \quad f_y = +0.06$ $V_{\Delta x_i} = -\dfrac{f_x}{\sum D}D_i$ $V_{\Delta y_i} = -\dfrac{f_y}{\sum D}D_i$	$f_D = \sqrt{f_x^2 + f_y^2} = 0.1$ $K = \dfrac{f_D}{\sum D} \approx \dfrac{1}{3900} < \dfrac{1}{2000}$

草图

注：此导线为图根导线，起点坐标为假定值

当观测导线的右角时：

$$\alpha_{12} = \alpha_{AB} + 180° - \beta_1'$$
$$\alpha_{23} = \alpha_{12} + 180° - \beta_2' = \alpha_{AB} + 2 \times 180° - (\beta_1' + \beta_2')$$
$$\cdots$$
$$\alpha_{CD}' = \alpha_{AB} + n \times 180° - \sum\beta_{右} \tag{1-7-14}$$

当观测导线的左角时：

$$\alpha_{CD}' = \alpha_{AB} - n \times 180° + \sum\beta_{左} \tag{1-7-15}$$

式中：n——转折角的个数。

角度闭合差的大小说明了测角质量的高低。各级导线的角度闭合差容许值 $f_{\beta容}$ 如表1-7-2所示。当 $f_\beta \leq f_{\beta容}$ 时，说明所测角度满足精度要求，可进行角度闭合差的调整，否则，应分析情况进行重测，直至满足精度要求为止。

附合导线角度闭合差的调整原则是：若观测角为左角，则应将角度闭合差以相反的符号平均分配到各角度观测值中；若观测角为右角，则应将角度闭合差以相同的符号平均分配到各角度观测值中。使改正后的观测角度值与理论值相等。各角改正数为：

$$V_{\beta_i} = -\frac{f_\beta}{n} (观测角为左角时) \tag{1-7-16}$$

$$V_{\beta_i} = \frac{f_\beta}{n} (观测角为右角时) \tag{1-7-17}$$

应用上式计算改正数时，若 f_β 不能被 n 均分，应将余数均匀分配到若干较短边所夹角度的改正数中。最终使各角改正数的总和与闭合差绝对值相等，符号相反，即 $\sum V_\beta = -f_\beta$。各角的改正数计算出之后，再计算改正以后的角度 $\beta_i = \beta_i' + V_{\beta_i}$，即改正以后的角值等于观测值与改正数之和。

2. 坐标方位角的推算

附合导线起始边及终止边的坐标方位角可通过坐标反算获得，其他各边坐标方位角的推算与闭合导线相同。

3. 坐标增量的计算

附合导线坐标增量的计算与闭合导线相同，需要注意的是起始边 AB 与终止边 CD 均为已知边，不需要计算其坐标增量。

4. 坐标增量闭合差的计算与调整

如图1-7-11所示，附合导线各边坐标增量的代数和在理论上应等于起、终两已知点的坐标值之差，即：

$$\left.\begin{array}{l}\sum\Delta x_{理} = x_B - x_A \\ \sum\Delta y_{理} = y_B - y_A\end{array}\right\} \tag{1-7-18}$$

由于测角和量边存在误差，所以计算的各导线边纵、横坐标增量代数和不等于理论值，其差值称为纵、横坐标增量闭合差，用 f_x、f_y 来表示，则：

$$\left.\begin{array}{l}f_x = \sum\Delta x_{测} - (x_B - x_A) \\ f_y = \sum\Delta y_{测} - (y_B - y_A)\end{array}\right\} \tag{1-7-19}$$

写成通式则为：

$$\left.\begin{array}{l}f_x = \sum\Delta x_{测} - \sum\Delta x_{理} = \sum\Delta x_{测} - (x_{终} - x_{始}) \\ f_y = \sum\Delta y_{测} - \sum\Delta y_{理} = \sum\Delta y_{测} - (y_{终} - y_{始})\end{array}\right\} \tag{1-7-20}$$

附合导线坐标增量闭合差的调整方法以及导线精度的衡量均与闭合导线相同。

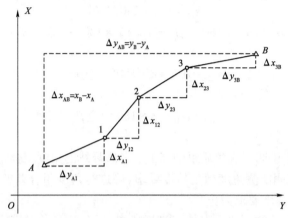

图 1-7-11　附合导线坐标增量的计算

5. 坐标计算

附合导线点的坐标计算与闭合导线相同,计算示例如表 1-7-6 所示。

导线的边长与夹角也可用测距仪或全站仪直接测得,这种导线叫光电测距导线。光电测距的主要技术要求见《公路勘测规范》(JTG C10—2007)。由于全站仪具有坐标测量功能,所以可用全站仪坐标法直接进行导线测量,下面是全站仪附合导线测量坐标平差计算方法。

四、全站仪附合导线测量

以图 1-7-12 所示的附合导线为例。

将全站仪安置于起始点 B(高级控制点),按距离及坐标测量方法测定控制点 1 与 B 点的距离 D_{B1} 及 1 点的坐标 (x'_1, y'_1)。再将仪器安置在已测坐标的 1 点上,用同样的方法测得 1、2 点间的距离 D_{12} 和 2 点的坐标 (x'_2, y'_2)。依此方法进行观测,最后测得终点 C(高级控制点)的坐标观测值 (x'_c, y'_c)。

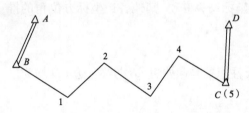

图 1-7-12　全站仪附合导线坐标测量

由于 C 为高级控制点,其坐标 (x_c, y_c) 已知。在实际测量中,由于各种因素的影响,C 点的坐标观测值一般不等于其已知值,因此,需要进行观测成果的处理。

$$f_x = x'_c - x_c \tag{1-7-21}$$

$$f_y = y'_c - y_c \tag{1-7-22}$$

同样可以算出导线全长闭合差

$$f_D = \sqrt{f_x^2 + f_y^2}$$

导线全长相对闭合差

$$K = \frac{1}{\sum D / f_D}$$

式中:$\sum D$——导线的全长,在观测各点坐标的同时获得。

当导线全长相对闭合差不大于表 1-7-2 规定的该等级导线全长相对闭合差容许值时,即可按式(1-7-23)、式(1-7-24)计算各点坐标的改正数:

计算者：××× 　　　检查者：×××

附合导线计算

表 1-7-6

点号	右角观测值 (° ′ ″)	改正数 v_β (″)	改正后的角值 $\beta_右$	方位角 α (° ′ ″)	边长 D (m)	纵坐标增量 Δx (m) 计算值	改正数	改正后值	横坐标增量 Δy (m) 计算值	改正数	改正后值	纵坐标 x (m)	横坐标 y (m)
A				157 00 52									1 215.630
B(1)	192 14 24	−06	192 14 18	144 46 34	139.035	−113.578	0.032	−113.546	80.192	−0.023	80.169	2 507.690	1303.800
2	236 48 36	−06	236 48 30	87 58 04	172.565	6.119	0.040	6.159	172.456	−0.029	172.427	2 299.830	1383.969
3	170 39 36	−06	170 39 30	97 18 34	100.072	−12.732	0.023	−12.709	99.259	−0.016	99.243	2 186.284	1556.396
4	180 00 48	−07	180 00 41	97 17 53	102.478	−13.018	0.024	−12.994	101.648	−0.017	101.631	2 192.443	1655.639
C(5)	230 32 36	−06	230 32 30	46 45 23								2 179.734	1757.270
D												2 166.740	1964.320
Σ	1 010 16 00	−31			514.15	−133.209	0.119	−133.09	453.555	−0.085	453.47	2 361.470	

角度闭合差计算与调整：

$f_\beta = \alpha_{AB} - \alpha_{CD} + 5 \times 180° - \Sigma\beta_右 = -31''$

$f_{\beta容} = \pm 30''\sqrt{5} = \pm 67''$ 精度满足要求，

改正数 $v_\beta = \dfrac{f_\beta}{n} = \dfrac{-31''}{5} = -6.2''$

坐标增量闭合差的计算与调整：

$\Sigma\Delta x = -133.209 \quad f_x = \Sigma\Delta x - (x_C - x_B) = -0.119$

$\Sigma\Delta y = 453.555 \quad f_y = \Sigma\Delta y - (y_C - y_B) = 0.085$

$V_{\Delta x_i} = -\dfrac{f_x}{\Sigma D} D_i \quad V_{\Delta y_i} = -\dfrac{f_x}{\Sigma D} D_i$

$f_D = \sqrt{f_x^2 + f_y^2} = 0.146 \quad K = \dfrac{f_D}{\Sigma D} \approx \dfrac{1}{3\ 500} < \dfrac{1}{2\ 000}$

草图

注：此导线为三级导线，起始边 AB 和终边 CD 的方位角由坐标反算求得

$$v_{xi} = -\frac{f_x}{\sum D} \cdot (D_1 + D_2 + \cdots + D_i) \qquad (1\text{-}7\text{-}23)$$

$$v_{yi} = -\frac{f_y}{\sum D} \cdot (D_1 + D_2 + \cdots + D_i) \qquad (1\text{-}7\text{-}24)$$

式中：$\sum D$——导线的全长；

D_i——第 i 点之前导线边长。

改正后各点坐标为：

$$x_i = x'_i + v_{xi}$$

$$y_i = y'_i + v_{yi}$$

式中：x'_i、y'_i——第 i 点的坐标观测值。

关于全站仪导线测量坐标平差方法如表 1-7-7 所示。

以坐标为观测值的导线近似平差计算表　　　　表 1-7-7

点号	坐标观测值(m)		边长 D (m)	坐标改正数(mm)		坐标平差值(m)	
	x'	y'		v_x	v_y	x	y
A						31 242.685	9 631.274
B						27 654.173	6 814.216
1	26 861.436	18 173.156	1 573.261	−5	+4	26 861.431	18 173.160
2	27 150.098	18 988.951	865.360	−8	+6	27 150.090	8 988.957
3	27 286.434	20 219.444	1 238.023	−12	+9	27 286.422	20 219.453
4	29 104.742	20 331.319	1 821.746	−18	+14	29 104.724	20 331.333
$C(5)$	29 564.269	20 547.130	507.681	−19	+16	29 564.250	20 547.146
D			$\sum D = 6\,006.071$			30 666.511	21 880.362
辅助计算	\multicolumn{7}{c}{$f_x = x'_c - x_c = +19(\text{mm}), f_y = y'_c - y_c = -16(\text{mm})$ $f = \sqrt{f_x^2 + f_y^2} = 24(\text{mm}), K = \dfrac{1}{\frac{\sum D}{f_D}} = \dfrac{1}{250\,000}$}

在表 1-7-7 中：$v_{x1} = -\dfrac{19}{6\,006.071} \times 1\,573.261 = -4.97 \approx -5(\text{mm})$

$$v_{x2} = \dfrac{19}{6\,006.071} \times (1\,573.261 + 865.360) = -7.72 \approx -8(\text{mm})$$

由于用全站仪测量可以同时测算导线点的坐标和高程，因此高程的计算可与坐标的计算一并进行。关于高程闭合差计算和调整方法和平面坐标相同，在此不再赘述。

复习思考题

1. 什么是控制点？什么是控制测量？

2. 测量工作必须遵循的原则是什么？

3. 什么是导线？导线有哪几种布设形式？

4. 导线按精度可以分为哪几个等级？

5. 导线的外业工作包括哪些内容？

6. 什么是左角和右角？左角与左转角、右角与右转角分别有什么区别？

7. 已知一附合导线终边方位角 $\alpha_{终}=315°20'50''$，利用外业观测角从起始边推得终边方位角 $\alpha_{测}=315°20'10''$，观测角个数为 5，角度闭合差容许值 $f_{\beta容}=\pm48''$，试求：

(1) 如观测角均为左角时，角度改正数为多少？

(2) 如观测角均为右角时，角度改正数为多少？

8. 某闭合导线，其横坐标增量总和为 $-0.21m$，纵坐标增量总和为 $+0.35m$，如果导线总长度为 1 166.35m，试计算导线全长相对闭合差和边长为 100m 的坐标增量改正数。

9. 四边形闭合导线内角的观测值如表 1-7-8 所示，在表中计算以下问题：

(1) 角度闭合差；

(2) 改正后的角值；

(3) 各边的坐标方位角。

表 1-7-8

点号	角度观测值 β(右角) (° ′ ″)	改正数 (″)	改正后角值 (° ′ ″)	坐标方位角 (° ′ ″)
1	105 15 23			93 21 10
2	74 14 12			
3	54 15 20			
4	126 15 25			
	$\sum\beta=$	$f_\beta=$		

10. 图 1-7-13 所示为闭合导线，已知 $\alpha_{12}=115°07'43''$，P_1 点坐标为 (1359.640m, 2484.080m)，观测数据如表 1-7-9 所示，求闭合导线各点的坐标。

表 1-7-9

点　名	角值 (° ′ ″)	边长 (m)
P_1	95 23 00	
		105.35
P_2	88 58 00	
		106.97
P_3	139 05 00	
		123.68
P_4	60 33 45	
		96.57
P_5	156 00 45	
		107.79
P_1		

11. 如图 1-7-14 所示的附合导线，A 点坐标为 $x_A=8\,865.810m$，$y_A=5\,055.330m$，B 点坐标为 $x_B=9\,846.690m$，$y_B=5\,354.037m$，方位角 $\alpha_{CA}=290°21'00''$，$\alpha_{BD}=351°49'02''$，观测数据如表 1-7-10 所示，试求附合导线各点的坐标(按三级导线，即方位角闭合差 $\leq24\sqrt{n}$，导线全长相对闭合差 $\leq\dfrac{1}{5\,000}$)。

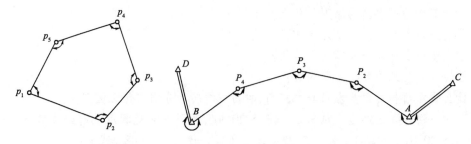

图 1-7-13 第 8 题图　　　　　　　　图 1-7-14 第 9 题图

表 1-7-10

点名	角值 (° ′ ″)	边长 (m)
C		
A	291 07 50	
		388.06
P_2	174 45 20	
		283.38
P_3	143 47 40	
		359.89
P_4	128 53 00	
		161.93
B	222 53 30	

模块八 地形测量基本知识

课题一 地形图的基本知识

1. 地形测量的概念；
2. 比例尺和地物的表示形式；
3. 等高线的概念和性质。

想一想

科技与文明的发展使我们的生活变得更加美好。当你想鸟瞰整个地球的外貌时，可以查看世界地形图；当你准备旅游时，可以查看旅游图；当你要去一个陌生的地方时，又有交通图为你服务。可你曾想过这些图是怎么测绘出来的吗？你能用学过的知识测绘出来你们学校的校园平面图吗？

一、地形测量的概念

地球表面的高山、平原、江、河、湖、海以及各种建筑物，这些统称为地形。在测量中常把地形分为地物和地貌两大类。对于地球表面上具有明显轮廓的、天然形成的或人工建造的各种构筑物统称为地物，如房屋、道路、河流、湖泊、森林等；而将地球表面高低起伏的形态，如山地、丘陵、高原、平原、盆地等统称为地貌。

地形图的测绘就是将地球表面一定区域内的地物、地貌按正投影的方法和一定的比例尺，用规定的图式符号测绘在图纸上，这种表示地物、地貌的图称为地形图；只测地物不测地貌的图称为平面图。

地形图的测绘遵循由整体到局部、先控制后碎部的原则。首先在测区范围内进行控制测量，建立平面和高程控制网，测定每个导线点（控制点）的坐标和高程。然后以控制点为基础，利用一定的测图原理和方法，进行周围地物和地貌的局部测量，并缩绘在图纸上。如图1-8-1所示是一幅地形图的局部。

二、比例尺

1. 比例尺的表示方法

地形图比例尺是指图上某一线段的长度 d 与地面上相应两点之间实际水平距离 D 的比值。比例尺有用数字表示和用图表示两种。

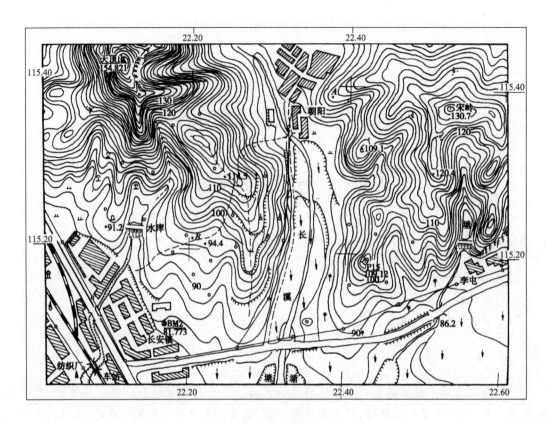

图 1-8-1 地形图

数字比例尺用分子为 1，分母为整数的分数表示，即 $1:M$，也就是

$$\frac{1}{M} = \frac{d}{D} \tag{1-8-1}$$

这里的 M 为比例尺分母，分母数值越大，则图的比例尺越小；分母数值越小，则图的比例尺越大。

常用的图示比例尺为直线比例尺，如图 1-8-2 所示。图中表示的为 1:1 000 的比例尺，取 1cm 为基本单位，即图纸上 1cm 相应于实地 10m。图示比例尺一般绘于图纸的下方，和图纸一起复印，用它量取图上的直线长度，可以抵消图纸伸缩的影响。

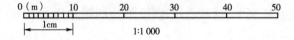

图 1-8-2 图示比例尺

2. 比例尺的分类

通常把 1:500～1:5 000 比例尺的地形图称为大比例尺地形图，主要用于各种工程建设的详细规划和设计以及工程量的计算等。

1:10 000～1:100 000 比例尺的地形图称为中比例尺地形图，是国家基本的地形图。小于 1:100 000 比例尺，像 1:200 000、1:500 000、1:1 000 000 比例尺的地形图称为小比例尺地形图，由国家测绘部门负责测绘，以航空摄影测量方法成图。

3. 比例尺的精度

人的眼睛能分辨的图上最小距离为 0.1mm，因此在地图上 0.1mm 所代表的地面上的实地距离称为比例尺精度。即比例尺精度 $= 0.1M(\text{mm})$，其中，M 指比例尺分母。

根据比例尺精度可以知道地面上量距应准确到什么程度，例如：测绘 1:2 000 比例尺的地形图时，其比例尺的精度为 $0.1 \times 2\,000 = 0.2(\text{m})$，因此，测量地面上距离的绝对精度只需 0.2m；反之，也可按照地面距离的规定精度来确定采用多大比例尺的地形图，如果要求在图上能表示出 0.5m 的地面距离，则所用的比例尺不应小于 $0.1/(0.5 \times 1\,000) = 1/5\,000$，也就是用 1:5 000 比例尺来测绘地形图就能满足要求。

显然，比例尺越大，表示地形变化的状况描述越详细，精度越高，所以测图比例尺应根据用图的需要确定。工程上常用的几种大比例尺地形图的比例尺精度如表 1-8-1 所示。

比 例 尺 精 度 表 表 1-8-1

比例尺	1:500	1:1 000	1:2 000	1:5 000
比例尺精度（m）	0.05	0.10	0.20	0.50

三、地形图的图幅

地形图的分幅和编号方法有两种：一种是按经纬线划分为梯形分幅并编号，适用于中小比例尺的国家基本图；另一种是按坐标格网划分为正方形与矩形分幅并编号，适用于工程建设上大比例尺地形图。

在各种工程建设中，大比例尺地形图多采用正方形分幅法，它是按统一的坐标格网线划分的，图幅的大小如表 1-8-2 所示。当采用矩形分幅时，其图幅大小都是 40cm×50cm。

按正方形分幅的各种比例尺的分幅 表 1-8-2

比 例 尺	图幅大小（cm²）	图廓相应的实地长度（m）	实地面积（km²）	每平方公里的幅数
1:5 000	40×40	2 000	4	1/4
1:2 000	50×50	1 000	1	1
1:1 000	50×50	500	0.25	4
1:500	50×50	250	0.062 5	16

图名即本幅地形图的名称，一般用图幅中最具有代表性的地名、景点名、居民地或企事业单位的名称命名，图名注记在本幅图的北图廓外上方正中位置，如图 1-8-3 所示的"大王庄"。如图名选取有困难，也可不注图名只注图号。

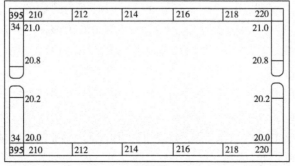

图 1-8-3 地形图的图幅

图号是该图幅相应分幅方法的编号,注于图幅正上方、图名的下方。大比例尺地形图的编号(即图号)一般采用图幅西南角坐标公里数编号。如图 1-8-3 所示,该地形图的西南角坐标为 $x = 3\,420.0\,\mathrm{km}$, $y = 521.0\,\mathrm{km}$,所以其编号为 $3\,420.0 \sim 521.0$。编号时,1:500 地形图取至 $0.01\,\mathrm{km}$,如 21.25 $\sim$ 10.25;在 1:1 000 和 1:2 000 地形图取至 $0.1\,\mathrm{km}$。

接合图表是表示本幅图与四邻图幅的邻接关系的图表,供索取和拼接相邻图幅时使用。表中注有邻接图幅的图名或图号,中间绘有斜线的是本图幅,如图 1-8-3 所示。

图廓是地形图的边界,有内、外图廓线之分。图幅内绘有直角坐标格网,内图廓线就是坐标格网线,用 0.1mm 细线表示,它是图幅的边界线。外图廓线为图幅的最外围边线,用 0.5mm 粗线表示,主要起装饰作用。内、外图廓线相距 12mm,在内、外图廓线之间注记格网坐标值,以 km 为单位。如图 1-8-3 中左下角的 3 420.0 表示本图的起始纵坐标为 3 420km,中间横线上 34 两字省去不写,521.0 表示本图的起始横坐标为 521km。

四、地物、地貌的表示方法

为了便于测图和用图,在地形图中常用不同的符号来表示地球表面的地物和地貌的形状和大小,这些在地形图中用于表示地物和地貌的符号称为地形图图式符号。地形图图式符号有三种:地物符号、地貌符号和注记符号。

1. 地物符号

地物在地形图中是用地物符号来表示的。根据地物大小及描绘方法的不同,地物符号按其特点又分为比例符号、非比例符号、线形符号和注记符号四种类型。图 1-8-4 所示为 1:500、1:1 000 和 1:2 000 的比例尺地形图所规定的部分地物符号。

1) 比例符号

有些地物如房屋、湖泊、水田等能根据地物的实际大小,按测图比例缩小,按地形图图式要求绘出的符号,称为比例符号。

2) 非比例符号

不能按地物的实际尺寸用比例缩绘于图上的符号,称为非比例符号。如导线点、水准点、三角点等独立地物无法按其大小在图上表示,只能用规定的非比例符号表示。

绘制非比例符号时,非比例符号的中心位置与实际地物的中心位置的关系随地物而异,在测绘、读图及用图时应注意以下几点:

(1) 如三角点、导线点等,规则的几何图形符号的中心即为地物的中心位置。

(2) 宽底符号,如里程碑、岗亭等,该符号底线的中心即为地物的中心位置。

(3) 底部为直角的符号,如独立树、加油站等,地物中心为该符号底部直角顶点。

(4) 由几种几何图形组成的符号,如气象站、路灯等,地物中心在其下方图形的中心点或交叉点。

(5) 下方没有底线的符号,如窑洞、亭等,地物中心在下方两端点间的中心点。

3) 线形符号

在宽度方向上难以用比例表示,在长度方向上可以按比例表示的地物符号,称为线形符号。如围墙、小路、电力线等。

4) 注记符号

具有说明地物性质、用途以及带有数量、范围等参数的地物符号,除相应的符号之外,配合一定的文字加以说明,称为注记符号。如地名、县名、村名和等高线高程的散点高程等。

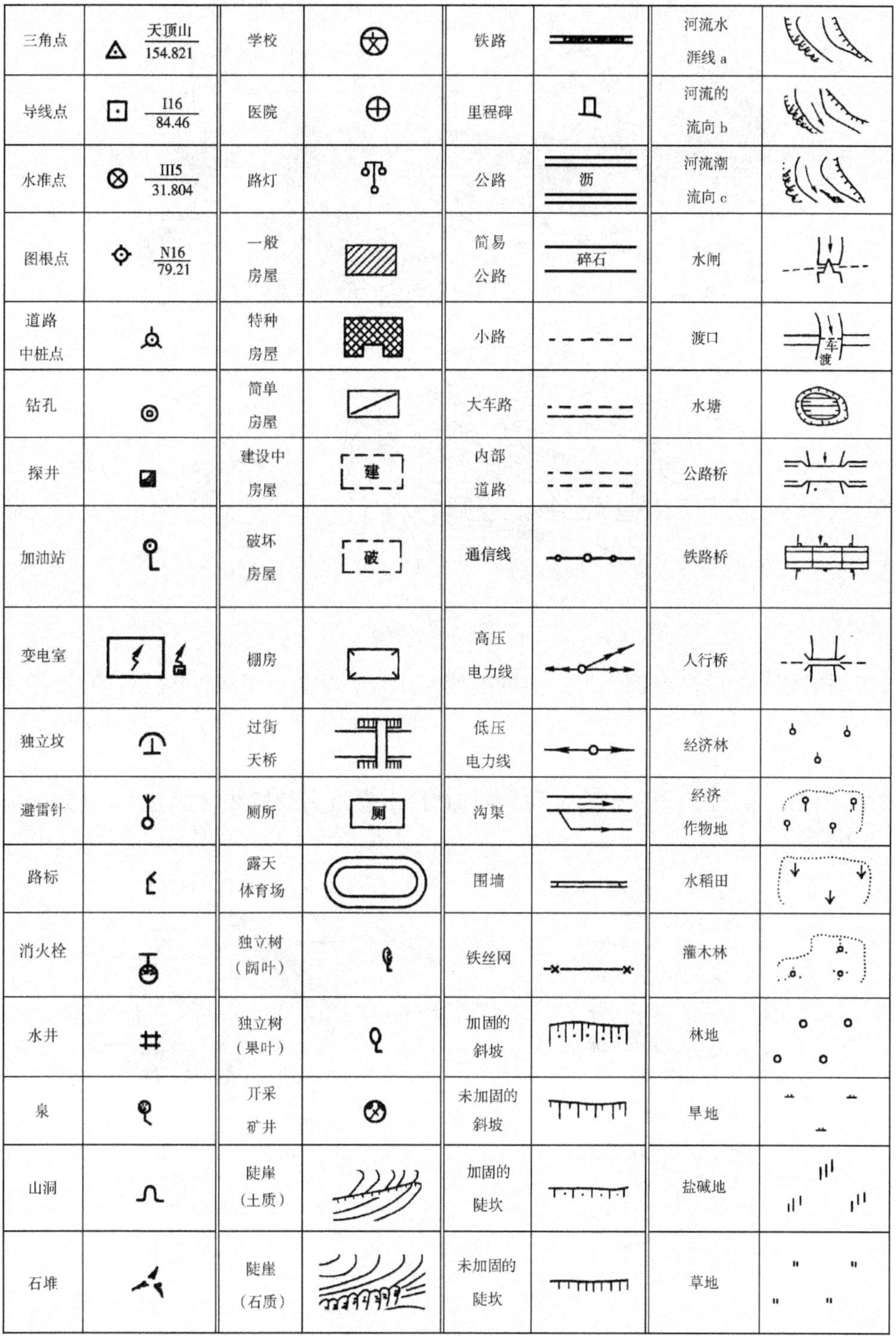

三角点	天顶山 154.821	学校		铁路		河流水涯线a	
导线点	I16/84.46	医院		里程碑		河流的流向b	
水准点	III5/31.804	路灯		公路	沥	河流潮流向c	
图根点	N16/79.21	一般房屋		简易公路	碎石	水闸	
道路中桩点		特种房屋		小路		渡口	
钻孔		简单房屋		大车路		水塘	
探井		建设中房屋	建	内部道路		公路桥	
加油站		破坏房屋	破	通信线		铁路桥	
变电室		棚房		高压电力线		人行桥	
独立坟		过街天桥		低压电力线		经济林	
避雷针		厕所	厕	沟渠		经济作物地	
路标		露天体育场		围墙		水稻田	
消火栓		独立树(阔叶)		铁丝网		灌木林	
水井		独立树(果叶)		加固的斜坡		林地	
泉		开采矿井		未加固的斜坡		旱地	
山洞		陡岸(土质)		加固的陡坎		盐碱地	
石堆		陡崖(石质)		未加固的陡坎		草地	

图 1-8-4 部分地物符号

2. 地貌符号

地貌是指地球表面高低起伏的形态,它包括山地、丘陵、高原、平地、盆地五种基本形状。地貌符号如图 1-8-5 所示。

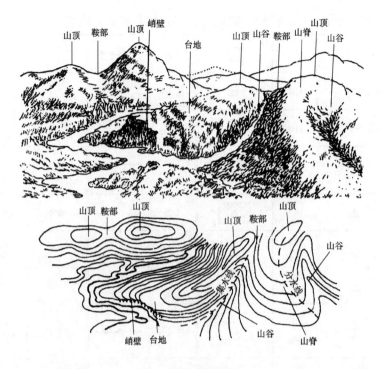

图 1-8-5　地貌符号

较四周显著凸起的高地称为山。山的侧面叫山坡(斜坡)。山坡的倾斜度在 20°~45° 的叫陡坡,几乎呈竖直形态的叫峭壁(陡坡)。下部凹入的峭壁叫悬崖。山峰与平地相交处叫山脚。

山脊:山的凸棱,由山顶延伸到山脚者叫山脊,山脊最高的棱线称为分水线(或山脊线),如图 1-8-6 所示。

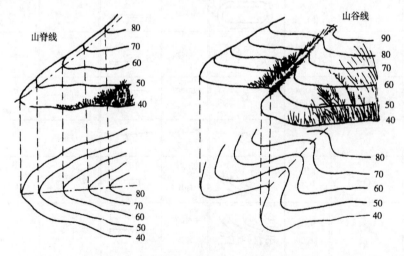

图 1-8-6　山脊和山谷等高线

山谷:两山脊之间的凹部称为山谷。两侧称谷坡,两谷坡相交部分叫谷底。谷底最低点连线称为山谷线(又称集水线),如图 1-8-6 所示。谷底与平地相交处称谷口。

鞍部:两个山顶之间的低洼处,形状像马鞍,称为鞍部或垭口。

盆地(洼地):四周高中间低的地形叫盆地,最低处称盆底。盆底没有泄水道,水都留在盆地中最低处,湖泊实际上是汇集有水的盆地。

地貌的形状虽然千差万别,但都能找到一些反映其特征的点,如山顶最高点、盆地最低点、鞍部点、谷口点、山脚点、坡度变换点等,这些都称为地貌特征点。在地形图测绘中,立尺点就应选择在这些地貌特征点上。

在上面地貌的符号中出现了许多封闭的曲线,这些封闭的曲线即等高线,地貌的符号是用等高线来表示的。

1)等高线的概念

在地形图上表示地貌的方法有多种,目前最常用的地貌符号是等高线,但对梯田、峭壁、冲沟等特殊的地貌,不便用等高线表示时,可根据要求绘制相应的符号。

等高线是指地面上高程相等的相邻各点连接的闭合曲线。如果将这些闭合曲线(等高线)铅直投影到某一水平面 H 上,并按一定的比例缩绘到图纸上,获得与实地形态相似的等高线。显然,地形图上的等高线比较客观地反映了地面高低起伏的空间形状,同时具有可度量性。如图 1-8-7 所示,图上等高线的形态,取决于实地山头的形态。在坡度大处等高线密集,在坡度缓处等高线稀疏。

2)等高线的参数

(1)等高距。相邻等高线之间的高差称为等高距,用 h 表示。在同一幅地形图上各处的等高距应相等。

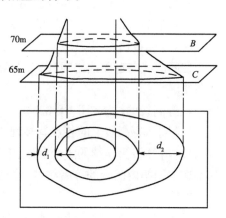

图 1-8-7 等高线的形态

在工程测量规范中,对各种比例尺的地形图等高距作了统一的规定,这些规定的等高距称为基本等高距,如表 1-8-3 所示。

基本等高距(m) 表 1-8-3

比例尺	地形类别			
	平地	丘陵地	山地	高山地
1:500	0.5	0.5	1	1
1:1 000	0.5	1	1	2
1:2 000	1	2	2	2

表中地形类别的划分,可根据地面倾角(a)大小确定:

平坦地:$a < 3°$;

丘陵地:$3° \leq a < 10°$;

山地:$10° \leq a < 25°$;

高山地:$a \geq 25°$。

(2)等高线平距。相邻两等高线间的水平距离称为等高线平距,用 d 表示。等高线平距 d 随实地地面坡度的变化而改变。

(3)等高线坡度 i。等高距 h 与等高线平距 d 的比值就是等高线之间的地面坡度,用 i 表示,即:

$$i = \frac{h}{d} \times 100\% \tag{1-8-2}$$

3) 等高线的种类

为了充分表示地貌的特征以及为了用图的方便,等高线按其用途分为下列四类。

(1) 首曲线(基本等高线)

按地形图的基本等高距绘制的等高线,称为首曲线。

(2) 计曲线(加粗等高线)

每隔四条首曲线加粗一条等高线,并在其上注记高程,称为计曲线。

(3) 间曲线(半距等高线)

间曲线是一种内插等高线。用于首曲线不足以显示局部地貌特征时,在基本等高线之间按 1/2 基本等高距用虚线绘制的等高线,称为间曲线。

(4) 助曲线(1/4 等高线)

在间曲线与首曲线之间,以 1/4 基本等高距再进行加密,且用短虚线绘制的等高线,称为助曲线。

4) 等高线的性质(图 1-8-8)

(1) 同一等高线上的各点其高程相等,但高程相等的点不一定在同一条等高线上。

(2) 等高线为连续的闭合曲线,有可能在同一幅图内闭合,也可能穿越若干图幅而闭合。凡不在本图幅内闭合的等高线,应绘到图廓线处,不能在图内中断。助曲线、间曲线只在需要的地方绘出。

(3) 非特殊地貌等高线不能重叠和相交,也不能分岔。只有在悬崖处两条不同高程的等高线才能相交,但交点必须成双,相交后较低高程的等高线应绘成虚线。非河流、房屋或数字注记处,等高线不能中断。

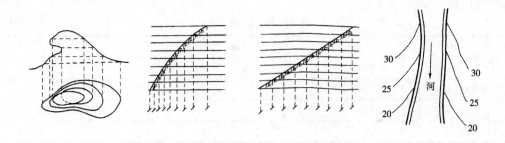

图 1-8-8 等高线的特性

(4) 等高线平距与地面坡度成反比。在同一幅图上,平距小表示坡度陡,平距大表示坡度缓,平距相等表示坡度相同。换句话说,坡度陡的地方等高线就密,坡度缓的地方等高线就稀。

(5) 等高线与山脊线(分水线)、山谷线(集水线)均垂直相交。

(6) 等高线不能直穿河流,应逐渐折向上游,正交于河岸线,中断后再从彼岸折向下游。

等高线的这些特征是相互联系的,在测绘地形图时,正确运用等高线的特征,才能较好地显示出地貌的形状。

课题二 地形图的测绘

1. 测图前的准备工作;
2. 地形图的测绘方法;
3. 地形图的绘制。

地形图的测绘。

 想一想

反映地球表面形态和面貌的地形图都是相当复杂的。不论是地形起伏变化的山区,还是一望无际的大平原,图上各种各样的地貌和地物符号都准确地反映了地面的实际情况。它们是怎样被测绘出来的呢?

一、测图前的准备工作

测图前应首先对测区进行全面的踏勘,整理测区内所有控制点的资料,根据用图要求拟订测绘方案和测图比例尺,选择合适的仪器,并对仪器进行检验和校正。

1. 图纸准备

对于小测区临时性的测图,可以将图纸(白纸)直接固定在图板上进行测绘。对于需要长期保存的地形图,应采用聚酯薄膜测图,其优点是变形小、不受潮、透明度好、耐用而且可以直接在上面上墨、复印、晒图、照相制版;缺点是易折、易老化、易燃,因此在使用保管中应注意防火、防折。使用时只需要用透明胶带纸或大铁夹固定在图板上即可测图。

2. 坐标格网的绘制

为了准确地将图根控制点展绘在图纸上,首先要在图纸上绘制 10cm × 10cm 的直角坐标方格网。如图 1-8-9 所示,在购置的图纸上先轻轻地绘制两条对角线,交点为 M;以交点 M 为圆心以适当长度为半径在对角线上截取等距离的 A、B、C、D 四点,然后用直线连接各点,则得到一个矩形 $ABCD$;再从 A、D 两点起各沿 AB、DC 方向和从 A、B 两点起各沿 AD、BC 方向,每隔 10cm 准确地截取各点,连接对边的对应点,即可绘出坐标格网。

还可以在计算机中用 AutoCAD 软件绘制好坐标格网图形,然后把该图形通过绘图仪绘制在图纸上。

坐标格网绘制好后,还应进行检查与注记。不论采用哪种方法绘制坐标格网,都必须进行精度检查。检查时首先将

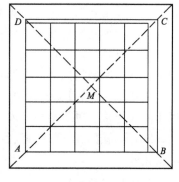

图 1-8-9 坐标方格网的绘制

直尺边沿方格的对角线放置,各方格的交点应在同一条直线上,偏离不应大于0.2mm;对角线长误差和图廓边长误差应不大于0.3mm;格网线粗细及刺孔直径不大于0.1mm。格网绘完后,除保留格网线外,把其余辅助线全部擦干净。

3. 控制点的展绘

测绘地形图的控制点称为图根控制点,简称图根点,是碎部测量的依据。在测图以前应将控制点展绘在图纸上。图纸上的方格网经检查合格后,即可根据测区内各控制点的坐标值,展绘控制点。展绘控制点的原则是尽量把控制点展绘在图纸中间。

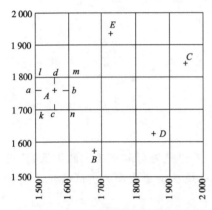

图1-8-10 控制点的展绘(单位:m)

展绘控制点前,先按图的分幅位置将坐标格网线的坐标值注在相应方格网边线的外侧。展点时,首先根据控制点的坐标值,确定控制点所在的方格,如图1-8-10所示,然后计算出对应方格网的坐标差Δx和Δy,再按比例在格网的纵、横边上截取与此坐标差相等的距离,对应连接相交,相交点即为所要展现的控制点。

例如:控制点A的坐标为$x=1\ 764.30$m,$y=1\ 566.15$m,由其坐标值可知A点的位置在$klmn$的方格内,从k、n向上用比例尺量取64.30m,得a、b两点;再从k、l向右用比例尺量取66.15m,得c、d两点,连接a、b和c、d,其交点即为A点,这样就得到A点的图上位置。然后在此点的右侧画一短横线,横线上方注明点号,横线的下方注明该点的高程。依此法依次展绘测区内其他控制点于图纸上。

控制点展好后,用比例尺量取相邻两控制点之间的距离,它和实测距离进行比较,其允许差值在图纸上的长度不应超过±0.3mm,合格后才可以进行测图。

二、地形图的测绘方法

1. 碎部测量的概念

碎部点又称地形点,它指的是地物和地貌的特征点。碎部测量就是以控制点为测站,利用测图原理,将测站四周这些碎部点的平面位置和高程按选用的比例尺测绘到图纸上。

碎部点的选择是保证成图质量和提高测图效率的关键,因此,应正确选择碎部点。通常碎部点应选在地物和地貌的特征点上。地物的特征点就是决定地物形状的地物轮廓线上的转折点、交叉点、弯曲点及独立地物的中心点,如房屋墙角点、道路转折点、交叉点、河岸线转弯点、窨井中心点等,连接这些特征点

07-碎部测量

便可得到与实地相似的地物形状。由于地物形状极不规则,一般规定主要地物凸凹部分在图上大于0.4mm(在实地应为0.4Mmm,M为比例尺分母)时均应表示出来;若小于0.4mm时可以用直线连接。对于地貌来说,碎部点应选择在最能反映地貌特征的山脊线、山谷线等地形线上,如山顶、鞍部、山脊、山脚、谷底、谷口、沟底、沟口、洼地、台地、河川湖池岸旁等的坡度和方向变化处。

2. 地形图的测绘方法

下面介绍几种测绘地形图的方法,以让大家从中体会碎部测量的原理。

1)经纬仪测绘法

如图1-8-11所示,测绘步骤如下:

(1)安置仪器。

①在控制点A(测站点)上安置经纬仪,对中、整平仪器并量取仪器高度i。

②将图板或小平板仪安置在A点旁边。

(2)仪器定向。

用经纬仪瞄准另一已知控制点(或其他已知点),将水平读盘读数设置为0°00′00″,作为碎部点定位的起始方向。

(3)测绘碎部点。

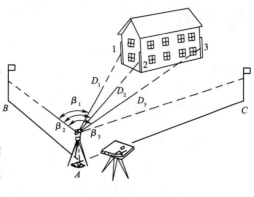

图1-8-11 经纬仪测绘法

①在碎部点上立水准尺,用经纬仪瞄准该点水准尺并读取水平角、竖直角以及水准尺下、中、上丝读数。

②根据竖直角以及水准尺下、中、上丝读数,计算水平距离和高程。

③根据观测的水平角β,以测站点和定向点为起始边,用量角器量取水平角并画出测站点到碎部点间的方向线。

④按测图比例尺在方向线上截取测站点至碎部点之间的水平距离,则得到碎部点在图上的平面位置并在其旁注记该点的高程。

2)全站仪测绘法

全站仪的种类很多,各种仪器的使用方法由仪器自身的程序设计而定,因此,使用仪器之前必须事先阅读仪器使用说明书,才能熟悉仪器的操作。下面介绍用SET2(日本索佳公司生产)电子速测仪进行地形图碎部测量的操作步骤。

(1)安置仪器。

①在控制点A(测站点)上安置全站仪,对中、整平仪器并量取仪器高i。

②将电池分别装入主机和电子手簿内,用电缆将仪器与电子手簿连接起来。

③打开全站仪的电源开关,并将仪器设置为地形测量工作状态。

(2)仪器定向。用全站仪瞄准另一已知控制点,由仪器的键盘将水平度盘读数配置为瞄准已知控制点方向的方位角数据,并分别将棱镜常数、棱镜高度、气象改正数及仪器高i通过键盘输入仪器,同时将测站点A的三维坐标输入仪器。

(3)电子手簿初始化。

(4)将棱镜立于待测点上,根据电子手簿菜单提示,输入地形点的相应信息,包括点号、点的属性拓扑关系等。

(5)瞄准棱镜,按测距键。

(6)将电子手簿测满后,就可将其带回室内与计算机及绘图机连接,实现自动绘图。同理可测出其他各碎部点。采用全站仪等先进仪器测绘地形图,具有方便、快捷、高效等优点。

3)GPS-RTK测量

先在控制点求转换参数,再测碎部点坐标,最后导入AutoCAD电脑绘图。具体操作详见第一篇模块五课题三"GPS-RTK坐标测量"。

想一想

当地物、地貌点基本测量完毕,就可对照实地描绘地物和等高线。那么如何描绘地物和等高线呢?

三、地物、地貌的绘制

1. 地物的绘制

在测图过程中,当所测地物的特征点数能够描绘出地物的完整图形时,应立即勾绘地物轮廓线,并用规范的图示符号或文字表明地物类别和名称,并做到随测随绘。地物要用图1-8-4所示的符号表示,凡不能按比例描绘的地物,均应按规定的非比例符号表示其位置。

2. 地貌的绘制

地貌主要用等高线来表示,地貌的绘制也即等高线的绘制,常用的绘制方法有计算法、图解法和目估法三种,现分别叙述如下。

（1）计算法

等高线是根据地貌点的高程按内插法勾绘的。由于地貌点是选在地面坡度变化处,因此,在相邻两个地貌点之间坡度是相同的。由于在同一坡度上相邻两地貌点之间高差与平距成正比例关系,因此可求出基本等高线的位置。

如图1-8-12所示,A、B为同坡度上两地貌点,其高程分别为24.3m和28.8m,其高差为$h_{AB}=4.5$m。已知A、B两点的平距为$d_{AB}=36$m,若等高距为1m,则从A点到B点,可知将有高程为25m、26m、27m和28m的四条等高线通过,现求在AB直线上各点的位置。

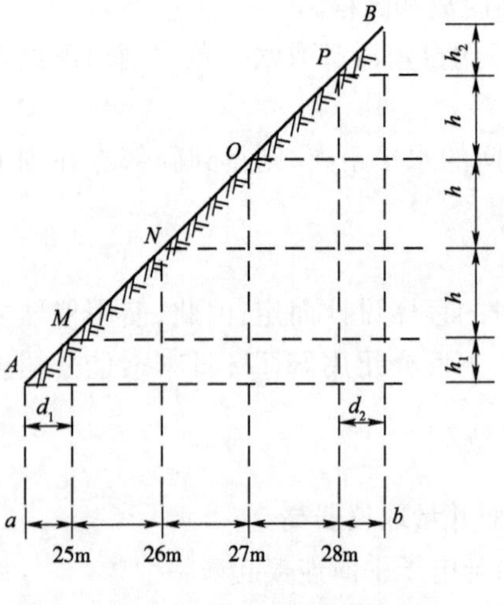

图1-8-12 计算法

由A点到25m等高线的高差为$h_1=0.7$m,由B点到28m等高线的高差为$h_2=0.8$m,根据高差与平距成正比例的关系,可知:

A点到25m等高线的平距为:

$$d_1 = d_{AB} \cdot \frac{h_1}{h_{AB}} = 36 \times \frac{0.7}{4.5} = 5.6(\text{m})$$

B点到28m等高线的平距为:

$$d_2 = d_{AB} \cdot \frac{h_2}{h_{AB}} = 36 \times \frac{0.8}{4.5} = 6.4(\text{m})$$

根据d_1和d_2的长度,按照测图比例尺即可在AB直线上截取25m和28m等高线所通过的点M和P,然后再将M、P两点之间的距离分为三等分,就得到26m和27m的等高线所通过的点N和O。同法定出其他相邻两碎部点间等高线应通过的位置。

测定地貌点后,必须先连地形线,通常以实线连成山脊线,以虚线连成山谷线,如图1-8-13a)所示。地形线直接影响到勾绘等高线的逼真程度,因此需按实地情况勾绘地形线。绘出地形线后,根据地形线的走向和弯曲程度,按上述方法在地形线上求得等高线的通点,再根据等高线的特性,把高程相等的相邻点连成光滑的曲线即为等高线,如图1-8-13b)所示。

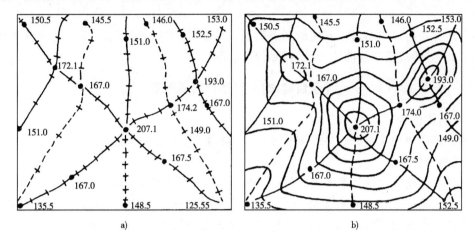

图1-8-13 等高线的勾绘

(2)图解法

如图1-8-14所示,图解法是用一张绘有相距3mm左右平行直线的透明薄纸,并在各直线两端注上0~10的数字来勾绘等高线。使用时先将薄纸放在平行线间22.3m和28.8m的ab两点的连线上,并使a点放在平行线的2.3处,然后将薄纸绕口点转动,直至b点落在平行线间8.8处为止,再将ab线与平行线的交点刺到图上,即得高程为23m、24m、25m、26m、27m、28m等高线通过的位置。

(3)目估法

勾绘等高线用图解法简单易行,精度也较高,经常采用。但具有一定测图经验的工作者,可直接用目估法进行内插,同样可以取得满意的效果。目估法应结合实际地形进行内插,如图1-8-15所示,其要领是"先取头定尾,后中间等分"。

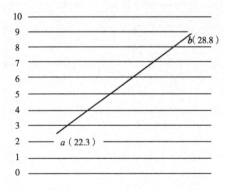

图1-8-14 图解法

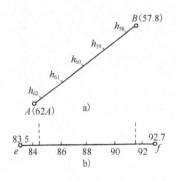

图1-8-15 目估法

如图1-8-15所示,两地形点A、B高程分别为83.5m和88.8m。设基本等高距为1m,则首、尾两等高线的高程为84m和88m,其中间还有85m、86m、87m等高线的通过点。为了用目估法确定等高线通过点,首先算出A、B两地形点间高差:88.8m - 83.5m = 5.3m,然后将AB线目估分成5.3份,每份高差为1m。在两端各画出一份的长度,用虚线表示。由A目估出0.5份来确定84m等高线的通过点,称为"取头";再由B目估0.8份来定出88m等高线的通过点,称为"定尾";其次将首尾两等高线间分成 4 等分,即得中间各等高线的通过点 85m、86m 和 87m。

按上述方法可以求出每相邻两地形点间各条等高线所通过的点位,逐一连接各个高程相同的相邻点,并绘成圆滑的曲线,最后得到等高线图。

【项目实作】 测绘校园平面图

一、任务描述
用学过的导线测量知识和碎部测量方法,测绘学校校园平面图。

二、任务分析
平面图的测绘工作包括两大项,首先需要在测区内布设控制点,组成图根控制网,进行控制测量。校园是一个独立的宽阔的测区,测绘校园平面图采用闭合导线组成控制网最适合。其次是进行碎部测量,即以控制点为基础,依次测出每个控制点周围地物(房屋、花坛等)的特征点位置,然后在图纸上连线绘图。

三、任务实施
1. 用经纬仪边角法进行闭合导线测量并手算导线点坐标

1)在校园内布设导线点,组成闭合导线

选择的导线点要具有控制意义,导线点间要互相通视,导线边长要大致相等,相邻边长不应差距过大。如图 1-8-16 所示为某学校校园平面示意图,T_1、T_2、T_3、T_4、T_5 组成闭合导线。

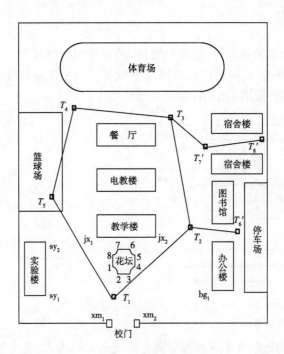

图 1-8-16 校园平面图的测绘

2)用经纬仪和钢尺进行导线测量

(1)例如,假定起始点 T_1 的坐标,以此作为起算数据。

(2)用罗盘仪测定导线起始边 T_1T_2 的磁方位角 α_{12}，具体方法见罗盘仪的使用。

(3)用经纬仪以测回法测定闭合导线的各个内角值，测角精度要符合图根导线的技术要求。一般用 J_6 级光学经纬仪测一个测回，盘左、盘右测得角值的较差不大于 $40''$ 时，则取其平均值作为观测结果。

(4)用钢尺以往返丈量的方法，量取各导线边的边长，往、返距离较差不大于 5cm，相对误差不应大于 1/2 000，否则需要重测。

以上测得的角度和边长都应记录在闭合导线记录表内。

3)导线点坐标的平差计算

把外业测量的数据进行平差，完成闭合导线记录表的计算，推算出各导线点的坐标，计算公式见闭合导线的内业计算。角度容许闭合差为 $f_\beta = \pm 40''\sqrt{n}$，导线全长相对闭合差不应大于 1/2 000。

2. 用全站仪坐标测量法复测导线

导线复测的目的主要是检查导线的点位精度及密度，因为它直接影响测图的质量。其主要工作包括导线点坐标的测量和加密图根等。

1)导线点坐标的测量

先选择导线点 $N(T_1)$ 为起始测站点，选择已知方向 NM 为后视方向，依次测定各导线点的坐标。

(1)安置仪器。在测站点 $N(T_1)$ 上安置全站仪，对中、整平，用钢尺仔细量取仪器高。在后视点 M 上安置棱镜，量取棱镜高(棱镜高的设置是用于获取 Z 坐标值的，在此可以不设)。

(2)开机，进行仪器的设置。

①首先，在距离测量模式下进行大气改正值 PPM 的设置和棱镜常数的设置。

②从菜单模式下打开数据采集程序，创建一个新文件 DATA-01，输入测站点的编号(T_1)、坐标和仪器高，完成测站点的设置。

(3)后视方位角的设置。先瞄准后视点 M，在数据采集菜单下输入后视点的编号 M 和坐标，并进行坐标测量，即可设置好后视方位角并存入仪器内，显示屏返回到数据采集主菜单。

(4)进行前视点测量。旋转照准部，用望远镜照准导线点 T_2 上的棱镜，再进入前视点测量程序，输入前视点的编号 T_2，开始坐标测量，即得 T_2 点的坐标并存入仪器内。

(5)把全站仪移到 T_2 点上，以 T_2 为测站点，以 T_1 为后视点，按上述方法设置后视点和后视方位角，测量前视点 T_3 的坐标并记录。

(6)按以上方法测量所有导线点的坐标。从文件管理中可找到文件 DATA-01，查出每个导线点的坐标。

(7)进行平差计算，得出最终导线点坐标。

2)加密图根点

当导线点的密度不满足测图的要求时，可以用全站仪按照支导线加密的方法来加密图根点。如图 1-8-16 所示，以图根点 T_2 和 T_3 为基础，进行加密 T_6'、T_7' 和 T_8' 点，具体加密方法如下：

(1)在测站点 T_3 上安置仪器，依次在后视点 T_4 和待加密点 T_7' 上安置棱镜。

(2)开机，进入坐标测量模式，输入测站点 T_3 的坐标、仪器高和棱镜高。

(3)瞄准后视点 T_4，输入 T_4 的坐标或后视方位角，并进行坐标测量。

(4)转动望远镜,瞄准待加密点 T'_7 上的反射棱镜,进入坐标测量模式,按键进行坐标测量,即可得到加密点 T'_7 的坐标。

(5)同理,可以测出加密点 T'_8 和 T'_6 的坐标。

3. 用全站仪坐标法进行碎部测量(仍以拓普康 330 系列为例)

在导线控制网的基础上分别以每一个导线点(图根点)为测站点,以相邻图根点为后视点,测出所有地物特征点的坐标,根据坐标展绘的方法,把所有地物点展绘到图纸上,并连接成地物形状,用相应的符号表示出来。具体方法如下:

1)安置仪器

选择图根点 T_1 为测站点,在 T_1 上安置全站仪,选择相邻图根点 T_2 为后视点。

2)设置测站点和后视方位角

(1)开机,按下[MENU]键进入菜单模式,再按[F1]键(数据采集),进入数据采集程序页面,先输入文件名 XiaoYuanTu 并回车。

(2)再按[F1]键(测站点输入),进行设置测站点,输入或调用测站点 T_1 的点号和坐标,按[回车]键返回到上一界面。

(3)转动照准部使望远镜瞄准后视点 T_2,按[F2]键(后视),进入后视设置程序,输入(或调用)后视点的点号和坐标并进行后视设置。

3)采集碎部点的坐标

(1)选择测站点 T_1 周围能看见的地物特征点作为碎部点,如校门口的两点 xm_1、xm_2;花坛的转角 1、2、3、4、5、6、7、8 和实验楼的房角点 sy_1、sy_2 以及教学楼的房角点 jx_1、jx_2 等为碎部点,依次在这些点上立棱镜。

(2)用望远镜照准碎部点 1 上的棱镜,在数据采集程序页面下,按[F3]键(前视/侧视),输入碎部点的点号并进行坐标测量,1 点的坐标便存入仪器。

(3)照准碎部点 2,按[F4]键(同前),测量 2 点的坐标并记录;再按[F4]键(同前),依次把房屋和花坛的碎部点坐标全测完。

(4)当图根点 T_1 周围的地物点坐标测完后,搬站到图根点 T_2 上,以 T_2 为测站点,按以上步骤再把 T_2 周围所有地物点的坐标测完。

按此方法把整个校园内的地物点坐标都采集出来,数据都存储在内存中,文件为 XiaoYuanTu。

(5)从文件管理中导出文件 XiaoYuanTu 内的各点坐标。

(6)根据采集的碎部点坐标值,在图纸上展绘出所有碎部点,连接成线并用相应地物符号表示出来,即得校园的平面图。

(7)整理图纸并检查。

课题三　地形图的应用

1. 地面点的位置;
2. 地面点间距离、方位及坡度的计算。

1. 确定点的位置；
2. 确定直线的长度、方向和坡度。

思维引导

地形图的一个突出特点是具有可量性和可定向性，并且能够全面、客观地反映地面的地形情况。利用地形图可以确定点的位置、点与点间的距离、直线的方向、点的高程和两点间的高差等。

一、确定点的位置

1. 确定点的平面坐标

每幅地形图的内外图廓之间均按一定格式注有坐标数字，图的西南角是该幅图的坐标始点。若要确定地形图上某点的坐标，可根据格网坐标用图解法求得。如图1-8-17所示，该图幅的始点坐标为：$x_0 = 5\,000$m，$y_0 = 1\,000$m。欲求图上 A 点的坐标，则应首先找出 A 点所在的小方格，并用直线连成小正方形，然后通过 A 点在地形图的坐标格网上做平行于坐标格网的平行线 ab、cd，再量取 aA 和 cA 的长度，若小正方形西南角的坐标为 x'_0、y'_0，则 A 点的平面坐标为：

$$\left. \begin{array}{l} x_A = x'_0 + cA \cdot M \\ y_A = y'_0 + aA \cdot M \end{array} \right\} \quad (1\text{-}8\text{-}3)$$

式中：M——比例尺分母。

为了提高坐标量算的精度，必须考虑到图纸伸缩的影响，则 A 的坐标应按下式计算：

$$\left. \begin{array}{l} x_A = x'_0 + \dfrac{l}{cd}cA \cdot M \\ y_A = y'_0 + \dfrac{l}{ab}aA \cdot M \end{array} \right\} \quad (1\text{-}8\text{-}4)$$

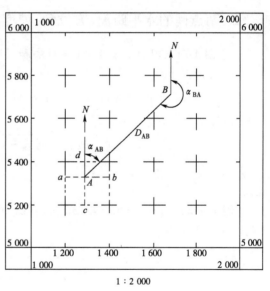

图1-8-17　格网坐标图解法（单位：m）

式中：　　l——坐标格网边长（一般为10cm）；

ab、cd、aA、cA——均为图上量取的长度（单位为cm），精确至0.1mm。

一般认为，图解精度为图上0.1cm，所以图解坐标精度不会高于 $0.1M$（单位为mm）。

练一练

【例1-8-1】 在图1-8-17中，根据比例尺量出 $aA = 80.4$m，$cA = 135.2$m，$ab = 200.2$m，$cd = 200.4$m，已知坐标格网边长的名义长度为 $l = 200$m，根据式（1-8-4），可得 A 点的坐标：

$$x_A = 5\,200 + 200/200.4 \times 135.2 = 5\,334.9(\text{m})$$

$$y_A = 1\,200 + 200/200.4 \times 80.4 = 1\,280.2(\text{m})$$

2. 确定点的高程

在地形图上求任何一点的高程,都可以根据等高线和高程注记来完成。如果所求点恰好位于某一根等高线上,则该点的高程就等于该等高线的高程。如图 1-8-18 所示,n 点位于高程为 51m 的等高线上,则 n 点的高程为 51m。若点的位置不在等高线上,则可用比例的关系求得该点的高程。例如在图 1-8-18 中,欲求 A 点的高程,可过 A 点作大致与相邻两等高线垂直的最短线段 mn,量取 mn 的长度为 d,m_A 的长度为 d_1,已知 m 点的高程为 H_m,等高距为 h,则 A 点的高程为:

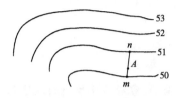

图 1-8-18 等高线和高程注记

$$H_A = H_m + \Delta h = H_m + \frac{d_1}{d} \cdot h \tag{1-8-5}$$

式中:H_m——m 点的高程。

$H_m = 50\text{m}$,$h = 1\text{m}$,若量得 $d = 7.2\text{mm}$,$d_1 = 4.0\text{mm}$,则 A 点的高程为:

$$H_A = H_m + \frac{d_1}{d} \cdot h = 50 + \frac{4.0}{7.2} \times 1 = 50.556(\text{m})$$

二、两点间的水平距离、方位角、坡度的计算

1. 求图上两点间的水平距离(解析法和图解法)

(1)解析法

如图 1-8-17 所示,首先确定图上 A、B 两点的坐标 x_A、y_A,x_B、y_B,再按下式计算两点间的水平距离 D_{AB}:

$$D_{AB} = \sqrt{(x_B - x_A)^2 + (y_B - y_A)^2} \tag{1-8-6}$$

 练一练

【例 1-8-2】 设 $x_A = 57\ 175.3\text{m}$,$y_A = 18\ 160.1\text{m}$,$x_B = 57\ 345.0\text{m}$,$y_B = 18\ 364.5\text{m}$,试求 A、B 两点间的距离 D_{AB}。

解:
$$\begin{aligned} D_{AB} &= \sqrt{(x_B - x_A)^2 + (y_B - y_A)^2} \\ &= \sqrt{(57\ 345.0 - 57\ 175.3)^2 + (18\ 364.5 - 18\ 160.1)^2} \\ &= 265.66(\text{m}) \end{aligned}$$

(2)图解法

如图 1-8-17 所示,先用卡规卡出 AB 线段的长度,然后在地形图的图式比例尺上读取该线段间的水平距离。当精度要求不高时,也可以用三棱比例尺直接量取 A、B 两点间的水平距离。

2. 确定直线的方位角

(1)解析法

如图 1-8-17 所示,欲求 AB 直线的坐标方位角,应先确定图上 A、B 两点的坐标 x_A、y_A,x_B、y_B,再按下式计算出 AB 直线的坐标方位角。即:

$$\alpha_{AB} = \arctan \frac{y_B - y_A}{x_B - x_A} \tag{1-8-7}$$

应用上述公式时,应注意方位角所在的象限。

(2)图解法

如图 1-8-18 所示,在图上直接量取角度,即分别过 A、B 两点做坐标纵轴的平行线,然后用量角器分别量取 AB、BA 的坐标方位角 α_{AB} 和 α_{BA},若两角相差 180°,可取此结果为最终结果,否则取两者平均值作为最终结果。

(3)求直线的坡度

坡度是指地面上两点的高差与其水平距离的比值,常用 i 表示。若图上两点的高差为 h,水平距离为 D,则该直线的坡度可按下式计算:

$$i = \frac{h}{D} = \frac{h}{dM} \tag{1-8-8}$$

式中:d——图中两点的距离;

M——比例尺分母。

坡度可用百分率(%)或千分率(‰)表示。在通常情况下,直线段所通过的地形高低起伏是不规则的,因此所求得的直线坡度实际为平均坡度。

3. 确定指定坡度的路线

在路线工程设计中,一般均有坡度设计要求。在地形图上选线时,应先根据设计要求的坡度选择一条最短路线,然后综合考虑其他因素,以获得最佳设计路线。

确定指定坡度的路线,就是按指定的坡度选择一条最短的路线。

如图 1-8-19 所示,已知地形图的比例尺为 $1:M$,等高距 h,要求从 A 点到 B 点选择一条坡度不超过 i 的路线。

选择指定坡度的路线时,为了满足该坡度限值的要求,可按式(1-8-8)求出符合该坡度限值的路线通过相邻两条等高线的最短水平距离 D,则:

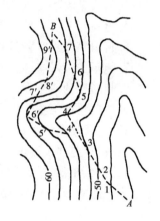

图 1-8-19　确定指定坡度的路线

$$D = \frac{h}{i} \tag{1-8-9}$$

图上平距为:

$$d = \frac{h}{i \cdot m} \tag{1-8-10}$$

在地形图上选线时,应以图上 A 点为圆心,以 d 为半径画弧,与相邻的等高线交于 1 点,再以 1 点为圆心用同样的方法在相邻的等高线上画弧交出 2 点,如此继续下去直至 B 点,然后将相邻等高线上的点相连接,便得到指定坡度为 i 的等坡度路线。

📖 练一练

【例 1-8-3】 在图 1-8-19 中,地形图的比例尺为 1:5 000,等高距为 2m,坡度限值为 4%,则从 A 点到 B 点坡度不超过 4% 的通过相邻两条等高线的最短水平距离为:

$$D = \frac{h}{i} = \frac{2}{0.04} = 50(\text{m})$$

图上平距为：

$$d = \frac{h}{i \cdot m} = \frac{2}{5\,000 \times 4\%} = 0.019(\text{m}) = 1(\text{cm})$$

选线时，以 A 点为圆心，以 1cm 为半径画弧，与相邻的等高线交于 1 点；再以 1 点为圆心用同样的方法在相邻的等高线上交出 2 点，如此继续下去直至 B 点；然后将相邻等高线上的点相连接，便得到指定坡度为 4% 的等坡度路线 $A\text{-}1\text{-}2\text{-}3\cdots B$。在该图上，按同样的方法可沿另一方向定出第二条路线 $A\text{-}1'\text{-}2'\text{-}3'\cdots B$，可以作为一个比较方案。

复习思考题

1. 什么叫地形图？什么是平面图？
2. 什么是比例尺精度？它在测绘工作中有何作用？
3. 什么叫图根点？什么是碎部测量？
4. 已知地形图上某线段的长度为 4.5cm，代表的实际水平距离为 90m，则该地形图的比例尺和比例尺精度各是多少？
5. 地物符号有几种？各有何特点？
6. 何谓等高线？在同一幅图上，等高距、等高线平距与地面坡度三者之间的关系如何？
7. 地形图应用有哪些基本内容？
8. 地形图的测绘方法有哪些？
9. 测图前的准备工作有哪些？
10. 何谓坡度？在地形图上怎样确定两点间的坡度？
11. 试述经纬仪测绘法测绘地形图的操作步骤。
12. 图 1-8-20 为 1:2 000 的比例尺地形图，试确定 A、B 两点的高差 h_{AB}；用图解法求出两点的水平距离 D_{AB}；计算 AB 两点的平均坡度 i_{AB}。

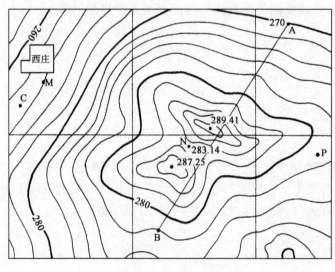

图 1-8-20 地形图

PART2 第二篇
公路路线测量

公路路线测量主要讲述公路勘测阶段的测量工作，即公路中线测量，路线纵、横断面测量等主要工作。根据上述测量成果，可形成路线纵、横断面图和平面图，为公路设计提供必要的基础资料。

模块一　中　线　测　量

想一想

一条公路绵延千里,线形优美,但如何测设其在地面上的位置呢?

测设道路位置通常以公路中线为依据,那么什么是公路中线?如何测设公路中线呢?

公路中线即为公路中心线。大家都知道,随着地形的变化,公路有上坡、下坡和左转弯、右转弯。因此,严格地讲,公路的中线是一条空间线形,其中有直线,还有曲线。因此,从公路设计到施工,我们将公路分为平面、纵断面、横断面三个方面来研究,公路空间线形在水平面上的投影称为公路平面图,在纵断面上的投影称为纵断面图,在横断面(即垂直于公路中线的平面)的投影称为横断面图,如图 2-1-1 所示。

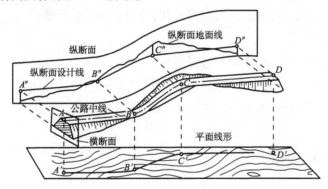

图 2-1-1　公路的平面、纵断面、横断面

本模块所介绍的"中线测量"实质上就是指平面问题,即确定公路空间线形在水平面上的相对位置,因此在中线测量中所涉及的距离问题都是指水平距离。

中线测量的目的是定出道路中线在地面上的平面位置,是公路测量中关键性的工作,只有在中线测量的基础上,才能进行公路纵断面和横断面测量,从而保证道路的尺寸和线形。因此,中线测量是后续一系列测量工作的基础。

课题一　交点与转点的测设

1. 交点、转点的概念;
2. 中线测量先测设交点与转点的原因。

1. 交点与转点的测设；
2. 交点桩与转点桩的埋设与固定。

 想一想

我们已经知道，公路测量的原则是"先整体后局部，先控制后碎部"。道路中线的测设也是这样，公路中线不是直接在地面上测出来的，先要定出控制公路中线大致走向的若干控制点，再具体测量中线。在普通公路测量中，这些控制点就是指"交点"和"转点"，那么，什么是交点？什么是转点？如何测设交点和转点的位置呢？

一、交点与转点的概念

1. 交点

为控制路线走向而在弯道处所设的拐点即为交点，如图 2-1-2 中的 JD_1 与 JD_2，它们也是道路相邻两直线段延长线的交点。我们在公路测量时必须先测定交点的具体位置，才能确定路线的转向，从而在弯道处合理地设置弯道曲线，使汽车顺适地行驶。

2. 转点

如果两相邻交点相距太远，中间直线段过长，测量时不容易瞄准方向；或相邻两交点中间有地面凸起，不能通视，这时为了确定直线方向而在其连线上设置的用来传递直线方向的控制点便是路线的转点。长直线一般 400～600m 设置一个转点，有障碍物时一般在地面凸出的地方设置转点。

二、交点、转点的测设

1. 交点的测设

首先确定相邻两直线的方向。如图 2-1-3 所示，当相邻两直线 AB、CD 在地面上定出后，即可延长直线进行交会定出交点(JD)。具体操作步骤如下：

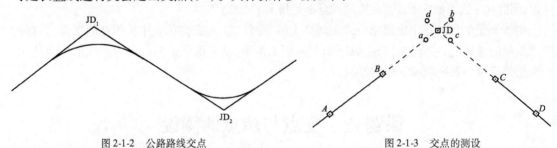

图 2-1-2　公路路线交点　　　　　　　　图 2-1-3　交点的测设

（1）将经纬仪安置于 B 点，盘左瞄准 A 点，倒转望远镜沿视线方向，在交点(JD)的概略位置前后打下两个木桩，俗称骑马桩，并沿视线方向用铅笔在两桩顶上标出 a_1 和 b_1。

（2）盘右仍瞄准 A 点后，再倒转望远镜，用与上述同样的方法在两桩顶上标出 a_2 和 b_2 两点。

（3）分别取 a_1 和 a_2，b_1 和 b_2 的中点并钉上小钉，得 a、b 两点。

（4）用细线将 a、b 两点连接。

这种以盘左盘右两个盘位延长直线定点的方法称为正倒镜分中法。

（5）将仪器置于 C 点，瞄准 D 点，仍按上述（1）、（2）、（3）步，同法定出 c 和 d 两点，拉上细线。

（6）在两条细线 ab、cd 相交处打下木桩，并在桩顶钉以小钉，便得到交点（JD）。

2. 转点的测设

（1）如图 2-1-4 所示，JD_5、JD_6 互不通视，这时可先在两交点的连线上目估一点 ZD'，作为转点位置。将经纬仪置于 ZD' 上，用正倒镜分中法延长直线 $JD_5—ZD'$ 至 JD_6'，如交点 JD_6' 与 JD_6 重合或偏差 f 在路线容许移动的范围内，则转点位置即为 ZD'，此时应将 JD_6 移至 JD_6' 并在桩顶上钉上小钉，表示交点位置。

当偏差 f 超过容许范围，或 JD_6 为死点，不许移动时，则需重新设置转点。设 e 为 ZD' 应横向移动的距离，仪器在 ZD' 处，用视距测量方法测出水平距离 a、b，则：

$$e = \frac{a}{a+b} \cdot f \tag{2-1-1}$$

将 ZD' 沿偏差 f 的相反方向横移 e 至 ZD。将仪器移至 ZD，延长直线 $JD_5—ZD$ 看是否通过 JD_6 或偏差 f 是否小于容许值。否则应再次设置转点，直到符合要求为止。

（2）在两交点延长线上设转点。如图 2-1-5 所示，设 JD_8、JD_9 互不通视，ZD' 为其延长线转点的目估位置，仪器置于 ZD' 处，盘左瞄准 JD_8，在 JD_9 附近处标出一点，盘右再瞄准 JD_8，在 JD_9 附近处又标出一点，取两次所标点的中点得 JD_9'。若 JD_9' 与 JD_9 重合或偏差 f 在容许范围内，即可将 JD_9' 代替 JD_9 作为交点，ZD' 即作为转点。若偏差 f 超出容许范围，或 JD_9 为死点，不许移动，则应调整 ZD' 的位置。设 e 为 ZD' 应横向移动的距离，用视距测量方法测出水平距离 a、b，则：

$$e = \frac{a}{a-b} \cdot f \tag{2-1-2}$$

将 ZD' 沿偏差 f 相反的方向移动 e 至 ZD，然后将仪器移至 ZD，重复上述方法，直至 f 小于容许值为止，最后将转点 ZD 和交点 JD_9 用木桩标定在地面上。

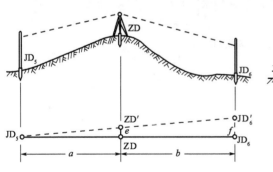
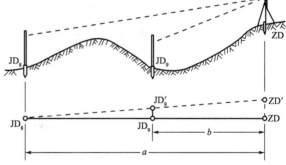

图 2-1-4 两不通视交点间设置转点　　　　图 2-1-5 两不通视交点延长线上设置转点

想一想

交点、转点是进行公路中线测量的控制点，测设出它们的位置后，必须将其保护好，防止丢失。那么，如何保护交点与转点呢？

三、交点桩与转点桩的埋设与固定

交点桩与转点桩作为路线测量的重要桩志，一般采用断面不小于 5cm×5cm、长度不小于 30cm 的木质桩。

1. 交点桩、转点桩的埋设

(1) 交点桩、转点桩顶面宜与地面齐平，并加设指示桩。交点桩、转点桩的木质方桩顶面应钉小钉，表示点位。

(2) 交点桩、转点桩位于岩石或构造物上时，可用油漆标记。柔性路面地段可用钢筋打入路面且与路面齐平，并在点位旁边用红油漆书写桩的名称（汉语拼音缩写）和序号。

(3) 交点桩、转点桩应具有较高的稳定性，不得随意搁置于地表。

2. 交点桩与转点桩的固定方法

交点桩、转点桩应因地制宜地采取埋土堆、垒石堆、混凝土包桩等方式予以固定。埋土堆、垒石堆顶面为 40cm×40cm 方形或直径为 40cm 圆形，高 50cm，堆顶应钉设标志桩。

为控制桩位，除采取固定措施外，还应设护桩（亦称"栓桩"）。护桩方法很多，如距离交会法、方向交会法、导线延长法等，具体采用什么方法应根据实际情况灵活掌握。公路工程测量通常多采用距离交会法定位。护桩一般设 3 个，护桩间夹角不宜小于 60°，以减小交会误差，如图 2-1-6 所示。

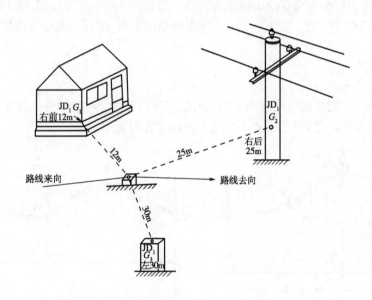

图 2-1-6　距离交会法护桩

护桩应尽可能地利用附近固定的地物点（如房基墙角、电杆、树木、岩石等）设置。如无此条件，可埋混凝土桩或钉设大木桩。护桩位置的选择，应考虑不会为日后施工或车辆行人所毁坏。在护桩或作为护桩的地物上用红油漆画出标记和方向箭头，写明所控制的固定桩志名称、编号，以及距桩志的斜向距离，并绘出示意草图，记录在手簿上，供日后编制"路线固定点一览表"。

课题二　转角测定与里程桩的设置

1. 路线转角的概念；
2. 里程桩的概念。

1. 转角的测量；
2. 分角桩的测设；
3. 里程桩的设置。

想一想

交点位置测定后，交点依次连接构成的折线确定了路线的大致走向，这些连续折线叫路线导线，它是公路中线（包括直线和曲线）测量的基础。低等级公路中线测量一般以路线导线作为平面控制导线，这是公路测量"先整体后局部，先控制后碎部"原则的具体体现。

由于公路中线在直线段与路线导线重合，所以直线段的公路中线位置已大致确定下来。那么在路线弯道处呢？如何利用前后导线的位置关系测设弯道处的中线呢？

要测设弯道曲线，首先必须测出路线转角。那么，什么叫路线转角？

一、转角的测设

1. 转角的概念

路线走向确定后，那么在每个路线转向处，弯道曲线应如何测设，这就是我们要解决的局部问题。由于弯道曲线与前后导线相切连接，所以弯道曲线与对应导线的转折角密切相关。路线由一个方向偏转为另一个方向时，偏转后的方向与原方向的水平夹角叫路线转角，通常用 α 来表示。路线转角有左转角和右转角之分，路线向左转所产生的转角为左转角，一般用 α_z 来表示；路线向右转所产生的转角为右转角，一般用 α_y 来表示（图2-1-7）。为了测设弯道曲线，必须先准确测量导线转角。

2. 转角的测定

路线转角是测设弯道曲线的必要元素，通常是通过观测路线前进方向的右角后，经计算得到。转角测定步骤如下：

（1）先测定路线右角

所谓右角是指沿路线前进方向，在路线导线右侧的水平角，通常以 β 来表示，如图2-1-7中的 β_3、β_4。在中线测量中，右角一般用测回法来测定。

（2）根据右角 β 值计算路线交点处的转角 α

若 $\beta < 180°$ 时，为右转角：

$$\alpha_y = 180° - \beta \tag{2-1-3}$$

若 $\beta > 180°$ 时,为左转角:

$$\alpha_z = \beta - 180° \tag{2-1-4}$$

3. 分角桩的钉设

(1) 分角线方向的确定

为了便于敷设弯道曲线,在测角的同时,需将曲线中点方向桩(即分角线方向桩)钉设出来。用经纬仪定分角线方向,首先要计算出分角线方向的水平度盘读数,通常这项工作是紧跟测角之后在测角读数的基础上进行的。根据测右角时的前、后视读数,按下式即可计算出分角线方向的读数:

$$分角线方向的水平度盘读数 = \frac{1}{2}(前视读数 + 后视读数)$$

(2) 分角桩的钉设

计算出分角线方向的水平度盘读数即可拨角定分角线方向。拨角方法是:水平转动望远镜,使水平度盘读数对准计算得到的分角线方向的水平度盘读数,此时望远镜照准的方向即为分角线方向(有时望远镜所指方向为分角线相反方向,此时将望远镜倒镜即可),沿视线指向钉桩即为曲线分角桩,如图2-1-8所示。在钉设分角桩时应注意:分角桩离交点的距离应尽量大于曲线中点到交点的距离,以利于定向测设曲线中点;一般转角越大,曲线中点到交点的距离也越大,这样分角桩就应设置得远一点。

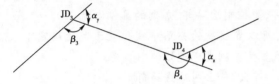

图 2-1-7　路线导线的右角

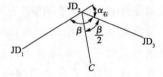

图 2-1-8　分角线方向的确定

在公路沿线,实际要测量很多转角,为防止测角产生较大偏差,应如何定期查验测角精度呢?

二、磁方位角观测与计算方位角校核

观测磁方位角是为了校核测角的精度,除观测起始边的磁方位角外,每天在测量开始及结束时的路线导线边上要进行磁方位角观测,以便与计算方位角核对,其误差不得超过规定的范围。超出范围要检查原因并及时纠正,任一导线边方位角的推算方法参见第一篇模块三中的公式(1-3-7)。

想一想

一条公路连绵千里,其中线上有无数个点,因此公路中线测量只能选择中线上有代表意义的点来测量,为了标定它们的位置,而在地面上所钉设的桩就叫路线中桩,因中桩上常标有公路里程,表示它到起点的路径长,所以也叫里程桩。那么,里程桩有哪些类型?应如何设置里程桩呢?

三、里程桩的设置

1. 里程桩的类型

为了具体地确定中线位置和路线的长度,并为后续纵、横断面测量及施工放样奠定基础,必须设置里程桩。里程桩不宜多设也不宜少设,多设则增加测量工作量,少设则不能准确地确定曲线形状以及进行后续纵、横断面测量。

里程桩可分为整桩和加桩两种类型。

(1)整桩

在公路中线中的直线段上和曲线段上,按表2-1-1所列的要求桩距而设的桩称为整桩。它的里程桩号均为整数,且为要求桩距的整倍数。

中 桩 间 距 表2-1-1

直　　线　(m)		曲　　线　(m)			
平原、微丘	重丘、山岭	不设超高的曲线	$R>60$	$30<R<60$	$R<30$
50	25	25	20	10	5

注:表中的R为平曲线半径(m)。

在实测过程中,为了测设方便,里程桩号应尽量避免采用破碎桩号,一般宜采用20m或50m及其倍数。当量距每至百米及公里时,要钉设百米桩及公里桩。

(2)加桩

①地形加桩。为使后续纵、横断面测量精确,应沿路线中线在地面起伏突变处、横向坡度变化处以及天然河沟处设置里程桩。

②地物加桩。路线与其他公路、铁路、便道、渠道、高压线、地下管道等交叉处或干扰地段起终点;拆迁建筑处、占有耕地及经济林的起终点,均应设置里程桩。

③人工构造物加桩。在拟建桥梁、涵洞、隧道、挡土墙等构造物处设置的里程桩。

④曲线加桩。为准确确定曲线形状,在曲线上设置的详细测设桩。

⑤地质加桩。沿路线在土质变化处及地质不良地段的起、终点设置的里程桩。

⑥断链加桩。由于局部改线或量距计算中发生错误等原因致使路线的里程不连续,桩号与路线的实际里程不一致的现象称为"断链"。为了不牵动全线的桩号,在局部改线或差错地段改用新桩号,其他不变动地段仍用老桩号,并在新老桩号变更处打断链桩,如图2-1-9所示,K12+200 = 原K12+170 长30m。

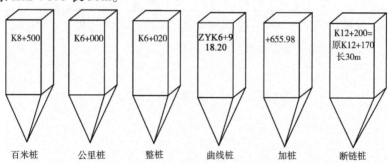

图2-1-9　里程桩

2.里程桩的书写与钉设

路线中线里程桩和控制桩的指示桩统称为标志桩。标志桩一般多采用断面不小于5cm×1.5cm、长度不小于30cm的木质或竹质桩。

(1)里程桩的书写

所有中桩均应写明桩号和编号,在书写桩号时,除百米桩、公里桩和桥位桩要写明公里数外,其余桩可不写公里数。另外,对于交点桩、转点桩及曲线主点桩还应在桩号之前标明桩名(一般标其缩写名称)。目前我国公路工程上桩名采用汉语拼音的缩写名称,如表 2-1-2 所示。

路线主要标志桩名称表　　　　　　表 2-1-2

标志桩名称	简称	汉语拼音缩写	英文缩写	标志桩名称	简称	汉语拼音缩写	英文缩写
转角点	交点	JD	IP	公切点		GQ	CP
转点		ZD	TP	第一缓和曲线起点	直缓点	ZH	TS
圆曲线起点	直圆点	ZY	BC	第一缓和曲线终点	缓圆点	HY	SC
圆曲线中点	曲中点	QZ	MC	第二缓和曲线起点	圆缓点	YH	CS
圆曲线终点	圆直点	YZ	EC	第二缓和曲线终点	缓直点	HZ	ST

为了便于后续工作找桩和避免漏桩起见,所有中桩都应在桩的背面编写编号,以 0~9 为一组,循环进行排序,如图 2-1-10 所示。

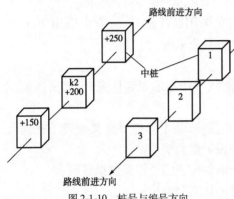

图 2-1-10　桩号与编号方向

分离式路基测量,其左、右侧路线桩号前应冠以左、右线代号,并应以前进方向右侧路线为全程连续计算桩号。

桩志一般用红色油漆或记号笔书写,书写字迹应工整醒目,一般应写在桩顶以下 5cm 范围内,否则将被埋于地面以下,无法判别里程桩号。

(2)里程桩的钉设

新建公路桩志打桩,不要露出地面太高,一般以露出 5cm 左右为宜。钉设时将桩号面向路线起点方向,使编号朝向前进方向,如图 2-1-10 所示。

改建公路桩志位于旧路上时,由于路面坚硬,不宜采用木桩,此时常采用大帽钢钉。钉桩时一律打桩至与地面齐平,然后在路旁一侧打上指示桩,桩上注明距中线的横向距离及其桩号,并以箭头指示中桩位置。在直线上,指示桩应钉在路线的同一侧;交点桩的指示桩应钉在圆心和交点连线方向的外侧,字面朝向交点;曲线主点桩的指示桩均应钉在曲线的外侧,字面朝向圆心。

遇到水泥路面或岩石地段无法钉桩时,应在其上凿刻"⊕"标记,表示桩位并在其旁边写明桩号、编号等。在潮湿地区,特别是近期不施工的路线,对重要桩位(如路线起点、终点、交点、转点等)可改埋混凝土桩,以利于桩的长期保存。

课题三　圆曲线的测设

1. 圆曲线元素的计算;
2. 圆曲线详细测设数据的计算。

1. 支距法测设圆曲线;
2. 偏角法测设圆曲线。

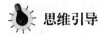**思维引导**

按照公路测量的基本原则,路线导线测定后,即可进行中线测量。直线段的中线与路线导线重合,依据规定的桩距穿直线,并进行距离丈量打桩即可;曲线段则需根据测定的转角,并依据选定的曲线半径测量弯道曲线。

弯道中线的线形有多种,下面介绍圆曲线的测设,即弯道为一段圆弧时的中线测设,这是路线转向时常用的一种曲线形式。圆曲线的测设一般分两步进行:

第一步,先测设曲线的主点,称为圆曲线的主点测设。即测设曲线的起点(又称为直圆点,通常以汉语拼音缩写 ZY 表示)、中点(又称为曲中点,通常以汉语拼音缩写 QZ 表示)和曲线的终点(又称为圆直点,通常以汉语拼音缩写 YZ 表示)。

第二步,在已测定的主点之间进行加密,因为只有主点还不能准确确定曲线的形状。按规定桩距(表 2-1-1)测设曲线上所有里程桩称为曲线的详细测设。

一、圆曲线主点的测设

1.圆曲线测设元素的计算

如图 2-1-11 所示,某弯道处设置圆曲线,在测设之前,交点(JD)的位置已确定,圆曲线半径 R 也已确定,曲线转角 α 已测得,主点测设的任务就是将直圆点 ZY、曲中点 QZ 以及圆直点 YZ 在地面上标定出来。

先介绍几个圆曲线的测设元素,如图 2-1-11 所示。

T——切线长,即曲线起点或终点至交点的距离;

E——圆曲线的外距,指圆曲线中点到交点的距离;

L——圆曲线的曲线长度;

D——超距,或称切曲差。

现在我们结合图 2-1-11 来分析:在测设中线之前,交点的位置、前后两条导线及分角线方向已确定,要找出 ZY、QZ 及 YZ 三个主点在地面上的位置,必须要量出 T 和 E 的距离。

下面我们来计算圆曲线测设元素。

通过三角函数解算直角三角形,得:

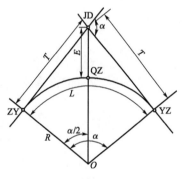

图 2-1-11 圆曲线的主点测设

$$\left.\begin{array}{l} 切线长:T = R \cdot \tan \dfrac{\alpha}{2} \\[4pt] 曲线长:L = R \cdot \alpha \dfrac{\pi}{180°} \\[4pt] 外距:E = R(\sec \dfrac{\alpha}{2} - 1) \\[4pt] 超距:D = 2T - L \end{array}\right\} \qquad (2\text{-}1\text{-}5)$$

2.圆曲线主点里程的推算

交点(JD)的里程由中线丈量得到,根据交点的里程和计算的曲线测设元素,即可计算出各主点的里程。由图 2-1-11 可知：

$$
\begin{array}{r}
交点(JD)里程 \\
-)\,T \\ \hline
圆曲线起点(ZY)里程 \\
+)\,L \\ \hline
圆曲线终点(YZ)里程 \\
-)\,L/2 \\ \hline
圆曲线中点(QZ)里程 \\
+)\,D/2 \\ \hline
交点(JD)里程
\end{array}
$$

 练一练

【例 2-1-1】 已知某 JD 的里程为 K8+588.46，测得转角 $\alpha=38°16'$，圆曲线半径 $R=200\text{m}$，求曲线测设元素及主点里程。

解：(1) 曲线测设元素的计算

由式(2-1-5)代入数据计算得：

$$T = R\tan\frac{\alpha}{2} = 200\times\tan\frac{34°12'}{2} = 69.39(\text{m})$$

$$L = R\times\alpha\times\frac{\pi}{180°} = 133.58(\text{m})$$

$$E = R\left(\sec\frac{\alpha}{2}-1\right) = 11.69(\text{m})$$

$$D = 2T - L = 5.20(\text{m})$$

(2) 主点里程的推算

$$
\begin{array}{lr}
\text{JD 里程} & \text{K8}+588.46 \\
-T & -69.39 \\ \hline
\text{ZY 里程} & \text{K8}+519.07 \\
+L & +133.58 \\ \hline
\text{YZ 里程} & \text{K8}+652.65 \\
-L/2 & -66.79 \\ \hline
\text{QZ 里程} & \text{K8}+585.86 \\
+D/2 & +2.60 \\ \hline
\text{JD 里程} & \text{K8}+588.46
\end{array}
$$

3．主点测设方法

(1) 如图 2-1-11 所示，从 JD 起，沿切线向路线起点方向量取切线长 T，得曲线起点 ZY 的位置。
(2) 从交点(JD)起，沿切线向路线终点方向量取切线长 T，得曲线终点 YZ 的位置。
(3) 从交点(JD)起，沿分角线方向量取外距 E，得曲线中点 QZ 的位置。

二、圆曲线的详细测设

在圆曲线的主点测设后，光靠主点还不足以准确定位曲线在地面上的位置，因此还需在主点间加密曲线桩,即进行曲线的详细测设。详细测设所采用的桩距 l_i 与曲线半径有关,按表 2-1-1 的要求执行。

按桩距 l_i 在曲线上设桩,通常有两种方法。

第一种:整桩号法,即将曲线上靠近起点的第一个桩的桩号凑为整数桩号,然后再按整桩距 l_i 连续向曲线终点设桩。这样设置的桩的桩号均为整数。

第二种:整桩距法,即从曲线起点(或终点)开始,以相等的整桩距 l_i 连续向曲线中点 QZ 设桩,最后余下一段不足整桩距的零桩距。由于这样设置的桩号一般为破碎桩号,因此,在实测中应注意加设百米桩和公里桩。

目前公路中线测量中一般均采用整桩号法。

下面介绍两种详细测设圆曲线的方法——切线支距法与偏角法。

1. 切线支距法

切线支距法又称直角坐标法,是以曲线的起点或终点为坐标原点,坐标原点至交点的切线方向为 X 轴,坐标原点至圆心的半径为 Y 轴。曲线上任意一点 P 即可用坐标值 x 和 y(即切线支距)来确定。

1) 坐标与计算

如图 2-1-12 所示,设 P 为曲线上任一待测点,该点至 ZY 点(或 YZ 点)的弧长为 l,R 为圆曲线半径,则 P 点的坐标按式(2-1-6)和式(2-1-7)计算:

$$\begin{cases} x = R\sin \dfrac{l}{R} \\ y = R(1 - \cos \dfrac{l}{R}) \end{cases} \quad \text{计算器在(RAD)状态} \tag{2-1-6}$$

$$\begin{cases} x = R\sin \dfrac{180°l}{\pi R} \\ y = R(1 - \cos \dfrac{180°l}{\pi R}) \end{cases} \quad \text{计算器在(DEG)状态} \tag{2-1-7}$$

式中:l——待测点 P 到 ZY(或 YZ)的圆曲线弧长;

R——圆曲线的半径。

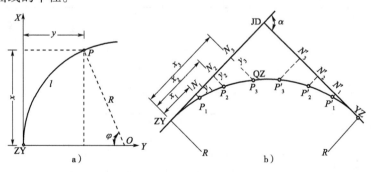

图 2-1-12 切线支距法示意图

如图 2-1-13 所示,圆曲线上相邻测点间的弦长:

$$c_i = 2R\sin \dfrac{l_i}{2R} \quad \text{(在 RAD 状态)} \tag{2-1-8}$$

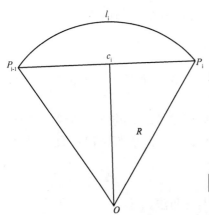

图 2-1-13 相邻测点的弦长

或

$$c_i = 2R\sin\frac{90°l_i}{\pi R} \quad (\text{在 DEG 状态}) \quad (2\text{-}1\text{-}9)$$

式中：c_i——相邻测点间的弦长；
l_i——圆曲线上相邻桩点间弧长，即相邻桩的里程差；
R——圆曲线半径。

练一练

【**例 2-1-2**】 在例 2-1-1 中，试计算出切线支距法详细测设圆曲线的各桩支距 x 和 y，按整桩号法设桩，桩距取 20m。

解：例 2-1-1 中已计算出主点 ZY、QZ 和 YZ 的里程，在此基础上按整桩号法列出详细测设的桩号，并计算其支距 x、y，具体计算如表 2-1-3 所示。

圆曲线详细测设支距计算表　　　　　　　　　　　表 2-1-3

桩　号	待测点至 ZY 或 YZ 点的弧长(m)	横坐标 x(m)	纵坐标 y(m)	相邻桩点弦长 c(m)
ZY 桩 K8+519.07	0	0	0	
				20.92
+540	20.93	20.89	1.09	
				19.99
+560	40.93	40.64	4.17	
				19.99
+580	60.93	59.99	9.21	
				5.86
QZ 桩:K8+585.86	66.79	65.55	11.05	
				14.14
+600	52.65	52.04	6.89	
				19.99
+620	32.65	32.51	2.66	
				19.99
+640	12.65	12.64	0.40	
				12.65
YZ 桩:K8+652.65	0	0	0	

2) 详细测设方法

(1) 方法一：直接量支距法。

此法具体步骤如下：

① 从 ZY 点开始用钢尺或皮尺沿切线方向量取 x_1，得垂足 N_1 点，然后用方向架或经纬仪定出切线的垂直方向，沿垂直方向量 y_1，即得 P_1 点位置。

② 再沿切线方向，从 N_1 点开始量取 $x_2 - x_1$，得垂足 N_2，然后再沿切线的垂直方向量取 y_2，即得 P_2 点位置。

③依次类推,可测得其他详细桩点位置,直到 QZ 点闭合。

④后半部分曲线测设从 YZ 点开始,用同样方法测到 QZ 点闭合。

⑤曲线各点测设完毕,应量取相邻各桩之间的距离,并与相应的桩号间弦长进行比较,若较差均在限差之内,则曲线测设合格;否则应查明原因,予以纠正。

这种方法适用于平坦开阔地区,方法简便、工效快、测点相互独立,无误差累积;但支距 y 值过大时,由量距产生的方向偏差会引起较大的误差,故应选择其他方法进行详细测设。

(2)方法二:弦距法。

弦距法是利用相邻桩弦长 c_i 与测点支距 y_i 相交会的方法进行详细测设,测设步骤如下:

①从 ZY 点用皮尺量取详细点 P_1 的横坐标 x_1 得垂足点 N_1;将皮尺零尺点置于 ZY 点,皮尺上刻度为 c_1+y_1 的一端置于 N_1 点,在尺子上找弦长 c_1 的刻度,用花杆或测钎拉紧皮尺两边,则花杆或测钎垂直所对的地面点为 P_1 点。

注:由于第一个详细点的纵距 y_1 一般都很小,对 y 方向影响不大,所以第一测点支距 y_1 也可直接量出。

②再从 N_1 点沿切线向 JD 量取 x_2-x_1 得垂足点 N_2,将皮尺零尺点置于已测出点 P_1 上,刻度为 c_2+y_2 的一端置于 N_2 点上,在尺子上找弦长 c_2 的刻度,然后用花杆或测钎在此刻度处卡紧皮尺两边,则花杆或测钎垂直所对应的地面点为 P_2 点。

③测 P_3 点时零尺点放在已测出点 P_2 上,将皮尺刻度为 c_3+y_3 一端放在垂足点 N_3 上,用花杆或测钎卡在皮尺上数值为弦长 c_3 的刻度,并两边拉紧,则花杆或测钎垂直所对应的地面点为 P_3 点,依次类推,一直测到 QZ 点,与主点测设时测得的 QZ 点闭合。

④圆曲线另一半的测设从 YZ 点开始,用同样的办法测至 QZ 点,在 QZ 点闭合。

大家可以看出:当支距 y 较大时,利用这种距离交会方法可以准确地确定支距 y 的方向,测量方便易行;但用这种方法测设时,由于后一点是在前一点基础上测出来的,所以容易产生误差累积。

采用链距法、偏角法、支距法等方法测定路线中桩,其闭合差应小于表 2-1-4 中的规定。根据《公路勘测规范》(JTG C10—2007)。

距离偏角测量闭合差 表 2-1-4

公路等级	纵向相对闭合差		横向闭合差(cm)		角度闭合差(")
	平原、微丘	重丘、山岭	平原、微丘	重丘、山岭	
高速公路,一、二级公路	1/2 000	1/1 000	10	10	60
三级及三级以下公路	1/1 000	1/500	10	15	120

2. 偏角法

所谓偏角是指曲线起点(ZY)或终点(YZ)至曲线上待测设点 P 的弦线与切线之间的弦切角。将仪器架设在 ZY 或 YZ 点上,利用测点的偏角与相邻弦长交会而确定其平面位置的方法,叫作圆曲线的偏角法。这里的相邻弦长是指待测点与前一个已测出点之间的弦长。

1)计算公式

如图 2-1-14 所示,曲线上任一待测点 P 的偏角 $\Delta = \dfrac{l}{R} \times \dfrac{1}{2} \times \dfrac{180°}{\pi} = \dfrac{90°l}{\pi R}$,即

$$\Delta = \dfrac{90°l}{\pi R} \tag{2-1-10}$$

相邻测点间的弦长计算同支距法弦长公式(2-1-8)与式(2-1-9)。

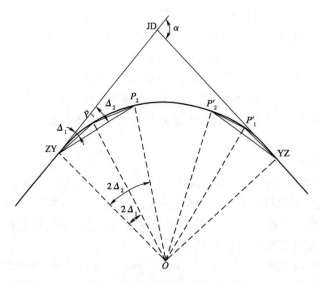

图 2-1-14 圆曲线偏角法测设

【例 2-1-3】 在例 2-1-1 中,若曲线右转,采用偏角法,按整桩号法设桩,试计算各桩的偏角和弦长。

解: 若在 ZY(或 YZ)点架设仪器,后视 JD 读数为 0°00′00″,则测设数据如表 2-1-5 所示。

圆曲线偏角法测设数据   表 2-1-5

桩号	弧长 l(m)	偏角 Δ 值 (° ′ ″)	水平盘读数 (° ′ ″)	相邻桩点弦长 (m)
ZY 桩:K8+519.07	0	0 00 00	0 00 00	
				20.92
+540	20.93	2 59 53	2 59 53	
				19.99
+560	40.93	5 51 46	5 51 46	
				19.99
+580	60.93	8 43 39	8 43 39	
				5.86
QZ 桩:K8+585.86	66.79	9 34 01	9 34 01 (350 25 59)	
				14.14
+600	52.65	7 32 30	352 27 30	
				19.99
+620	32.65	4 40 36	355 19 24	
				19.99
+640	12.65	1 48 43	358 11 17	
				12.65
YZ 桩:K8+652.65	0	0 00 00	360 00 00	

2）测设方法

(1) 先将仪器架设在 ZY 点,对中整平后,后视 JD,向曲线内侧方向拨偏角 Δ_1,然后将仪器水平制动,指挥尺子从 ZY 点在望远镜所指方向上拉弦长 c_1,得 P_1 点。

(2) 再拨偏角 Δ_2,水平制动仪器,从 P_1 点拉弦长 c_2(即 P_1P_2)与角度方向交会得 P_2 点;拨 Δ_3 偏角,再拉弦长 c_3(即 P_2P_3)与偏角方向交会得 P_3 点,依次类推,直至测到 QZ 点,最后与拉外距所得 QZ 点闭合,闭合差要求同支距法。

(3) 测设另一半曲线时,仪器架设在 YZ 点,测设方法与前一半相同,但测量方向相反。

3）偏角法测设注意事项

(1) 在后视交点时,如经纬仪不容易对点 0°00′00″,也可以任意读数为后视读数（也叫水平盘起始读数）,并记录。这时,若望远镜顺时针转,则瞄准测点的水平盘读数 = 起始读数 + 偏角 Δ;若为逆时针转时,测点的水平盘读数 = 起始读数 − 偏角 Δ。

(2) 用偏角法测量时,一般需要三人:一人看仪器,两人拉尺。

(3) 在拨角时,应先松开水平制动螺旋,将水平度盘读数转到度(°)分(′)基本接近计算值时,水平制动,旋转水平微动螺旋精确调至计算读数。

(4) 拨角瞄准待测点方向并水平制动仪器,仪器观测者与跑尺者一定要密切配合。一方面,仪器观测者指挥拉尺方向时,一定要先用望远镜外粗瞄器瞄准指挥,然后待粗瞄器与拉尺点基本成一条直线后,再从望远镜里观测指挥,精确对点;另一方面,跑尺者应注意望远镜所指方向与曲线形状,适当把握拉尺方向,这样才能使测量工作又快又准。

(5) 对点要准确,一定要使拉尺点花杆或插钎底部尖端放在望远镜单竖丝靠十字的一端或十字丝交点。

课题四　虚　　交

可以按虚交处理的情况。

虚交的测设。

当路线在转弯处遇障碍物,或交点落在建筑物上或河流中时,这时不便在交点架设仪器直接测定路线转角,针对这种情况,如何测设路线转角呢?

上述情况属于虚交的情形,应采用如下方法进行测量。

如图 2-1-15 所示,交点落入河中,不能设桩和架设仪器,这样便形成虚交点(JD),为此我们可以通过间接的方式测出转角,从而进一步测出主点,测设步骤如下。

1. 设置基线 AB

先在曲线外侧和障碍物之间的前后两导线上各选择一辅助点 A 和 B,构成基线 AB,然后

用钢尺往返量出 A、B 两点的距离 D，量距应满足限差要求。

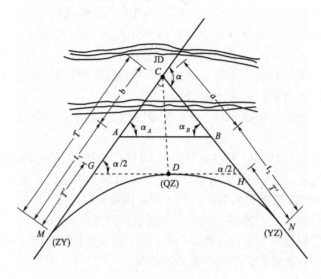

图 2-1-15 虚交示意图

2. 推算转角

将经纬仪分别安置在 A、B 两点，测算出 α_A 和 α_B，则：

$$\alpha = \alpha_A + \alpha_B$$

3. 计算曲线要素

根据选定的半径 R，切线长：

$$T = R \cdot \tan\frac{\alpha}{2}$$

曲线长：

$$L = \alpha \times R \times \frac{\pi}{180°}$$

4. 计算虚交三角形的边长 a、b

如图 2-1-15 所示，在 A、B 两点和 JD 点所构成的虚三角形中，由正弦定理：

$$\left. \begin{array}{l} a = D\dfrac{\sin\alpha_A}{\sin(180°-\alpha)} = D\dfrac{\sin\alpha_A}{\sin\alpha} \\[6pt] b = D\dfrac{\sin\alpha_B}{\sin(180°-\alpha)} = D\dfrac{\sin\alpha_B}{\sin\alpha} \end{array} \right\} \quad (2\text{-}1\text{-}11)$$

5. 由 a、b、T 分别计算辅助点 A 和 B 至曲线起点 ZY 和终点 YZ 的距离 t_1 和 t_2

$$\left. \begin{array}{l} t_1 = T - b \\ t_2 = T - a \end{array} \right\} \quad (2\text{-}1\text{-}12)$$

如果计算出的 t_1 或 t_2 出现负值，说明曲线的 ZY 和 YZ 点位于辅助点和虚交点之间。分别从 A、B 两点沿切线方向量取 t_1 和 t_2，则得 ZY 和 YZ 点的位置。

6. 计算主点里程

A 点里程量出后，减去 t_1 得 ZY 里程桩号，然后可顺次推算出其他主点的里程。

7.计算 T',并测定主点 QZ 的位置

如图 2-1-15 所示,设 MN 为 QZ 点的切线,则 $T' = R \cdot \tan \dfrac{\alpha}{4}$。

测设时,由 ZY 和 YZ 点分别沿切线量出 T' 得 G 点和 H 点,再由 G 点或 H 点沿 GH 或 HG 方向量出 T',得 QZ 点。

曲线主点测定后,即可用前述切线支距法或偏角法进行曲线详细测设。

练一练

【例 2-1-4】 如图 2-1-15 所示,如测得 $\alpha_A = 15°18'$,$\alpha_B = 18°22'$,$D = 54.68\text{m}$,选定半径 $R = 300\text{m}$,A 点里程桩号为 K9+048.53。试计算测设主点的数据及主点里程桩号。

解:(1)由 $\alpha_A = 15°18'$,$\alpha_B = 18°22'$,得 $\alpha = \alpha_A + \alpha_B = 33°40'$,代入公式得:

$$T = R\tan\frac{\alpha}{2} = 300 \times \tan\frac{33°40'}{2} = 90.77(\text{m})$$

$$L = \alpha \times R \times \frac{\pi}{180°} = 33°40' \times 300 \times \frac{\pi}{180°} = 176.28(\text{m})$$

(2)计算 a、b。

$$a = D\frac{\sin\alpha_A}{\sin\alpha} = 54.68 \times \frac{\sin 15°18'}{\sin 33°40'} = 26.03(\text{m})$$

$$b = D\frac{\sin\alpha_B}{\sin\alpha} = 54.68 \times \frac{\sin 18°22'}{\sin 33°40'} = 31.08(\text{m})$$

(3)计算 t_1、t_2。

$$t_1 = T - b = 90.77 - 31.08 = 59.69(\text{m})$$

$$t_2 = T - a = 90.77 - 26.03 = 64.74(\text{m})$$

(4)推算主点里程。

	A 点里程桩号	K9+048.53
$-)$	t_1	59.69
	ZY 里程	K8+988.84
$+)$	L	176.28
	YZ 里程	K9+165.12
$-)$	$L/2$	88.14
	QZ 里程	K9+076.98

(5)计算 T'。

$$T' = R\tan\frac{\alpha}{4} = 300 \times \tan\frac{30°40'}{4} = 44.39(\text{m})$$

课题五　回头曲线的测设

回头曲线的概念。

回头曲线的测设。

 想一想

当转角过大、交点远离曲线时,由于切线很长,在地形条件复杂的山坡上无法找到交点的位置,这时我们也可以采用类似虚交的方法来测量这种急转弯曲线。那么这是一种什么样的曲线呢?该如何测设这种曲线?

一、回头曲线的概念

回头曲线是一种半径小、转急弯的曲线形式,适用于低等级公路。当路线跨越山岭时,为了克服高差,降低路线的纵坡,需要沿山坡等有利地形设置回头曲线。回头曲线的圆心角接近、等于或大于180°。

二、回头曲线的测设方法

1. 切基线法确定回头曲线主点位置与半径

如图2-1-16所示,当路线的转角(或圆心角)接近于180°时,应设置回头曲线,设 DF、EG 分别为曲线的上线和下线,D、E 两点分别为上、下两曲线的交点,F、G 两点为选线时确定的交点方向的定向点。回头曲线的交点甚远,无法在现场得到。测设方法如下:

(1)根据现场的具体情况,在 DF、EG 两切线上选取顶点切基线 AB 的初定位置 AB′,其中 A 为定点,B′ 为初定点。

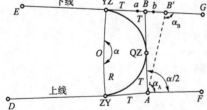

图2-1-16　切基线法测设回头曲线主点

(2)将仪器安置于初定点 B′ 上,观测出角 α_B,并在 EG 线上 B 点的估计位置前后设置 a、b 两骑马桩。

(3)将仪器安置于 A 点,观测出角 α_A,则路线的转角 $\alpha = \alpha_A + \alpha_B$。后视定向点 F,反拨角值 $\alpha/2$,由此得到视线与骑马桩 a、b 连线的交点,即为 B 点的位置。

(4)量测出顶点切基线 AB 的长度 AB,并取 T = AB/2,从 A 点沿 AD、AB 方向分别量切线长度 T,便定出 ZY 点和 QZ 点;从 B 点沿 BE 方向量出长度 T,便定出 YZ 点。

(5)计算回头曲线的半径 $R = \dfrac{T}{\tan\dfrac{\alpha}{4}}$,则回头曲线的长度 $L = R \times \alpha \times \dfrac{\pi}{180°}$,根据量测的 A 点

里程,计算出回头曲线的主点里程。主点测设完成后,便可进行详细测设。

2. 回头曲线的详细测设

由于回头曲线具有半径小、转角大、圆心位置容易确定的特点,因此适合用推磨法、辐射法进行详细测设(也可用切线支距法、偏角法等方法进行详细测设)。用这两种方法详细测设时,需先根据 ZY 的位置定出圆心位置,如图 2-1-17 所示,在 ZY 点架设仪器,后视另一交点 D,转角 $90°$ 后在视线方向量半径 R,则得圆心位置。

1)推磨法

推磨法是用半径 R 和弦长 c 交会的方法测定曲线桩的位置。如图 2-1-17 所示,P_1、P_2、P_3……为待测曲线桩,具体测设方法如下:

(1)利用圆曲线弦长计算公式分别计算相邻曲线桩间的弦长:ZY 与 P_1 间的弦长 c_1,P_1 与 P_2 间的弦长 c_2,P_2 与 P_3 间的弦长 c_3 等。

(2)将尺的零端置于圆心 O 点,尺上读数为 $R+c_1$ 处置于 ZY 点,然后用钢钎卡在尺上读数为 R 处,并将尺拉平、拉紧,则此时钢钎垂直对应的地面点即为 P_1 点。

(3)尺的零端仍置于圆心 O 点,尺上读数为 $R+c_2$ 处置于 P_1 点,同样在尺上读数为 R 处将尺拉平、拉紧,此 R 读数所对应地面位置为 P_2 点。同样可依次定出 P_3、P_4 等。

(4)将用推磨法测出的 YZ 点与主点测设所定的 YZ 点位置进行比较,以作校核。

2)辐射法

如图 2-1-18 所示,P_1、P_2、P_3……为待测曲线桩,各桩至曲线起点 ZY 的曲线长分别为 l_1、l_2、l_3……各段曲线长所对的圆心角可按下式计算:

$$\varphi = \frac{l}{R} \times \frac{180°}{\pi} \qquad (2\text{-}1\text{-}13)$$

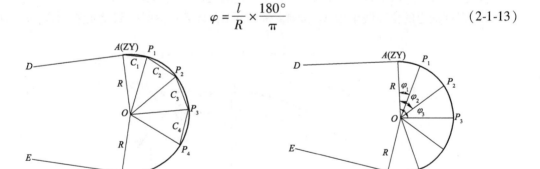

图 2-1-17 推磨法详细测设回头曲线   图 2-1-18 辐射法详细测设回头曲线

具体测设步骤如下:

(1)计算曲线桩(P_1、P_2、P_3……)所对应的圆心角(φ_1、φ_2、φ_3……)。

(2)将经纬仪置于圆心 O 点,后视 ZY 点,将水平度盘读数设置为 $0°00'00''$。

(3)拨角使水平度盘读数为曲线长 AP_1 所对应的圆心角值 φ_1(或 $360°-\varphi_1$,用于逆时针方向拨角,以下同),从圆心 O 沿视线方向量取半径 R 即得曲线桩 P_1 的位置。

(4)继续拨角使水平度盘读数为 P_2 所对应的圆心角值 φ_2(或 $360°-\varphi_2$),同样从圆心 O 沿视线量取半径 R 得曲线桩 P_2 的位置。同法可依次定出曲线桩 P_3、P_4……的位置。

(5)将用辐射法定出的 YZ 点与主点测设所定的 YZ 点位置进行比较,以作校核。

课题六 复 曲 线

复曲线的概念。

复曲线主点的测设。

在公路中线测设中,由于受地形、地物等条件的限制,测设时将两个或两个以上不同半径的同向圆曲线直接连接起来,构成复曲线。复曲线比单曲线更容易适应地形的变化。那么,如何进行复曲线测设呢?

通常在布设复曲线时,必须先选定受地形地物控制较严的那个曲线半径,该曲线称为主曲线,剩余的曲线则称为副曲线。副曲线的半径需根据主曲线半径和其他量测数据计算求出。复曲线的测设常采用切基线法,如图2-1-19 所示,$A(JD_1)$、$B(JD_2)$为相邻两交点,因为切基线,两曲线相接于公切点 GQ。测设方法如下:

(1)测定 $A(JD_1)$、$B(JD_2)$处的转角 α_1、α_2,并测定切基线的长度 AB。

(2)根据选定的主曲线半径 R_1 和测得的转角 α_1,计算主曲线的测设元素 T_1、L_1、E_1、D_1。

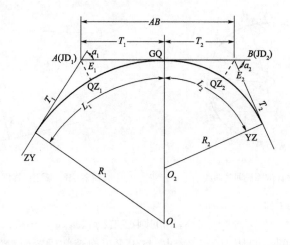

图 2-1-19 复曲线测设

(3)计算副曲线切线长 T_2。

$$T_2 = AB - T_1 \tag{2-1-14}$$

(4)根据副曲线的转角 α_2 和切线长 T_2,计算副曲线半径 R_2。

$$R_2 = \frac{T_2}{\tan\frac{\alpha_2}{2}} \quad \text{（计算至厘米）} \tag{2-1-15}$$

(5)根据副曲线半径 R_2 和测得的转角 α_2，计算副曲线的测设元素 T_2、L_2、E_2、D_2。

(6)计算主点里程。

JD_1	里程
$-)T_1$	
ZY	里程
$+)L_1/2$	
QZ_1	里程
$+)L_1/2$	
GQ	里程
$+)L_2/2$	
QZ_2	里程
$+)L_2/2$	
YZ	里程
$-)(L_1+L_2)$	
ZY	里程
$+)T_1$	
JD_1	里程 （校核）

(7)复曲线主点测设和详细测设方法与单圆曲线相同。

练一练

【例2-1-5】 某路线的 JD_8、JD_9 组成复曲线，用切基线法测设，测得转角 $\alpha_8 = 30°16′$，$\alpha_9 = 20°38′$，切基线长度 $AB = 221.72\text{m}$，选定主曲线半径 $R_9 = 400\text{m}$，试计算副曲线半径 R_8，并计算复曲线的测设元素。

解：(1)根据 $R_9 = 400\text{m}$，$\alpha_9 = 20°38′$，计算主曲线的测设元素。

$$T_9 = R_9 \tan\frac{\alpha_9}{2} = 400 \times \tan\frac{20°38′}{2} = 72.81(\text{m})$$

$$L_9 = R_9 \times \alpha_9 \frac{\pi}{180°} = 400 \times 20°38′ \times \frac{\pi}{180°} = 144.05(\text{m})$$

$$E_9 = R_9(\sec\frac{\alpha_9}{2} - 1) = 400 \times (\frac{1}{\cos\frac{20°38'}{2}} - 1) = 6.57(\text{m})$$

$$D_9 = 2T_9 - L_9 = 2 \times 72.81 - 144.05 = 1.57(\text{m})$$

(2)计算副曲线的切线长 T_8。

$$T_8 = AB - T_9 = 221.72 - 72.81 = 148.91(\text{m})$$

(3)计算副曲线半径 R_8。

$$R_8 = \frac{T_8}{\tan\frac{\alpha_8}{2}} = \frac{148.91}{\tan\frac{30°16'}{2}} = 550.61(\text{m})$$

(4)计算副曲线的测设元素。

$$T_8 = R_8 \tan\frac{\alpha_8}{2} = 550.60 \times \tan\frac{30°16'}{2} = 148.91(\text{m})$$

$$L_8 = R_8 \alpha_8 \frac{\pi}{180} = 550.60 \times 30°16' \times \frac{\pi}{180°} = 290.86(\text{m})$$

$$E_8 = R_8(\sec\frac{\alpha_8}{2} - 1) = 550.60 \times (\sec\frac{30°16'}{2} - 1) = 19.78(\text{m})$$

$$D_8 = 2T_8 - L_8 = 2 \times 148.91 - 290.86 = 6.96(\text{m})$$

课题七 带缓圆曲线的测设

1. 设置缓和曲线的目的;
2. 缓和曲线的几何特征;
3. 缓和曲线与直线、圆曲线的连接方式;
4. 超高的概念。

1. 支距法测设带缓圆曲线;
2. 偏角法测设带缓圆曲线。

 想一想

当我们骑着自行车或开着车急转弯时,都有这样的体验:车辆不稳,有被甩出去的感觉,这是为什么呢?在路线设计中,如何才能避免这种现象,使行车舒适安全呢?

原因分析:当汽车在曲线上行驶时,驾驶员和乘客都有一种向曲线外侧倾覆的感觉,这是离心力作用于行车的缘故。离心力和弯道半径成反比,即在车辆行驶速度和重力一定的情况下,曲线半径越小,离心力就越大。当车辆由直线段直接驶入小半径弯道时,曲率半径不连续,产生突变,直线段半径无穷大,而小半径弯道曲线半径过小,所以会产生行车不稳的感觉,这就是急转弯。

那么,能否找到一种线形,使它的曲率半径由大变小逐渐从直线过渡到与圆曲线顺滑衔接呢?

一、缓和曲线的设置

为了缓冲急转弯时这种离心力对行车舒适性的影响,要在直线与小半径曲线之间插入一段缓和曲线,使直线通过缓和曲线逐渐过渡到圆曲线并与圆曲线顺滑衔接。那么缓和曲线为什么会有这种功能呢?下面介绍缓和曲线的几何性质。

1. 缓和曲线的几何性质

缓和曲线也叫回旋线,它的几何特征是:缓和曲线的起点曲率为零,半径无穷大,因此可与直线顺滑连接,缓和曲线上每点的曲率半径与它到起点的曲线长度成反比,离曲线起点越远,半径越小,但对某一缓和曲线,曲线上某点的曲率半径与它到起点的曲线长度的乘积为定值,即:

$$r \cdot l = Rl_s = A^2 \tag{2-1-16}$$

式中:r——缓和曲线上任一点的曲率半径;

l——缓和曲线起点至缓和曲线上任一点的曲线长;

R——所连接圆曲线的半径;

l_s——缓和曲线全长;

A——缓和曲线参数。

随着缓和曲线长度的增加,其终点的曲率半径逐渐减小,当减小到与圆曲线半径相同时,缓和曲线便可与圆曲线顺滑地连接。这样就避免了直线与小半径圆曲线直接连接时曲率突变的弊病,从而使行车平稳。

2. 缓和曲线与圆曲线的连接方式

回旋线的曲率半径是随着曲线长度的增大而均匀连续地变小,所以它可嵌入直线与圆曲线之间,以其曲率半径为无穷大的一端与直线衔接,曲率半径等于圆曲线半径的一端与圆曲线衔接。这样就形成顺滑的平曲线,见图 2-1-20。

缓和曲线在嵌入时,圆曲线必须内移适当距离,方能使缓和曲线两端分别与直线和圆曲线衔接。内移圆曲线的方法有两种:一种是圆曲线的圆心不移动,其半径减小一个内移距离 p;另一种是圆曲线半径不变,圆心沿分角线方向移动一个内移距离 p。前者为平行移动,后者为不平行移动。在公路测量中,较小的圆曲线半径出现的机会较多,故一般使用圆心不移动的内移方法。

3. 缓和曲线长度

只有在小半径曲线中才设置缓和曲线,各级公路(以设计行车速度代替)设置缓和曲线的最小半径及最小长度见表 2-1-6 及表 2-1-7[摘自《公路路线设计规范》(JTG D20—2017)]。

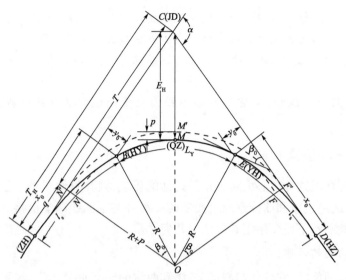

图 2-1-20 带有缓和曲线的平曲线

圆曲线最小半径　　　　　　　　　　　　　　　　　　　　　　　　　表 2-1-6

设计速度(km/h)		120	100	80	60	40	30	20
圆曲线最小半径(一般值)(m)		1 000	700	400	200	100	65	30
不设超高的圆曲线最小半径(m)	路拱≤2.0%	5 500	4 000	2 500	1 500	600	350	150
	路拱>2.0%	7 500	5 250	3 350	1 900	800	450	200

缓和曲线的长度一般为 5 的整数倍,它的长度选取可参看表 2-1-7。

各级公路缓和曲线最小长度　　　　　　　　　　　　　　　　　　　表 2-1-7

计算速度(km/h)	120	100	80	60	40	30	20
缓和曲线最小长度(m)	100	85	70	50	35	25	20

【知识链接】——超高

为了抵消离心力对行驶车辆横向稳定的影响,将某些道路的曲线部分做成向曲线内侧倾斜的单向横坡,在公路设计中,将这种处理方法叫作超高,见图 2-1-21。超高的过渡是在缓和

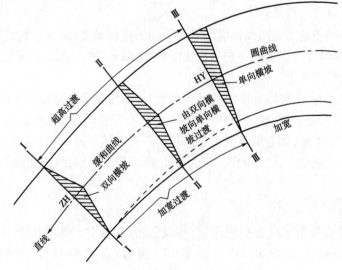

图 2-1-21 小半径曲线弯道处的超高

段实现的,到圆曲线达到最大值,圆曲线段的超高横坡是相同的。道路在直线部分,路面横断面由于路拱而呈双向横坡,而在圆曲线半径小于表2-1-6中推荐半径的情况下,圆曲线上路面横断面由于超高而呈单向横坡。道路由直线路段进入曲线路段时,路面横断面由双向横坡逐渐过渡到单向横坡,当由曲线路段进入直线路段,路面横断面再由单向横坡过渡到双向横坡,这种过渡是在缓和曲线路段上完成的。这样,汽车在缓和曲线路段上行驶时,随着汽车的前进,道路曲率半径逐渐变小(或变大),而离心力却逐渐增大(或减小),道路的外侧路面也逐渐抬高(或降低),以保证行车横向稳定。

想一想

圆曲线与直线之间插入缓和曲线后,圆曲线的原位置发生了变化,它和直线的衔接关系是通过缓和曲线实现的。在圆曲线两端设置缓和曲线后,整个弯道曲线将如何测设呢?

二、带缓圆曲线弯道主点测设

与单圆曲线的测设类似,带缓圆曲线的测设也是先测主点,再进行详细测设。

那么,什么是缓和曲线的主点呢?

1. 曲线主点

带缓圆曲线主点是指下列点:

(1)曲线起点,用大写字母 ZH 来表示。

(2)缓和曲线与圆曲线的连接点,即缓圆点,用大写字母 HY 来表示。

(3)曲线中点,用大写字母 QZ 来表示。

(4)圆曲线与缓和曲线的连接点,用大写字母 YH 来表示。

(5)曲线终点,用大写字母 HZ 来表示。

测设缓和曲线主点之前要先计算整个曲线的曲线元素。

2. 缓和曲线基本要素

(1)缓和曲线角

如图2-1-22所示,过 ZH 点切线与过 HY 点切线的交角为缓和曲线角 β_0,单位是弧度(rad)。

$$\beta_0 = \frac{l_s}{2R} \quad (2-1-17)$$

(2)内移值 p

如图2-1-20所示,缓和曲线在嵌入直线和圆曲线之间时,圆曲线需内移一定距离 p,内移距离与缓和曲线末端曲率半径以及缓和长度有关。

内移值 $\quad p = \dfrac{l_s^2}{24R} \quad (2-1-18)$

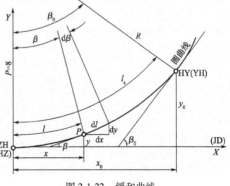

图2-1-22 缓和曲线

(3)缓和曲线起点至内移前圆曲线起点的距离 q:

$$q = \frac{l_s}{2} - \frac{l_s^3}{240R^2} \tag{2-1-19}$$

3. 带缓圆曲线测设元素的计算

如图 2-1-20 所示,根据几何原理得:

(1) 切线长

$$T_H = (R+p) \cdot \tan\frac{\alpha}{2} + q \tag{2-1-20}$$

(2) 曲线长

$$L_H = R(\alpha \times \frac{\pi}{180°} - 2\beta_0) + 2l_s = R(\alpha \times \frac{\pi}{180°} - 2 \times \frac{l_s}{2R}) + 2l_s = R\frac{\alpha\pi}{180°} + l_s$$

即

$$L_H = R\frac{\alpha\pi}{180°} + l_s \tag{2-1-21}$$

(3) 圆曲线长

$$L_y = L_H - 2l_s \tag{2-1-22}$$

(4) 外距

$$E_H = (R+p)\sec\frac{\alpha}{2} - R \tag{2-1-23}$$

(5) 切曲差

$$D_H = 2T_H - L_H \tag{2-1-24}$$

4. 主点里程的推算与测设

(1) 主点里程推算

$$
\begin{array}{r}
\text{JD 里程} \\
-)\,T_H \\
\hline
\text{ZH 里程} \\
+)\,l_s \\
\hline
\text{HY 里程} \\
+)\,L_y \\
\hline
\text{YH 里程} \\
+)\,l_s \\
\hline
\text{HZ 里程} \\
-)\,L_H/2 \\
\hline
\text{QZ 里程} \\
+)\,D_H/2 \\
\hline
\text{JD 里程}
\end{array}
$$

(2) 主点测设

三主点 ZH、QZ、HZ 的测设与单圆曲线主点测设相同,而 HY、YH 点的测设则根据其坐标 (x_0, y_0) 或偏角用支距法或偏角法测设,关于其测设方法见"带缓圆曲线的详细测设"。

【例 2-1-6】 某交点桩号里程为 K0+518.66,右转角 $\alpha = 18°18'36''$,圆曲线半径 $R = 300$m,缓和曲线长 $l_s = 50$m,试计算平曲线测设元素和主点里程桩号,并测设主点 ZH、QZ 和 HZ 的位置(计算结果保留 2 位小数)。

解: (1) 计算缓和曲线基本要素

$$p = \frac{l_s^2}{24R} = \frac{50^2}{24 \times 300} = 0.35(\text{m})$$

$$q = \frac{l_s}{2} - \frac{l_s^3}{240R^2} = \frac{50}{2} - \frac{50^3}{240 \times 300^2} = 24.99(\text{m})$$

(2) 计算测设元素

$$T_H = (R+p) \cdot \tan\frac{\alpha}{2} + q = (300+0.35)\tan\frac{18°18'36''}{2} + 24.99 = 73.40(\text{m})$$

$$L_H = R\frac{\alpha\pi}{180°} + l_s = 300 \times \frac{18°18'36'' \times \pi}{180°} + 50 = 145.87(\text{m})$$

$$L_y = L_H - 2l_s = 145.87 - 2 \times 50 = 45.87(\text{m})$$

$$E_H = (R+p)\sec\frac{\alpha}{2} - R = (300+0.35) \times \frac{1}{\cos\frac{18°18'36''}{2}} - 300 = 4.22(\text{m})$$

$$D_H = 2T_H - L_H = 2 \times 73.44 - 145.87 = 1.01(\text{m})$$

(3) 推算主点里程桩号

JD 里程	K0+518.66	
$-)T_H$	73.40	
ZH 里程	K0+445.26	
$+)l_s$	50	
HY 里程	K0+495.26	
$+)L_y$	45.87	
YH 里程	K0+541.13	
$+)l_s$	50	
HZ 里程	K0+591.13	
$-)L_H/2$	145.87/2	
QZ 里程	K0+518.20	
$+)D_H/2$	0.93/2	
JD 里程	K0+518.66	(校核无误)

(4) 测设主点桩 ZH、QZ 和 HZ 的位置

① 由 JD 沿前后切线方向分别量取 $T_H = 73.40$m,得 ZH 和 HZ 点桩位。

②由 JD 沿角分线方向量取 $E_H = 4.22\text{m}$,得 QZ 点桩位。

想一想

与单圆曲线测设类似,在缓和曲线主点测出以后,光靠这几个点还不能准确确定曲线的形状,还需通过详细测量来加密,从而准确地确定曲线形状和位置。那么,带缓圆曲线的详细测设是否也可用支距法或偏角法呢?如果能行的话,将如何运用支距法与偏角法?

任务分析:套用单圆曲线详细测设的思路,在带缓圆曲线详细测设时我们也以曲中点(QZ)为界分前后两半测设,在曲中点闭合,只要我们将 ZH(或 HZ)作为坐标原点,分别计算缓和曲线和圆曲线上详细点的支距便可;或以 ZH(或 HZ)为起点,分别计算缓和曲线和圆曲线上详细点的偏角和相邻测点弦长,用偏角法测量。

想一想

由于缓和曲线与圆曲线的几何线形不一样,因此它们的支距或偏角计算方法也不同。那么,它们的支距和偏角是如何计算的呢?又如何进行详细测设呢?

三、带缓圆曲线的详细测设

1. 支距法详细测设方法

与单圆曲线详细测设类似,在计算支距时首先建立直角坐标系,坐标原点分别建立在 ZH(或 HZ)点,以通过 ZH(或 HZ)点的切线为 X 轴,X 轴正方向指向 JD,通过 ZH 或 HZ 点并垂直于切线的直线为 Y 轴,Y 轴正向指向曲线内侧。曲线以曲中点 QZ 为分界点分两半测设,在曲中点闭合。

1)支距计算

(1)缓和曲线段内任意点的坐标。对于缓和曲线段内任意一点的坐标 (x,y),可按下列公式计算。

$$\left.\begin{array}{l} x = l - \dfrac{l^5}{40R^2 l_s^2} \\ y = \dfrac{l^3}{6Rl_s} - \dfrac{l^7}{336R^3 l_s^3} \end{array}\right\} \quad (2\text{-}1\text{-}25)$$

式中:l——缓和曲线上任意点到 ZH(或 HZ)点的曲线长;

R——圆曲线半径;

l_s——缓和曲线长度。

实际测设时,缓和曲线上相邻两点的弦长按近似等于这两点间曲线长(即对应桩号里程差)来对待。

(2)圆曲线上任意点坐标。如图 2-1-23 所示,对于圆曲线段内任意一点的坐标 (x,y),根据下列公式求得。

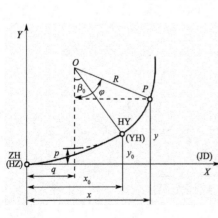

图 2-1-23 圆曲线上任意点的支距

$$\left. \begin{array}{l} x = R\sin\varphi + q = R\sin(\beta_0 + \dfrac{l-l_s}{R}) + q = R\sin(\dfrac{l_s}{2R} + \dfrac{l-l_s}{R}) + q = R\sin(\dfrac{l-\dfrac{l_s}{2}}{R}) + q \\ y = R(1-\cos\varphi) + p = R\left[1 - \cos(\dfrac{l-\dfrac{l_s}{2}}{R})\right] + p \end{array} \right\}$$

同理,即得下列计算公式:

$$\left. \begin{array}{l} x = R\sin\left(\dfrac{l-\dfrac{l_s}{2}}{R}\right) + q \\ y = R\left[1 - \cos\left(\dfrac{l-\dfrac{l_s}{2}}{R}\right)\right] + p \end{array} \right\} \quad \text{(RAD 状态)} \qquad (2\text{-}1\text{-}26)$$

注:用上述公式计算圆曲线段详细点的支距时,需将计算器状态调至弧度(RAD)状态。

若计算器在 DEG 状态,支距计算公式需变为:

$$\left. \begin{array}{l} x = R\sin\left(\dfrac{l-\dfrac{l_s}{2}}{R} \times \dfrac{180°}{\pi}\right) + q \\ y = R\left[1 - \cos\left(\dfrac{l-\dfrac{l_s}{2}}{R} \times \dfrac{180°}{\pi}\right)\right] + p \end{array} \right\} \quad \text{(DEG 状态)} \qquad (2\text{-}1\text{-}27)$$

式中:l——圆曲线上任一点到 ZH(或 HZ)点的曲线长;

l_s——缓和曲线长度;

R——圆曲线半径;

p——圆曲线内移值;

q——缓和曲线起点至内移前圆曲线起点的距离。

圆曲线段上相邻两测点间的弦长计算公式同前述单圆曲线。

2)支距法详细测设方法

与前面单圆曲线的测设类似,一般常采用弦长和支距交会的方法测设。

分两半测设,曲线前一半的测设由 ZH 点到 QZ 点,后一半的测设从 HZ 点到 QZ 点,在 QZ 点闭合,方法如下。

(1)从 ZH 点用皮尺量取 P_1 点横坐标 x_1,得垂足点 N_1;将皮尺零尺点置于 ZH 点,皮尺上刻度为 $c_1 + y_1$ 的一端置于 N_1 点,在尺子上找弦长 c_1 的刻度用花杆或测钎拉紧皮尺两边,则花杆或测钎垂直所对的地面点即为 P_1 点。

(2)再从 N_1 点沿切线向 JD 量取 $x_2 - x_1$,得垂足点 N_2,将皮尺零尺点置于已测出点 P_1 上,刻度为 $c_2 + y_2$ 的一端置于 N_2 点上,在尺子上找弦长 c_2 的刻度,然后用花杆或测钎在此刻度处卡紧皮尺两边,则花杆或测钎垂直所对应的地面点为 P_2 点。依次类推,一直测到 QZ 点,与主点测设时测得的 QZ 点闭合。

(3)曲线另一半的测设从 HZ 点开始,用同样的办法测至 QZ 点,在 QZ 点闭合。

平曲线桩位容许偏差参见表 2-1-4。

注:与单圆曲线测设一样,从坐标原点开始第一点测设时,由于 y 值很小,所以可以在垂直于切线方向直接量 y 值,其余点由于 y 值较大,所以采用弦长和支距交会的方法测定中桩位置,但由于后一点是在前一点基

础上测出来的,因此如果前一点的测设产生误差,便会传到下一点上。

练一练

【例 2-1-7】 根据例 2-1-6 的结果,计算出切线支距法详细测设带缓圆曲线的测设数据。

解: 由例 2-1-6 计算得出的主点里程桩号,按照整桩号法列出详细测点的桩号,并计算详细测设数据,如表 2-1-8 所示。

带缓圆曲线切线支距法详细测设数据　　　　表 2-1-8

桩　号	测点至坐标原点的曲线长 l(m)	x(m)	y(m)	相邻桩点间弦长(m)
ZH　K0+445.26	0	0	0	14.74
+460	14.74	14.74	0.04	20
+480	34.74	34.73	0.47	15.26
HY　K0+495.26	50	49.96	1.39	4.74
+500	54.74	54.68	1.82	18.20
QZ　K0+518.20	72.94	72.72	4.17	11.80
+530	61.13	61.04	2.52	11.13
YH　K0+541.13	50	49.97	1.39	18.87
+560	31.13	31.13	0.34	20
+580	11.13	11.13	0.02	11.13
HZ　K0+591.13	0	0	0	

2. 偏角法详细测设方法

同单圆曲线偏角法一样,带缓圆曲线的偏角法测设也是以 QZ 点为界分两半进行测量,测设方法有下列两种。

1) 两次架仪器法

这种方法是指从 ZH(或 HZ)测设到 QZ 时,需架设两次仪器,架设位置分别在 ZH 和 HY 点。

(1) 缓和曲线段测设。

① 缓和曲线段偏角公式。在缓和曲线上有以下两个规律:

a. 缓和曲线上任意两点的偏角之比等于它们到起点的曲线长的平方比。

b. 缓和曲线上任意一点的切线与此点到起点弦长的夹角等于这一点偏角的 2 倍。

设缓和曲线上任意一点 P,其偏角为 θ,到起点的曲线长为 l,另一点选为 HY(或 YH)点,其偏角 $\Delta_0 = \frac{1}{3}\beta_0 = \frac{1}{3} \times \frac{l_s}{2R} \times \frac{180°}{\pi} = \frac{30°l_s}{\pi R}$,到起点的曲线长为 l_s,则按照上述规律有:

$$\frac{\Delta}{\Delta_0} = \frac{l^2}{l_s^2}, \frac{\Delta}{\frac{30°l_s}{\pi R}} = \frac{l^2}{l_s^2}$$

则

$$\Delta = \frac{30°l^2}{\pi R l_s} \qquad (2-1-28)$$

式中: Δ——观测缓和段上测点的视线相对于过 ZH(或 HZ)点切线的偏角;

l——缓和段上任一测点至 ZH(或 HZ)点的曲线长;

R——圆曲线半径;

l_s——缓和曲线长度。

②缓和曲线段的测设。将仪器架设在 ZH(或 HZ)点,对中整平后,后视 JD,然后顺时针或逆时针拨 P_1 点偏角 Δ_1,从 ZH(或 HZ)点拉弦长 c_1,得 P_1 点的位置;拨偏角大小到 Δ_2,再将零尺点置于已测得的 P_1 点上,拉弦长 c_2 与 Δ_2 偏角方向交会,得 P_2 点;拨偏角大小到 Δ_3,将零尺点置于已测得的 P_2 点上,拉弦长 c_3 与 Δ_3 偏角方向交会,得 P_3 点。依次类推,一直测到 HY(或 YH)点。

(2)圆曲线段的测设。

在 HY(或 YH)点测出后,将仪器搬至 HY(或 YH)点,对中整平后,后视 ZH(或 HZ)点,如图2-1-24 所示。将望远镜顺时针或逆时针旋转水平角 $\frac{2}{3}\beta_0$,即得 HY(或 YH)点的切线方向,然后将望远镜倒镜,按单圆曲线偏角法的测设方法测设圆曲线段,直至 QZ 点。

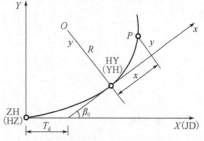

图 2-1-24　HY 或 YH 的切线方向

想一想

无论是缓和曲线上点的支距还是圆曲线上点的支距,都是以 ZH(或 HZ)点为坐标原点算的。因此,如果计算出了它们的支距,能否在 ZH(或 HZ)点架设仪器,用偏角法一直连续测设到 QZ 点呢?

2)一次架仪器法

一次架仪器法是指从 ZH(或 HZ)点测设到 QZ 点时,无论详细测设缓和段还是圆曲线段,只需在 ZH(或 HZ)点一次架设仪器观测便可完成。

在 ZH(或 HZ)点架设好仪器后,后视 JD,观测曲线上每一点所应拨的偏角:

$$\theta = \tan^{-1}\left(\frac{y}{x}\right) \to \mathrm{DMS} \tag{2-1-29}$$

式中:x、y——平曲线上任一点的支距;

→DMS——将计算结果变为"度、分、秒"。

这种方法与前面类似,测出第一个点后,测设后面的点时,拉弦长都要将零尺点置于前一个已测出点上,利用偏角方向与相邻测点弦长交会的方法测设所有的详细点,在 QZ 点闭合。

在用此法反算偏角时,支距的计算值位数应多保留几位,以保证偏角计算的准确性。在实际测量中,如能通过程序自动计算支距和偏角,这种方法将显得更加快速、简便。

练一练

【例 2-1-8】　试计算例 2-1-6 中偏角法两次架仪器的测设数据,假设曲线右转。

解:两次架仪器偏角法详细测设数据如表 2-1-9 所示。计算时先寻找 HY(或 YH)点的切线方向,再计算出 $\frac{2}{3}\beta_0 = \frac{60°l_s}{\pi R} = \frac{60° \times 50}{\pi \times 300} = 3°10'59''$。

带缓圆曲线偏角法测设数据 表 2-1-9

桩 号	测点至坐标原点的曲线长 l (m)	偏角 (° ′ ″)	水平观测度数 (° ′ ″)	相邻桩点弦长 (m)
ZH K0+445.26	0	0 00 00	0 00 00	
				14.74
+460	14.74	0 08 18	0 08 18	
				20
+480	34.74	0 46 06	0 46 06	
				15.26
HY K0+495.26	50	1 35 30	1 35 30 (0 00 00)	
				4.74
+500	4.74	0 27 10	0 27 10	
				18.20
QZ K0+518.20	22.94	2 11 26	2 11 26 357 48 34	
				11.80
+530	11.13	1 03 46	358 56 14	
				11.13
YH K0+541.13	50	1 35 30	358 24 30 (360 00 00)	
				18.87
+560	31.13	0 37 01	359 22 59	
				20
+580	11.13	0 04 44	359 55 16	
				11.13
HZ K0+591.13	0	0 00 00	360 00 00	

注意： 与单圆曲线偏角法测设一样，起点切线方向水平度数不一定必须为 0°00′00″（360°00′00″），当不好调准 0°00′00″时，可以任意度数作为起始水平度盘读数。

复习思考题

1. 道路中线测量的主要任务是什么？
2. 什么是正倒镜分中法？简述正倒镜分中法延长直线的操作方法。
3. 什么叫道路中线测量中的转点？它与水准测量中的转点有何不同？
4. 什么叫路线的右角？什么叫路线的转角？它们之间有何关系？如何通过右角来区分曲线是左偏还是右偏？
5. 什么是里程桩？应如何设置里程桩？
6. 怎样推算圆曲线的主点里程？YZ 里程 = ZY 里程 + 2T，对吗？为什么？圆曲线主点位置是如何测定的？
7. 什么叫整桩号法设桩？
8. 写出切线支距法测设圆曲线的公式（从测设主点开始），并简述测设步骤。
9. 写出偏角法详细测设圆曲线的公式，并简述偏角法测设圆曲线的操作步骤。
10. 缓和曲线的几何性质如何？设置缓和曲线的作用是什么？
11. 写出切线支距法测设带缓圆曲线的公式（从测设主点开始）。
12. 写出偏角法测设带缓圆曲线的公式，并简述其测设方法和步骤（分两种方法）。
13. 什么情况下采用虚交？简述虚交主点测设步骤。
14. 什么叫回头曲线？什么叫复曲线？简述顶点切基线法测设回头曲线的步骤。
15. 已知某 JD 的里程为 K2+968.43，测得转角 $\alpha_y = 34°12′$，圆曲线半径 $R = 200$m，求：
(1) 曲线测设元素及主点里程。
(2) 按整桩号法设桩，试计算支距法详细测设数据。

(3)按整桩号法设桩,试计算偏角法详细测设数据。

16. 已知某山区四级公路,JD_8 里程桩号为 K2+560.18,左转角 $\alpha_z = 84°30'06''$,半径 $R = 40m$,缓和曲线长 $l_s = 30m$。请完成下列任务:

(1)按整桩号法设桩,试计算支距法详细测设数据,并用此方法在实习场地放出曲线。

(2)按整桩号法设桩,试计算偏角法详细测设数据(两次架设仪器),并用此方法在实习场地放出曲线。

17. 已知某弯道半径 $R = 300m$,缓和曲线长 $l_s = 50m$;JD 里程为 K10+064.43,转角 $\alpha_y = 21°18'$。求:

(1)曲线测设元素及主点里程。

(2)按整桩号法设桩,试计算支距法详细测设数据。

(3)按整桩号法设桩,试计算偏角法详细测设数据。

18. 虚交点用切基线法测设圆曲线,$R = 200m$,测得 $AB = 48.64m$,$\alpha_A = 10°40'$,$\alpha_B = 16°18'$,A 点的里程为:K8+043.27,求主点的测设元素和里程桩号。

19. 欲在交点 A、B 处测设复曲线,已知在交点 A 处设置主曲线,其半径 $R_主 = 150m$,$AB = 92.46m$,$\alpha_A = 42°38'$,$\alpha_B = 72°34'$,A 点里程为 K3+415.27。求:

(1)主曲线元素。

(2)副曲线半径 $R_副$。

(3)副曲线元素。

20. 已知导线点 V_{17} 的坐标分别为 $x_{17} = 4\,122\,960.029$,$y_{17} = 559\,154.386$;导线点 V_{18} 的坐标为 $x_{18} = 4\,123\,067.335$,$y_{18} = 558\,872.974$,试求算导线 $V_{17}V_{18}$ 的方位角。

21. 在一交点上测得转角为 $\alpha_y = 49°22'$,该弯道设置时要求外距 $E = 40.23m$,试求此弯道应设置的圆曲线半径以及圆曲线测设元素。

22. 某四级公路越岭线有一回头曲线,测得 $\alpha_A = 80°10'$,$\alpha_B = 98°05'$,半径 $R = 30m$,已知起点 ZY 的桩号为 K8+691.86,试计算曲线主点里程以及推磨法详细测设的数据。

模块二　纵断面测量

公路纵断面测量是在公路中线测设后,沿路线中线用水准测量的方法,测量中桩的地面高程,把所测得的中桩高程点绘在图纸上,以供设计路线纵坡使用。纵断面测量一般分为基平测量和中平测量两个步骤。

课题一　高程控制测量与水准测量的等级

1. 高程测量逐级控制的原则;
2. 各等级高程控制测量的作用;
3. 公路高程控制测量的各项技术要求。

想一想

国家水准原点(设在青岛)的高程虽然知道了,但是工程中要测量某个点的高程,难道要从水准原点引测到待测点上?这样做的工作量实在是太大了,根本不可行。可不这么做又如何能测出待测点的高程呢?

读一读

国家高程控制测量主要是用水准测量方法进行国家水准网的布设和测量。国家安排了专业队伍完成从水准原点引测高程的工作,在全国范围内埋设测量了很多水准点,形成了水准网。我们可以向当地的测绘部门索取工程项目附近的一个或几个国家水准点数据,从这些水准点将高程引测到工地就可以了。当然,引测的水准点的等级要能够满足工程项目需要。

一、国家高程控制网

国家水准网又称国家高程控制网,是在全国领土范围内,由一系列按国家测量规范统一布设和测定高程的水准点所构成的网,为国家经济建设、国防建设和科学研究提供基准高程。国家水准网中水准点的高程是由一、二、三、四等水准测量测定的。一、二等水准测量统称为精密水准测量。国家水准网的布设采用从高级到低级、从整体到局部,逐级控制、逐级加密的原则。各等级的水准路线构成闭合环线。

国家水准网分四个等级布设,一等水准路线是国家的精密高程控制网,是高程控制网的骨干,沿地质构造稳定、坡度平缓的交通路线布设,用精密水准测量方法施测。一等水准路线全长约 93 000km,包括大约 100 个闭合环,每个闭合环周长 1 000~1 500km。

在一等水准环内布设的二等水准网是国家高程控制的全面基础,其环线周长根据不同地形在 500~750km。

用三等水准路线将二等水准环分为若干个更小的环,再用四等水准路线进一步加密。

一、二等水准路线每隔 15~20 年沿相同的路线重复观测一次,用以研究地壳垂直运动。

三、四等水准测量直接提供地形测图和各种工程建设所必需的高程控制点。

公路工程的高程控制测量有什么特殊的规定和技术要求呢?

二、公路高程控制测量

1. 公路高程控制测量

公路高程控制测量的任务是按规定的精度测量沿公路两侧布置的水准点的高程,作为测定路线中桩高程、设计路线纵坡、确定桥涵的高程以及其他构造物高程的基础数据。高程控制测量是路线纵断面测量的基础。

公路高程测量采用水准测量或者三角高程测量,高程变化平缓的地区可使用 GPS 测量。路线高程控制测量应全线贯通、统一平差。

公路高程系统应与国家水准网联测,采用 1985 年国家高程基准,同一个公路项目应采用同一个高程系统,并应与相邻项目高程系统衔接。不能采用同一系统时,应给定高程系统的转换关系。独立工程或三级以下公路与国家水准网联测有困难时,可采用假定高程。

2. 水准测量的等级及技术要求

公路高程控制测量很少需要一等高程控制测量那么高的精度,在一些大型的桥隧工程中会用到二、三等高程控制测量,最常用的是四、五等高程控制测量。

《公路勘测规范》(JTG C10—2007)对二~五等水准测量的主要技术要求如表 2-2-1 和表 2-2-2 所示。

水准测量观测的主要技术要求 表 2-2-1

测量等级	仪器类型	水准尺类型	视线长(m)	前后视较差(m)	前后视累积差(m)	视线离地面最低高度(m)	基辅(黑红)面读数差(mm)	基辅(黑红)面高差较差(mm)
二等	$DS_{0.5}$	铟瓦	≤50	≤1	≤3	≥0.3	≤0.4	≤0.6
三等	DS_1	铟瓦	≤100	≤3	≤6	≥0.3	≤1.0	≤1.5
三等	DS_2	双面	≤75	≤3	≤6	≥0.3	≤2.0	≤3.0
四等	DS_3	双面	≤80	≤3	≤10	≥0.2	≤3.0	≤5.0
五等	DS_3	单面	≤100	≤10	—	—	—	≤7.0

高程控制测量的技术要求 表 2-2-2

测量等级	每 km 高差中数中误差(mm)		附合或环线水准路线长度(km)	
	偶然中误差 M_Δ	全中误差 M_W	路线、隧道	桥梁
二等	±1	±2	600	100
三等	±3	±6	60	10
四等	±5	±10	25	4
五等	±8	±16	10	1.6

注:控制网节点间长度不应大于表中长度的 0.7 倍。

对于不同等级的公路和构造物,需要高程控制测量的等级是不同的,《公路勘测规范》(JTG C10—2007)规定,各级公路及构造物的高程控制测量等级不得低于表2-2-3中的要求。

高程控制测量等级选用　　　　　　　　　　　　　　　表2-2-3

高架桥、路线控制测量	多跨桥梁总长 L(m)	单跨桥梁 L_K(m)	隧道贯通长度 L_G(m)	测量等级
—	L≥3 000	L_K≥500	L_G≥6 000	二等
—	1 000≤L<3 000	150≤L_K<500	3 000≤L_G<6 000	三等
高架桥,高速公路、一级公路	L<1 000	L_K<150	L_G<3 000	四等
二、三、四级公路	—	—	—	五等

各等级高程控制测量的精度不同,由一等到五等精度要求依次降低,各级公路水准测量的主要技术要求应符合表2-2-4中的规定。

水准测量的主要技术要求　　　　　　　　　　　　　　表2-2-4

测量等级	往返较差、附合或环线闭合差(mm)		检测已测测段高差之差(mm)
	平原、微丘	山岭、重丘	
二等	≤$4\sqrt{L}$	≤$4\sqrt{L}$	≤$6\sqrt{L_i}$
三等	≤$12\sqrt{L}$	≤$3.5\sqrt{n}$或≤$15\sqrt{L}$	≤$20\sqrt{L_i}$
四等	≤$20\sqrt{L}$	≤$6.0\sqrt{n}$或$25\sqrt{L}$	≤$30\sqrt{L_i}$
五等	≤$30\sqrt{L}$	≤$45\sqrt{L}$	≤$40\sqrt{L_i}$

注:计算往返较差时,L为水准点间的路线长度(km);计算附合或环线闭合差时,L为附合或环线的路线长度(km);n为测站数。L_i为检测测段长度(km),小于1km时按1km计算。

课题二　基平测量

应知点

1. 布设水准点的要求;
2. 跨河水准测量原理。

技能点

1. 基平测量及测量数据处理;
2. 跨河水准测量。

想一想

公路路线一般都很长,而国家水准网的水准点对公路勘测来说,数量太少,且一般都离得较远,满足不了公路勘测和施工的需要。所以,在勘测设计时路线两侧要设置更多的水准点。可如何设置水准点呢?

在公路勘测阶段,可以在公路两侧永久性建筑物或坚硬的岩石上设置水准点,也可以自己埋设一些固定点作为水准点。把所有设置的水准点都按照水准测量的方法测出其高程,并且做一个水准点一览表,提供给施工单位。

设置水准点并对其进行高程测量的工作叫作基平测量,基平测量是建立路线的高程控制,作为中平测量和施工测量的依据。高程起算点一般由国家水准点引测而来,当引测有困难时,应采用与带状地形图相同的高程基准。

读一读

那么,对水准点的设置密度有什么要求呢?如何测量并计算出水准点的高程?

一、水准点(BM)布设要求

水准点是用水准测量的方法测定的高程控制点。水准点分永久性水准点和临时性水准点。永久性水准点应埋设稳定的标石或设置在固定的物体上,需要每隔一定长度设置一个。工程测量中常用的普通水准标石是由柱石和盘石两部分组成的,可用混凝土浇制或用天然岩石制成,如图2-2-1a)所示。水准标石上面嵌设有铜材或不锈钢金属标志,如图2-2-1b)所示。四等高程控制测量也可以埋设预制水泥混凝土桩作为水准点,如图2-2-2所示,混凝土桩上面中心嵌设有由直径不小于14mm的钢筋制作的金属标志,钢筋顶面需锉平。临时性水准点可以埋设木桩,顶面钉设铁钉作为标志,它是在公路施工中为了测量的方便,在设计得出的水准点基础上又增加的施工用水准点。公路测量中水准点也常与导线点合二为一。

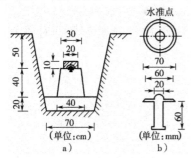

图2-2-1 永久性水准点

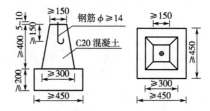

图2-2-2 四等高程控制桩(尺寸单位:mm)

水准点应选择在勘测和施工过程中不易遭到破坏并且引测方便、地质稳固的地方,距中线50~300m为宜。水准点间距离应根据地形情况和工程需要而定,相邻水准点平均间距在平原微丘区一般为1~1.5km,山岭重丘区适当加大密度,一般为0.5~1km。路线起终点、大桥两端、隧道口及其他大型构造物两端、垭口、重点工程附近等处应增设水准点。

二、基平测量的方法和精度要求

基平测量用水准仪观测时,大多用一台水准仪往返观测,或者用两台水准仪各做一次独立单程观测。测段终点高程计算方法参见第一篇模块一中普通水准测量,以前一测段的终点为下一测段起点,如此分段连续测量,可将公路沿线所有水准点高程全部测出。

水准测量的精度要求如表2-2-4所示,表中的L和L_i均取值到0.1km。

一般情况下,在勘测阶段基平测量时中线测量还未进行,没有水准点的大致桩号,水准路线长度不好估算。可以通过水准仪视距法测距,以水准仪上下丝读数差的100倍为仪器到水准尺的距离,以全部测站的前后视距和为水准路线的长度,计算基平测量误差是否在容许范围之内。

路线全程的水准点高程必须全部闭合,即任意两个水准点之间的高程误差都不能超出容许误差范围。

公路工程测量多数是在野外作业,经常需要跨越比较宽的河流。在跨越河流的水准测量中,一般很难保证前后视距大致相等,势必造成测量误差较大。如何能将跨河水准测量的精度控制在我们满意的范围之内呢?

三、跨河水准测量

当跨越的河流宽度在100m以上时,按前述测量方法测量将产生较大的误差,必须采用特定的方法施测,这就是跨河水准测量。

跨河水准测量的具体施测方法很多,它们各自适应于不同的跨越宽度和仪器设备。当跨越宽度大于300m时,必须参照国家有关水准测量规范,采用精密仪器按规定的程序和方法进行测量。在此只介绍一种跨越河流的宽度小于300m、采用一台DS_3级水准仪进行观测的方法。

如图2-2-3a)所示,河流宽度在100~300m,要测量河两岸A点和B点之间的高差,并由A点高程推算B点高程。为最大限度减小水准仪视准轴与水准管轴不平行和地球曲率及大气折光对高程测量的影响,应在河流两岸适当位置I_1、I_2安置水准仪,对A、B两点做对称观测。两个测站与两个立尺点应大致呈矩形,即I_1A距离和I_2B距离基本相等,I_1B距离和I_2A距离基本相等,并且I_1A距离和I_2B距离应尽可能长些,一般不得小于10m。测站I_1和测站I_2离水边的距离及距水面的高度也要尽可能相等,同时保证视线高度超出水面2m以上。

前半测回:如图2-2-3b)所示,在I_1安置仪器,在A、B两点立尺,照准A点尺,读数为a_1,再照准B点尺,读数为b_1,$h_1 = a_1 - b_1$。

后半测回:如图2-2-3c)所示,保持望远镜调焦螺旋不动,在I_2安置仪器,同时A、B两尺调换,先瞄准A尺,读数为a_2,再瞄准B尺,读数为b_2,$h_2 = a_2 - b_2$。

A、B两点间的测回高差均值$h = (h_1 + h_2)/2$。

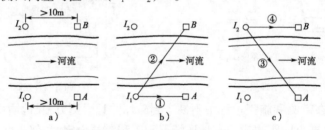

图2-2-3 跨河水准测量

每一跨河水准测量要观测两个测回,将两个测回的平均值作为最后观测值。两测回的差值,三等水准测量不应大于8mm,四等水准测量不应大于16mm,五等水准测量不应大于24mm。误差超出容许范围要重新测量。

跨河水准测量应避免恶劣天气,水面较宽时,可采用觇标读数。

课题三 中平测量

1. 水准仪中平测量方法;
2. 跨沟谷测量可以作为支水准路线。

1. 中平测量及测量数据处理；
2. 跨沟谷测量。

公路中线在地面上敷设后,需得到每个中桩的原地面高程,从而为公路纵坡设计提供依据,但如何测量中桩点原地面高程呢?

读一读

中平测量是根据基平测量提供的水准点高程,按附合水准路线分段测定各中桩的地面高程。中平测量获得的中桩高程是公路纵断面设计的重要数据。

可是公路中桩的间距最长只有50m,低等级公路的中桩间距只有10~20m,甚至更短,难道要像基平测量那样在每个中桩处设一个转点来测量中桩高程?这样做太烦琐了! 测量中桩高程用中平测量方法。

一、水准仪中平测量

水准仪中平测量一般以两个相邻的水准点为一个测段,从一个水准点开始,逐点观测转点和每一中桩的高程,一直附合到下一个水准点。中平测量中观测的中桩称为中间点。为避免仪器安置时间过长而影响测量精度,在测站上应先观测转点,再观测中间点。与基平测量一样,在中平测量中转点应估读至毫米,视距一般不宜大于100m。观测转点时,水准尺应立于尺垫、稳固的桩顶或坚石上。中间点可读数至厘米,四舍五入,立尺应在紧靠桩边的地面上。

如图 2-2-4 所示,在 I_1 安置水准仪,后视 BM_1,标尺读数为 1.078,将读数记入表 2-2-5 的 BM_1 后视格内,前视转点 ZD_1,标尺读数为 1.584,将此读数记录在表格相应格内,然后观测 BM_1 与 ZD_1 间的中间点 K0+000、K0+020、K0+040、K0+060、K0+080、K0+100,将读数分别记入相应的中视栏内。待读完 BM_1 与 ZD_1 间的全部中桩后,仪器搬至 I_2 站,后视转点 ZD_1,前视转点 ZD_2,然后观测中间点 K0+120、K0+140、K0+160、K0+180、K0+200、K0+220、K0+240,记录方法相同。按上述方法一直观测至水准点 BM_2 为止。在记录过程中,最好把一些特殊位置的桩(如大的沟渠内的桩等)在备注栏中注出,以便于回忆。

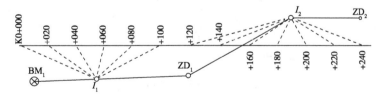

图 2-2-4　水准仪中平测量

中平测量记录表　　　　　　　　　　　　　　　表 2-2-5

点号	水准尺读数(m)			视线高 (m)	地面高 (m)	备注
	后视	中视	前视			
BM_1	1.078			31.734	30.656	
K0+000		1.25			30.48	

189

续上表

点号	水准尺读数(m)			视线高（m）	地面高（m）	备注
	后视	中视	前视			
+020		1.28			30.45	
+040		1.18			30.55	
…	…	…	…	…	…	…
ZD$_1$	1.686		1.584	31.836	30.150	
+120		1.65			30.19	
+140		1.50			30.34	
…	…	…	…	…	…	…
ZD$_2$	1.565		1.892	31.509	29.944	
+260		1.49			30.02	
+280		1.60			29.91	
…	…	…	…	…	…	…
ZD$_3$	1.496		1.656	31.349	29.853	
+400		1.70			29.65	
+420		1.77			29.58	
…	…	…	…	…	…	…
+520		1.95			29.40	
BM$_2$			1.677		29.672	

二、中桩高程计算

1. 检验测量闭合差

中平测量一般只做单程观测，当一个测段结束后，先计算该测段两水准点高差 $\Delta h_{中}$。

$$\Delta h_{中} = \sum a_{中,后视} - \sum b_{中,前视} \tag{2-2-1}$$

式中：$\sum a_{中,后视}$——中平测量后视标尺读数和；

$\sum b_{中,前视}$——中平测量前视标尺读数和。

将 $\Delta h_{中}$ 与基平水准点高差 $\Delta h_{基}$ 进行比较，二者之差为：

$$f_h = \Delta h_{中} - \Delta h_{基} \tag{2-2-2}$$

式中：f_h——测段高差闭合差，以毫米(mm)为单位。

对高速公路和一、二级公路，要求：

$$f_h \leqslant \pm 30\sqrt{L} \quad (\text{mm}) \tag{2-2-3}$$

对三级及三级以下公路，要求：

$$f_h \leqslant \pm 50\sqrt{L} \quad (\text{mm}) \tag{2-2-4}$$

上两式中：L——水准路线长度，以千米(km)为单位。

2. 计算中桩原地面高程

如中平测量精度在容许范围内，即可进行中桩地面高程的计算。否则，应查出原因给予纠正或重测。两次测量同一中桩的精度应满足：对高速公路和一、二级公路不大于5cm；对三级及三级以下公路应不大于 10cm。

中间点的地面高程以及前视点高程，一律按所属测站的视线高程进行计算。如图 2-2-5 所示，每一测站的计算公式如下：

$$视线高程 = 后视点高程 + 后视读数 \qquad (2\text{-}2\text{-}5)$$

$$中桩高程 = 视线高程 - 中视读数 \qquad (2\text{-}2\text{-}6)$$

$$前视点高程 = 视线高程 - 前视读数 \qquad (2\text{-}2\text{-}7)$$

事实上，从图 2-2-5 中还可以看出，视线高程减去水准尺读数就是立尺点高程。

上述水准仪测中桩高程的方法如果遇到了复杂地形，工作效率会比较低。比如遇到较大的山沟或者山谷时，沟谷内的相邻中桩高差比较大，需要逐个测量沟谷内的每个中桩，还要返回到沟谷外的转点闭合，工作量很大，并且累积误差也大。当遇到跨越沟谷的中平测量时，可采用沟内、沟外分开测量的施测方法，将沟谷内的中桩单独测量，作为支水准路线，提高工作效率。

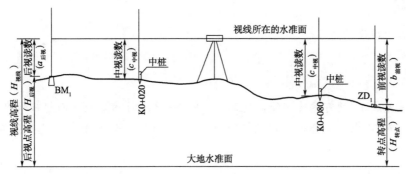

图 2-2-5　中桩高程计算示意图

三、跨沟谷测量

如图 2-2-6 所示，中桩测量到较大的沟谷边缘，将转点直接设置在沟谷的对岸，将沟谷内的中桩暂时丢下或者由另外一台水准仪测量。这样可以消除沟谷内的累积误差，提高测量速度。把沟谷内的中桩测量当作支线测量。

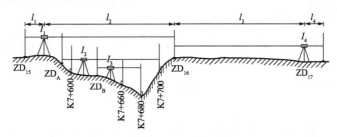

图 2-2-6　水准仪跨沟谷中平测量

(1)沟内测量。在测站 I_1 安置仪器，后视 ZD_{15}，前视 ZD_{16}，同时前视 ZD_A；在测站 I_2 安置仪器，后视 ZD_A，再中视中桩(在图 2-2-6 中为 K7+600)的标尺。如果一个测站不能将沟谷内的中桩全部测完，可再设转点 ZD_B，前视 ZD_B；在测站 I_3 安置仪器，后视 ZD_B，观测中桩标尺，继续测量，直至将沟谷内的中桩测完为止。

(2)沟外测量。在测站 I_4 安置仪器，后视 ZD_{16}，前视 ZD_{17}，并观测中桩标尺，再设置转点继续测量,直至附合到下一个水准点。

为了尽可能减小水准仪管水准轴和视准轴不平行造成的误差,在跨沟谷测量时要有意识地调整前后视距,在图 2-2-6 中,就是尽量使 $l_3 = l_2$、$l_4 = l_1$。

沟谷内的测量要非常谨慎小心,且单独记录,以免与沟外测量的数据混淆。

课题四　公路纵断面图

1. 识读公路纵断面图;
2. 设计高程的含义。

准确计算中桩设计高程。

 想一想

中平测量完成了,便可按比例绘制地面线,并为设计人员参考原地面起伏情况定纵断面设计线做好了准备,以上这些都是绘制纵断面图的任务。那么,如果手中有了一张纵断面图,如何正确识读它呢?

 读一读

公路纵断面图可反映出沿公路中线的地面起伏和设计纵坡,可理解为用一个曲面沿着道路中线竖直地将道路剖切开,然后展开拉直所形成的一条有起伏的空间线。纵断面图反映各路段纵坡大小和中线位置处的填挖高度,是公路勘测设计与施工的重要资料。图 2-2-7 就是一张公路纵断面图。公路纵断面图上究竟都包括哪些信息呢?

一、公路纵断面图

纵断面图采用直角坐标,横坐标为里程,比例一般为 1∶2 000;纵坐标为高程,比例一般为 1∶200 或 1∶100 等,地形复杂,高差较大的纵断面图可采用 1∶400 或 1∶500。

纵断面图是由图部分和注释部分组成的。

1. 图部分

上面的图部分主要由地面线和设计线组成。较细的一条是地面线,它是根据各中桩的里程桩号和地面高程绘制的一条不规则的折线,反映沿路线中线地面的起伏变化情况。较粗的一条是设计线,它是经过技术、经济以及行车安全等多方面因素比较后定出的一条具有规则形状的几何线,反映道路施工完成后路线的起伏变化。

图部分还包括:

(1)变坡点位置、竖曲线及其要素。

(2)沿线桥涵及人工构造物位置、结构类型、孔数与孔径。

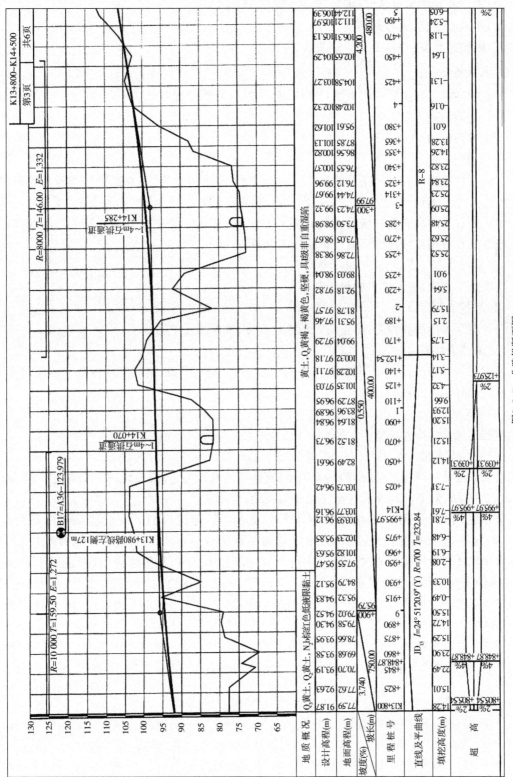

图2-2-7 公路纵断面图

(3)与道路、铁路交叉的桩号及路名。

(4)沿线跨越的河流名称、桩号、常水位和最高洪水位。

(5)水准点位置、编号和高程。

(6)断链桩位置、桩号及长短链关系。

2. 注释部分

下面的注释部分主要是用来填写栏目,包括以下几个方面。

(1)地质概况。

标明各路段的地质情况。

(2)设计高程。

二级及二级以下新建公路一般指路基边缘高程,在设置超高、加宽路段则为设置超高、加宽前的路基边缘高程;改建公路的路基设计高程,可与新建公路相同,也可以采用路中线高程;设有中央分隔带的高速及一级公路的路基设计高程,按规定为中央分隔带外侧边缘的高程。路基设计高程根据路线设计纵坡及竖曲线等计算。

(3)地面高程。

中桩处的高程,根据中平测量资料填写。

(4)填挖高度。

设计高程和地面高程之差,正值表示填土高度,负值表示挖土深度。

(5)坡度及坡长。

坡度用斜线表示,从左下向右上斜表示上坡,下斜表示下坡,斜线上面的数字表示坡度的百分数,下面的数字表示坡长。

(6)里程桩号。

按照比例标注中桩位置。

(7)直线与平曲线。

表明平面线形情况,用线形的曲率表示,直线段的曲率为零,圆曲线段为 $1/R$,缓和曲线段为渐变 $0 \sim 1/R$,向上凸起表示右转,向下凹陷表示左转。

道路纵断面上的设计纵坡线是由许多直线和转折点组成的。为了使路线顺适、行车平稳、路容美观等,需要在路线纵坡转折处设置曲线使转折处缓和,这种曲线称为竖曲线。竖曲线有抛物线形和圆弧形等,在使用范围上两者几乎没有差别,我国道路上多采用圆弧形竖曲线,简称圆形竖曲线。合理设置竖曲线可以减小工程量,确保道路纵向行车视距,缓和纵向变坡处行车动量变化而产生的冲击,与平曲线恰当组合,有利于路面排水和改善行车的视线诱导和舒适感。

变坡点在竖曲线的上方,即竖曲线向上凸起,称为凸形竖曲线,简称凸曲线;变坡点在竖曲线的下方,即竖曲线向下凹陷,称为凹形竖曲线,简称凹曲线,如图 2-2-8 所示。

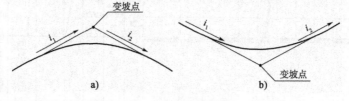

图 2-2-8 凸曲线与凹曲线

a)凸曲线;b)凹曲线

二、设计高程计算

1. 竖曲线设计高程计算

1）竖曲线要素

如图 2-2-9 所示，设变坡点相邻两纵坡分别为 i_1 和 i_2，它们的代数差为竖曲线转角，用 ω 表示，即：

$$\omega = i_1 - i_2 \quad (2\text{-}2\text{-}8)$$

式中：i_1、i_2——相邻纵坡，上坡为正，下坡为负。

当 $\omega > 0$ 时，为凸曲线；当 $\omega < 0$ 时，为凹曲线。

竖曲线长度 L 或竖曲线半径 R：

$$L = R|\omega| = R|i_1 - i_2| \quad (2\text{-}2\text{-}9)$$

竖曲线切线长 T：

$$T = L/2 = \frac{R|i_1 - i_2|}{2} \quad (2\text{-}2\text{-}10)$$

竖曲线外距 E：

$$E = \frac{T^2}{2R} \quad (2\text{-}2\text{-}11)$$

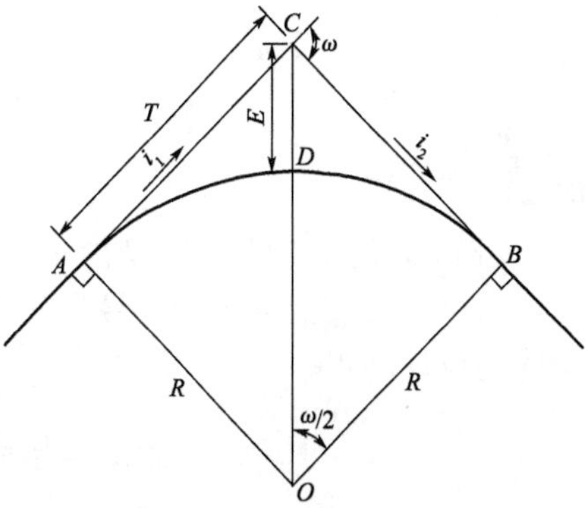

图 2-2-9　竖曲线要素示意图

2）竖曲线上的设计高程计算

如图 2-2-10 所示，竖曲线上任意一点 P 与切线上对应点 P' 的竖向距离为该点的高程改正值 y_P。

$$y_P = \pm\frac{x_P^2}{2R} \quad (2\text{-}2\text{-}12)$$

式中：x_P——P 点至竖曲线起点（或终点）的水平距离，即为 P 点与竖曲线起点（或终点）的桩号里程差；

y_P——高程改正值，也称为纵距，凸曲线取负值，凹曲线取正值。

竖曲线上任意点 P 的设计高程：

$$H_P = H_{P'} + y_P \quad (2\text{-}2\text{-}13)$$

式中：H_P——竖曲线上任一点 P 的设计高程；

$H_{P'}$——竖曲线上任一点 P 所对应的切线上点 P' 的高程。

2. 竖曲线外的设计高程计算

如图 2-2-11 所示，此处 P 点为变坡点，高程为 H_P，D 为竖曲线外纵坡上任意一点，高程为

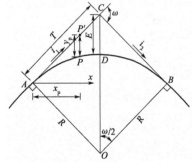

图 2-2-10　竖曲线设计高程计算示意图

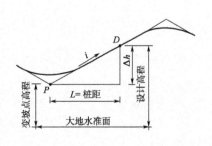

图 2-2-11　竖曲线外的设计高程计算示意图

H_D,i 为纵坡坡度(上坡为正,下坡为负),L 为 D 点与变坡点之间的水平距离,即 D 点与变坡点的里程差,则

$$H_D = H_P + \Delta h$$

因

$$\Delta h = L \times i$$

从而

$$H_D = H_P + L \times i \tag{2-2-14}$$

练一练

【例 2-2-1】 如图 2-2-12 所示,竖曲线的半径 $R = 5\ 600\text{m}$,相邻坡段的坡度 $i_1 = 0.89\%$,$i_2 = 3.80\%$,变坡点的里程桩号为 K12+675,高程为 120.18m。每隔 20m 设一中桩,计算路线中线的设计高程。

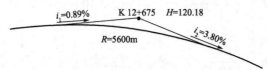

图 2-2-12 例 2-2-1 图

解:(1)由于 i_2 表示的坡度为下坡,所以计算时 i_2 取负值,则竖曲线要素 T、L 和 E 分别为:

$$\omega = i_1 - i_2 = 0.008\ 9 - (-0.038\ 0) = 0.046\ 9$$
$$L = R|\omega| = 5\ 600 \times 0.046\ 9 = 262.64(\text{m})$$
$$T = L/2 = 262.64/2 = 131.32(\text{m})$$
$$E = T^2/(2R) = 131.32^2/(2 \times 5\ 600) = 1.54(\text{m})$$

(2)计算竖曲线起终点的桩号和高程。

起点桩号 = 变坡点桩号 − T = K12+675.00 − 131.32 = K12+543.68

起点高程 = 120.18 − 0.008 9 × 131.32 = 119.01(m)

终点桩号 = 曲线起点桩号 + L = K12+543.68 + 262.64 = K12+806.32

终点高程 = 120.18 − 0.038 0 × 131.32 = 115.19(m)

(3)计算竖曲线上中桩高程(以 K12+600 和 K12+720 为例)。

① K12+600 桩。

此桩至竖曲线起点的水平距离为:

$$x = \text{K12}+600 - (\text{K12}+543.68) = 56.32(\text{m})$$

高程改正值:

$$y = -\frac{x^2}{2R} = -\frac{56.32^2}{2 \times 5\ 600} = -0.28(\text{m})$$

对应的切线高程:

$$119.01 + 0.008\ 9 \times 56.32 = 119.51(\text{m})$$

设计高程:

$$119.51 - 0.28 = 119.23(\text{m})$$

②K12+720桩。

此桩位于竖曲线右侧,至竖曲线终点的水平距离为:
$$x = K12 + 806.32 - (K12 + 720) = 86.32(m)$$

高程改正值:
$$y = -\frac{x^2}{2R} = -\frac{86.32^2}{2 \times 5600} = -0.67(m)$$

对应的切线高程:
$$115.19 + 0.038 \times 86.32 = 118.47(m)$$

设计高程:
$$118.47 - 0.67 = 117.80(m)$$

竖曲线上其他桩的计算结果如表2-2-6所示。

竖曲线上各点高程计算表　　　　　表2-2-6

桩号	至竖曲线起点或终点的水平距离 x(m)	高程改正值 y(m)	对应切线上的点的高程(m)	竖曲线设计高程(m)	备注
起点 K12+543.68	0	0.00	119.01	119.01	
+560	16.32	-0.02	119.16	119.13	
+580	36.32	-0.12	119.33	119.22	
+600	56.32	-0.28	119.51	119.23	
+620	76.32	-0.52	119.69	119.17	
+640	96.32	-0.83	119.87	119.04	
+660	116.32	-1.21	120.05	118.84	
变坡点 K12+675.00	131.32	-1.54	120.18	118.64	
+680	126.32	-1.42	119.99	118.57	
+700	106.32	-1.01	119.23	118.22	
+720	86.32	-0.67	118.47	117.80	
+740	66.32	-0.39	117.71	117.32	
+760	46.32	-0.19	116.95	116.76	
+780	26.32	-0.06	116.19	116.13	
+800	6.32	-0.00	115.43	115.43	
终点 K12+806.32	0	0.00	115.19	115.19	

复习思考题

1. 在公路路线纵断面图上,有两条主要的线:一条是_____,另一条是_____。
2. 变坡点是相邻纵坡设计线的_____,两个变坡点之间的水平距离称为_____。
3. 凸形竖曲线的高程改正值为_____,凹形竖曲线为_____;竖曲线上设计高程=_____。
4. 路基设计高程一般是指(　　)。
   A. 路基中线高程　　B. 路面边缘高程　　C. 路肩边缘高程　　D. 路基坡脚高程

5. 新建公路路基设计高程一般是以( )高程为准。
   A. 路基中心   B. 加宽后的路基内侧边缘   C. 未加宽前的路肩外侧边缘
6. 竖曲线起终点对应的里程桩号之差为竖曲线的( )。
   A. 切线长   B. 切曲差   C. 外距
7. 简述水准仪测量公路纵断面的一般步骤。
8. 已知某测段基平测量路径长600m,公路等级为高速公路,记录如表2-2-7所示,请按照表2-2-7中的读数记录计算BM_2点高程。

基平测量记录表　　　　　　　　　　　　　　　　表2-2-7

点号	水准尺读数(m)		高程(m)	备注
	后视	前视		
BM_1	0.949		30.656	
ZD_1	1.662	1.505		
ZD_2	1.450	1.773		
ZD_3	1.374	1.626		
BM_2	1.657	1.528		
ZD_1	1.760	1.588		
ZD_2	1.698	1.585		
ZD_3	1.486	1.674		
BM_1		0.765		

9. 如图2-2-13所示,在某二级公路测量中,已知水准点BM_1的高程为800.230m,从BM_1用往返水准测量的方法观测水准点BM_2的高程,BM_1至BM_2的水准路线长600m,按图中所示读数进行记录、计算(记录格式如表2-2-8所示)。

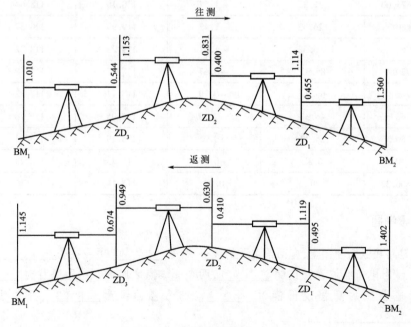

图2-2-13　第9题图(单位:m)

10. 表2-2-8是中平测量原始记录,计算中桩地面高程(假定测量误差在容许范围之内)。

中平测量记录表 表2-2-8

桩号	后视(m)	中视(m)	前视(m)	视线高(m)	地面高(m)
BM_1	1.974				55.632
K0+000		2.21			
+020		2.25			
+040		2.49			
ZD_1	1.376		2.513		
+060		1.40			
+080		1.36			
+100		1.65			
ZD_2	2.042		3.585		
+120		3.96			
+140		4.50			
+160		3.49			
ZD_3	1.628		3.776		
+180		2.88			
+200		0.65			
ZD_4	1.827		0.424		
+220		1.54			
+240		1.70			
ZD_5	1.783		1.290		
BM_2			1.537		

11. A、B 为两个相邻的变坡点,A 点里程桩号为 K7+040,设计高程为 75.50m,B 点的里程桩号为 K7+540,设计高程为 85.50m,C、D 两点不在竖曲线上,桩号分别为 K7+200、K7+300,试计算 C、D 两点的设计高程。

12. 某竖曲线半径 $R=3\,000$m,其相邻坡段的纵坡度分别为:$i_1=2.5\%$,$i_2=1.2\%$,变坡点桩号为 K6+770,高程为 96.65m。要求完成:

(1) 竖曲线要素计算;

(2) 如果曲线上每隔 10m 设置一桩,请按表 2-2-9 完成竖曲线上各桩点的高程计算。

竖曲线上各点高程计算表 表2-2-9

桩号	至竖曲线起点或终点的水平距离 x(m)	高程改正值 y(m)	对应切线上点的高程(m)	竖曲线设计高程(m)	备注

模块三　横断面测量

公路中线任意一点法线方向的剖面称为公路横断面。公路横断面测量是测量所有中桩法线方向的地面线，用横断面测量得到的数据来绘制横断面图。横断面测量是路基横断面设计和土石方数量计算的依据。

课题一　横断面测量的方法与步骤

横断面方向的概念。

1．选用合适的方法确定横断面方向；
2．横断面测量与记录。

想一想

公路建设投资巨大，其中路基土石方施工占很大一部分投资比重，那么如何计算路基土石方工程量，从而为计算工程造价奠定基础？

读一读

土石方是按照体积计价的，如果能知道土石方工程的总体积，即土石方工程的工程量，再乘以单价，就可以计算出土石方工程需要的价钱了。可是土石方不是规则几何体，怎么才能得到土石方工程的总体积呢？

计算柱体的体积公式为：柱体体积 = 底面积 × 高（长）。比如，计算一根圆钢筋的体积，只要知道钢筋的横截面积，再知道长度，就可计算出体积了。若计算截面不规则的物体的体积，比如一根两端截面大小不一样的树干的体积，可以量出树干两端截面积，然后用两端截面积的均值乘以长度就可以计算出树干大致的体积。可见，得到横断（截）面面积对计算柱体的体积非常重要。

横断面测量首先需要测定路线横断面方向，即通过中桩的路中线的法线方向（图2-3-1），然后在此方向上测定相邻地面起伏特征点（包括中桩）间的水平距离和高差，最后按照一定的比例绘制出每个

图 2-3-1　横断面方向

中桩两侧的原地面线,作为路基横断面设计和土石方数量计算的基础。

横断面方向定位的准确程度直接关系到路基横断面图的准确程度。在公路测量中要获得准确的横断面方向不像获得钢筋和树干的横断(截)面方向那么简单,需要借助一些测量仪器。并且在不同的情况下(要用不同的测量仪器和测量方法)才能获得比较高的工作效率。

一、横断面方向的确定

1. 直线段上横断面方向的测定

直线段横断面方向一般采用普通方向架(图 2-3-2)测定,也可采用圆盘、经纬仪等。

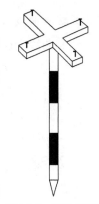

图 2-3-2　普通方向架

将方向架置于待标定横断面方向的中桩上,方向架上有两个相互垂直的固定片,用其中一个固定片瞄准该直线段上任一中桩,另一个固定片所指的方向即为该桩点的横断面方向,如图 2-3-3 所示。

2. 圆曲线上横断面方向的测定

圆曲线段上中桩点的横断面方向为垂直于该中桩点切线的方向。由几何知识可知,圆曲线上一点的横断面方向必定沿着该点的半径方向。

测定圆曲线段上中桩点的横断面方向一般采用求心方向架。求心方向架就是在普通方向架上安装一个可以转动的活动片,并有一固定螺旋可将其固定,如图 2-3-4 所示。

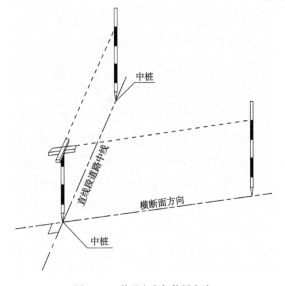

图 2-3-3　普通方向架使用方法

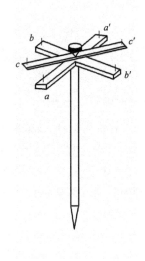

图 2-3-4　求心方向架

如图 2-3-5 所示,安置求心方向架于 P_1 点上,用 aa' 固定片瞄准圆曲线上的 P_2 点,转动活动片 cc',使 cc' 瞄准圆曲线上的 P_3 点,拧紧方向架的固定螺旋,固定 cc' 活动片。在 P_2 点上安置方向架,使 cc' 对准 P_3 点,此时 bb' 固定片所在方向就是 P_2 点指向圆心的方向,即 P_2 点的横断面方向。

如果曲线是对称的并且有交点桩,曲中点的横断面方向可用普通方向架找出。在曲中点立方向架,瞄准交点桩,对准交点桩的固定片,就得到曲中点的横断面方向。

3. 缓和曲线上横断面方向测定

缓和曲线上横断面方向的确定,关键是找出缓和曲线上的点的切线方向。常用的方法有方向架法、经纬仪法、全站仪法等。

（1）方向架法

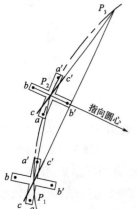

如图2-3-6所示,欲求缓和曲线上任一点P的横断面方向,可先计算出t_d的长度,在直线段的延长线上量取t_d,得到点Q。在点P安置方向架,aa'对准点Q,则bb'方向即是点P的横断面方向。

t_d的长度可用下式计算：

$$t_d = \frac{2}{3}l + \frac{l^3}{360R^2} \qquad (2\text{-}3\text{-}1)$$

式中：l——ZH点到缓和曲线上任一点P的曲线长,可由桩号差值计算得到；

R——弯道半径。

图2-3-5 求心方向架使用方法

（2）经纬仪法

利用经纬仪确定缓和曲线上点的横断面方向,可使用"倍角原理"。如图2-3-7所示,点P为缓和曲线上任一点,点C为直线段延长线和P点切线的交点,则在$\triangle APC$中,θ是δ的两倍,这就是倍角原理。由几何关系可知,θ与缓和曲线角β有关。

$$\theta = \frac{2}{3}\beta \qquad (2\text{-}3\text{-}2)$$

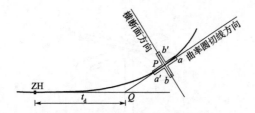

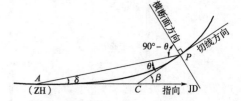

图2-3-6 方向架法求缓和曲线横断面方向　　　　图2-3-7 经纬仪法求缓和曲线横断面方向

根据上述原理,计算出点P的缓和曲线切线角。将经纬仪安置在P点,照准ZH点,路线左偏时顺时针拨角度$(90°-\theta)$,右偏时逆时针拨角度$(90°-\theta)$,视线所在方向即是点P的横断面方向,倒镜为另一侧横断面方向。

（3）全站仪法

如图2-3-8所示,点P为缓和曲线上任一点,β为过点P的缓和曲线切线角,α为直线段的方位角,则过点P切线的方位角为：

$$\alpha_1 = \alpha \pm \beta (右偏取加号,左偏取减号)$$

点P的横断面方向方位角为：

$$\alpha_{横} = \alpha_1 \pm 90°$$

在点P安置全站仪,照准任意已知坐标点,利用点P和已知坐标点定出方位角,转动照准部至点P的横断面方向方位角,视线所在方向就是点P的横断面方向,倒镜为另一侧横断面方向。

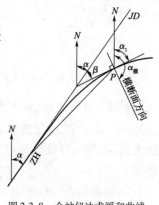

图2-3-8 全站仪法求缓和曲线横断面方向

横断面的方向确定了,那么如何测量横断面呢?

二、横断面的测量方法

测量横断面要测出横断面方向上地面起伏的特征点与中桩的水平距离和高差。根据地形、测量精度和测量条件的不同,可选用不同的方法。

1.花杆皮尺法

花杆皮尺法测量横断面一般适用于各种地形,精度较低。测量时用皮尺测量水平距离,用花杆测量高差。如图 2-3-9 所示,花杆立在横断面方向上的地面起伏特征点,从中桩出发,逐段以米为单位,量出特征点间的平距和高差,直至足够的测量宽度。中桩两侧都要测量并记录数据。记录者记录时宜面向路线前进方向,以免由于疏忽把横断面左右侧数据记录颠倒。

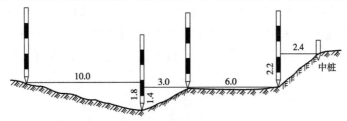

图 2-3-9　花杆皮尺法测横断面(一)(单位:m)

横断面常用的记录格式之一如表 2-3-1 所示。

横 断 面 记 录 表　　　　　　　　　　　　表 2-3-1

左　　侧				桩　号	右　　侧			
...				...	...			
$\dfrac{-0.4}{4.0}$	$\dfrac{-0.9}{5.8}$	$\dfrac{-0.5}{6.6}$	$\dfrac{-1.4}{5.0}$	K10+560	$\dfrac{0}{2.8}$	$\dfrac{-0.4}{0.2}$ 平(水田)		
$\dfrac{-2.8}{10.0}$	$\dfrac{-1.0}{2.0}$	$\dfrac{-1.4}{3.8}$	$\dfrac{-0.6}{4.8}$	K10+540	同坡			
$\dfrac{1.8}{10.0}$	$\dfrac{-1.4}{3.0}$	$\dfrac{0}{6.0}$	$\dfrac{-2.2}{2.4}$	K10+520	$\dfrac{0.4}{4.6}$	$\dfrac{-0.4}{5.0}$	$\dfrac{-0.8}{5.6}$	$\dfrac{-2.0}{7.0}$

为了符合大多数测量人员的习惯,横断面数据记录可逐桩从下往上记录,并且中桩左侧数据从右向左记录,右侧数据从左向右记录。分数的分母表示中桩和特征点及特征点之间的水平距离,分子表示相对于前点的高差。沿测量方向,上坡的高差表示为正值,下坡的高差表示为负值,没有高差用 0 表示。在表 2-3-1 中,K10+540 桩的右侧记录为"同坡",表示 K10+540 与其前面的桩 K10+520 的右侧横断面在足够的宽度内是一样的。K10+560 右侧记录的"平(水田)",表示右侧足够宽度内都是平坦的水田。

花杆皮尺法测量横断面还有一种以中桩为原点的测量方式。如图 2-3-10 所示,从中桩水平拉皮尺到足够的宽度,在地面起伏变化特征点上立花杆,直接读出皮尺读数和中桩与各特征点的高差。图中与中桩高差为3.6m 的特征点需要将花杆接长或者与塔尺配合,所以此法适合在地势平坦处使用。另外,当距离较大时,皮尺不易拉成水平,容易造成误差。

2.抬杆法

抬杆法适用于山岭重丘地形,精度低。测量方法与花杆皮尺法相同,只是将皮尺换成花杆,平距和高差都用花杆测量,记录方式也相同。抬杆法一般在现场边测量边绘图。

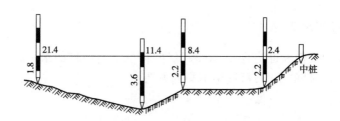

图 2-3-10　花杆皮尺法测横断面(二)(单位:m)

3. 水准仪皮尺法

水准仪配合皮尺测量横断面适于地形简单地区，精度高。如图 2-3-11 所示，在一合适点安置水准仪，后视中桩处水准尺，将读数填入表内，并计算出视线高，照准横断面方向上各特征点水准尺，将读数填入表内，并计算出各特征点的高程，用皮尺量出各特征点至中桩的水平距离或相邻特征点之间的水平距离。这种方法架设一次仪器可以测量多个中桩的横断面。

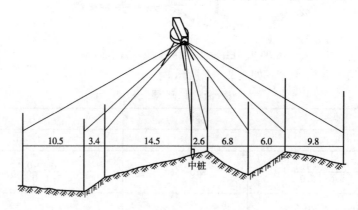

图 2-3-11　水准仪皮尺法测横断面(单位:m)

4. 全站仪法

全站仪测量横断面适用于各种地形，其测量精度可与水准仪测量横断面相媲美，某些情况下甚至精度更高。利用全站仪的对边测量功能可在不搬动测量仪器的情况下，直接测量中桩与各特征点间的平距和高差。

在安置全站仪时，最好将位置安置得稍高一些。用纵断面测量中介绍的全站仪测量高程的方法设置测站高、仪器高和棱镜高。如图 2-3-12 所示，将跟踪杆立于中桩处的地面作为起

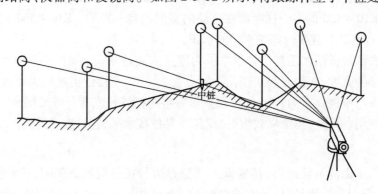

图 2-3-12　全站仪法测横断面

始点,而后保持棱镜高度不变,依次对横断面方向上的各特征点进行观测,得到各特征点相对于中桩的平距和高差,将数据记录在仪器中。

与其他测量横断面方法相比,全站仪测横断面不需要人工记录测量数据,减少了出错环节,采集的数据准确有序,可直接传输至计算机,降低了 CAD 生成横断面图的数据准备工作量,而且大大减少了架设仪器的次数和参加测量的人数,工作效率得到提高。

三、横断面测量精度要求

横断面测量中的距离、高差的读数应取位至 0.1m,检测互差限差的精度要满足表 2-3-2 的要求。

横断面检测互差限差　　　　　　　　　　表 2-3-2

公　路　等　级	距离(m)	高差(m)
高速公路,一、二级公路	≤$L/100+0.1$	≤$h/100+L/200+0.1$
三级及三级以下公路	≤$L/50+0.1$	≤$h/50+L/100+0.1$

注:1. L 为测点至中桩的水平距离(m)。
　　2. h 为测点至中桩的高差(m)。

四、横断面测量注意事项

(1)横断面施测宽度应满足路基及排水设计、附属物设置等需要,必须测量出足够的宽度,一般应在公路中线两侧各测 15~50m,较陡的地形要增加测量宽度。

(2)横断面测量应反映地形、地物、地质的变化,并标注相关水位、建筑物、土石分界等。

(3)高速公路、一级公路的分离式路基和二、三、四级公路的回头弯路段,应测出连通上下路线的横断面,并标注相对关系。

(4)横断面宜在现场点绘成图并及时核对。采用测记法室内点绘时,必须进行现场核对。

课题二　横断面图绘制与土石方数量计算

1. 横断面面积的计算原理;
2. 土石方数量的计算原理。

1. 绘制横断面图;
2. 计算横断面面积;
3. 计算土石方数量。

经过辛苦的外业测量,得到了很多横断面原始数据,获取这些横断面数据的目的是什么?又如何处理这些数据呢?

本模块课题一已说明了横断面测量的目的是要绘制路基横断面设计图,从而进一步计算路基土石方数量,那么如何利用横断面测量数据绘制横断面图呢?

一、横断面图的绘制

1. 横断面图中原地面线的绘制

为了方便计算横断面面积,横断面图的水平距离和高差采用相同的比例尺,多数采用1:200,也有少数工程采用1:100和1:400。手工绘制横断面图大多数都绘制在方格厘米纸上。在厘米纸上适当选择一个加粗的纵横线条的交点为中桩位置,按照横断面记录依比例向两侧逐个点绘出地面变化特征点,将相邻特征点用细实线连接,标出水塘、田地、房屋、土石分界等,再在中桩下方标出桩号,横断面地面线即绘制完成。与横断面原始数据记录一样,为了符合大多数测量人员的习惯,横断面图多从下向上绘制,即小桩号在下,大桩号在上。图2-3-13是两个中桩的横断面地面线。

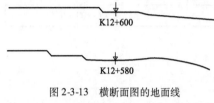

图 2-3-13　横断面图的地面线

手工绘制横断面图的工作量很大,为了提高工作效率,可在外业现场边测量边绘制,这样可以将绘制完成的地面线与实地比较,起到复核作用,以保证横断面图的准确。

2. 绘制横断面设计线

根据纵断面图上标示的各中桩填挖高度、路基设计宽度和路基边坡度,按比例绘制出横断面设计线,形成路基设计横断面。如图2-3-14所示为一填方路基横断面。

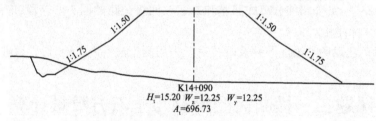

图 2-3-14　某公路 K14+090 设计横断面图(单位:m)

有了很多类似图2-3-14的路基设计横断面图,如何计算填挖土石方数量呢?

土石方数量计算时通常将相邻两断面所夹土体看作柱体来考虑,即底面积乘以长度(高)便为其体积,底面积可以近似取相邻两断面面积的平均值。由此看来,计算土石方数量的关键是计算各断面的横断面面积。

二、土石方数量计算

1. 横断面面积计算

横断面面积是指横断面图中地面线与设计线所包围的面积,所以要得到横断面面积,必须要先完成横断面设计。设计线高于地面线为填,低于地面线为挖,两者应分别计算。

(1)积距法

积距法操作简便,计算速度较快,手工计算横断面面积多用此法。图2-3-15是完成了横断面设计的一个横断面图,现以其中挖方为例计算横断面面积。将挖方横断面面积按照单位宽度 b 分为若干个条形带,每个条形带的近似面积为:

$$A_{wi} = bh_i \tag{2-3-3}$$

各条形带面积的总和即为横断面面积:

$$A_w = bh_1 + bh_2 + \cdots + bh_n = b\sum_{i=1}^{n} h_i \tag{2-3-4}$$

当 $b=1$ 时,横断面面积在数值上就等于各条形带平均高度之和 $\sum h_i$。

$\sum h_i$ 的值即用卡规逐一量取各条形带高度的累积值。当 $\sum h_i$ 的值较大时,卡规长度不够,可用厘米纸窄条量取。

图 2-3-15 中的填方面积用相同方法计算。

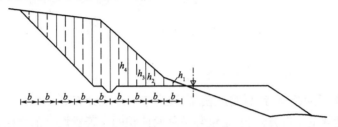

图 2-3-15 积距法计算横断面面积

(2)混合法

对面积较大的断面,可将其中间部分划分出一个或几个规则的几何图形(如矩形或梯形),计算出面积,其余部分用积距法量求,二者之和即为断面面积。

(3)坐标法

坐标法计算横断面面积又称解析法,计算精度高,适合于计算机自动处理。先计算出填方和挖方各角点坐标(这一步工作量大,可交给计算机处理),然后用角点坐标计算出断面面积。如图 2-3-16 所示,假设计算出横断面图上各角点坐标 (x_i, y_i),则断面面积为:

$$A = \frac{1}{2}\sum_{i=1}^{n}(x_i y_{i+1} - x_{i+1} y_i) \tag{2-3-5}$$

式中:x_i、y_i——第 i 个角点的坐标值;

n——角点个数。

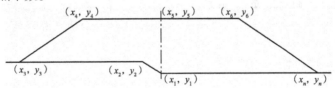

图 2-3-16 坐标法计算横断面面积

(4)求积仪法

对于极不规则的较大面积的几何图形,用求积仪量面积比较准确,但操作起来不如积距法简便、快速,因此使用较少。

有了横断面面积,只需要一个长度就可以计算土石方数量了。中桩间的距离就是我们需要的长度。太简单了,桩号的差值就是这个长度的值。

2.土石方数量计算

横断面填挖方面积计算后,就可以进行土石方数量计算。

若相邻两断面均为填方或挖方,且面积大小接近,可假定两断面之间为一棱柱体,称为"平均断面法"。如图 2-3-17 所示,路基填挖土石方数量为:

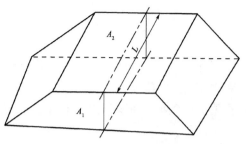

图2-3-17 土石方计算模型

$$V = \frac{1}{2}(A_1 + A_2)L \quad (2\text{-}3\text{-}6)$$

式中：V——体积，即土石方数量(m^3)；

A_1、A_2——相邻横断面的面积(m^2)；

L——相邻两横断面之间的距离，可用桩号差计算得到(m)。

若相邻两断面面积相差很大，则土石方体积与棱台更接近，数量按下式计算：

$$V = \frac{1}{3}(A_1 + A_2) \times L \times (1 + \frac{\sqrt{m}}{1+m}) \quad (2\text{-}3\text{-}7)$$

式中，$m = \dfrac{A_1}{A_2}(A_1 < A_2)$。

将土石方体积视为棱台，计算精度较高，适合于计算机计算。

用上述方法计算的土石方体积，是包含了路面体积的。若所设计的纵断面有填有挖且基本平衡，则填方断面中多计的路面面积与挖方断面中少计的路面面积相互抵消，其总体积与实施体积相差不大。但若路基是以填方为主或是以挖方为主，则在计算断面面积时应将路面部分计入。

从上面的计算方法看，土石方数量准确与否，与横断面方向的确定、地面线测量和横断面面积的计算都有直接关系，只有每项工作都准确，才能得到比较准确的土石方数量。

路基土石方工程是公路工程的一项主要工程项目，在公路设计和路线方案比较中，路基土石方数量的多少是评价公路测设质量的主要技术经济指标之一。所以，设计人员在进行土石方数量计算时必须严肃认真。

【知识链接】

(1) DTM数字地形图与纬地软件绘制横断面图

随着测绘技术与计算机技术的飞速发展，传统的横断面测量方法逐渐被新技术所取代。现代公路测量横断面通常是先测出公路沿线的数字地形图(DTM)，然后利用纬地设计软件自动读取各个中桩横断方向的地面线，最后根据公路等级标准在软件中完成横断面设计，并计算工程量。技术的发展带来测量手段的更新，但测量和设计的原理是相同的，学好基础知识有助于我们掌握新技术。

(2) 填挖边界线的确定

通过前面的学习，我们已经知道，在公路设计中，路基横断面图可以用来计算路基土石方工程量。除此之外，它还可以用于公路施工测量。准确的横断面图可以确定挖方的开挖边界线，即开口线以及填方路基的填筑坡脚边界线。

由于公路路基有边坡，无论填方还是挖方，在不同深度处的填筑宽度和开挖宽度都不相同，在第一层，即原地面，填筑和开挖宽度最大。所以，在施工开始前首先需要测量出填筑和开挖的边界线，从而为路基施工提供指导。从横断面图上我们可以量出填筑或开挖的边界线至中桩的水平距离，这就可以帮助我们测出填筑或开挖边界线的具体位置。图2-3-18所示的是路堑段开挖边界

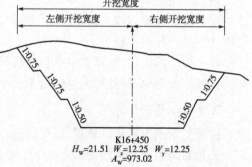

图2-3-18 从横断面图上量取开挖边界(单位：m)

的确定方法。具体测量方法可参见本书第三篇中"挖方路基施工测量"。

 复习思考题

1. 横断面测量的目的和任务是什么？
2. 简述花杆皮尺法测量横断面的方法。
3. 简述绘制横断面图的步骤。
4. 绘制表 2-3-1 中的地面线。
5. 下面是几个相邻中桩横断面的填挖面积，试计算 K19+060～K19+125.69 的填方量和挖方量（A_T 表示填方面积，A_W 表示挖方面积）。

$$K19+060: A_T = 20.85 \text{m}^2 \qquad A_W = 0$$
$$K19+073.64: A_T = 19.62 \text{m}^2 \qquad A_W = 0$$
$$K19+090: A_T = 12.28 \text{m}^2 \qquad A_W = 4.52 \text{m}^2$$
$$K19+125.69: A_T = 8.46 \text{m}^2 \qquad A_W = 9.92 \text{m}^2$$

PART3 第三篇
公路施工测量

公路施工测量主要讲述公路施工阶段的测量内容。施工测量就是严格按照设计文件与标准规范要求进行测量作业，即照图施工，以特征点为代表，将设计图表上描述的公路及其构造物放样在施工现场，作为施工的依据。主要内容包括：控制点的复测与加密，路基路面、涵洞和挡土墙特征点的施工放样。

模块一　公路施工控制点的复测与加密

按照"先控制后碎部,由高级到低级"的测量基本原则,在公路施工阶段的测量工作也是首先在控制点上做文章,只不过在勘测设计阶段是从无到有,而在施工阶段是将勘测阶段设计好的控制点再找到或将丢失的恢复,并根据施工情况适当加密。

公路的控制点分为平面控制点和高程控制点,在低等级公路测量中,平面控制点通常为路线的交点与转点;在高等级公路中,平面控制点为导线点,高程控制点即为水准点。

课题一　低等级公路路线导线恢复测量

用传统方法如何确定点的平面位置。

1. 交点与转点的恢复测量方法;
2. 交点与转点的固定方法。

低等级公路的导线是路线导线,它是路线交点和转点的连线,是低等级公路中线测量的依据。恢复路线导线也就是恢复路线交点和转点的位置。

一、路线导线恢复测量的基本概念

通过学习中线测量模块的知识我们可以知道,低等级公路是以路线导线为依据进行中线测量的。由于从勘测设计到施工往往要相隔很长一段时间,在这段时间里原有桩点难免有移动或丢失,那么施工单位在进入工地接过设计资料和桩点后,首要的任务就是恢复交点和转点的位置,并对全线进行复测以核实原来的资料,从而为后续的施工测量做好准备。

在介绍路线导线恢复测量以前,让我们先学习一下传统的点位放样的基本知识。

二、低等级公路点位放样基本方法——角度距离法

在全站仪诞生之前,传统方法放样点的平面位置是通过角度与距离来实现的。这里的角度是指水平角,是用来确定直线方向的;距离是指水平距离,用来在指定方向上丈量点的平面位置。测量时通常先放样水平角,找出方向,再量测距离。水平角的放样通常用经纬仪来完成。

1. 水平角放样

在已知点上安置经纬仪,以通过该点的某一固定方向为起始方向,按已知角值把该角的另一个方向测设到地面上。通常可采用正倒镜分中法进行水平角度放样,当精度要求高时,可在正倒镜分中法的基础上用多测回修正法进行角度放样。

(1)正倒镜分中法

如图 3-1-1 所示,A、B 为现场已定点,欲定出 AP 方向使 $\angle BAP = \beta$,具体步骤如下:

将经纬仪安置在 A 点,盘左瞄准 B 点并读取水平度盘的读数 a,当逆时针方向转动照准部时水平度盘读数为 $b = a - \beta$,顺时针方向拨角 β 时,水平度盘读数应为 $b = a + \beta$,在视线方向上适当位置定出 P_1 点;然后盘右瞄准 B 点,用上述方法再次拨角并在视线上定出 P_2 点,定出 P_1、P_2 的中点 P,那么 $\angle BAP$ 就是要放样的 β 角。

正倒镜分中法放样已知水平角时,采用两个盘位拨角主要是为了校核。在实际工作中,有时也常用盘左或盘右一个盘位进行角度放样,如偏角法测设曲线等。

(2)多测回修正法(垂线改正法)

当角值 β 的放样精度要求较高时,可先按上述正倒镜分中法在实地定出 P' 点,如图 3-1-2 所示。以 P' 为过渡点,根据放样精度选用必要的测回数实测角度 $\angle BAP'$,取各测回平均角值为 β',则角度修正值 $\Delta\beta = \beta - \beta'$。

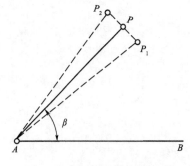

图 3-1-1 正倒镜分中法放样水平角

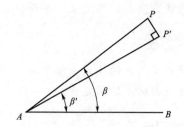

图 3-1-2 垂线改正法放样水平角

将 $\Delta\beta$ 转换为 P' 点的垂距来修正角值,垂距计算公式为:

$$PP' = \frac{\Delta\beta}{\rho} \cdot AP' \tag{3-1-1}$$

式中,$\rho = 206\,265''$,$\Delta\beta$ 以秒($''$)为单位。长度 AP' 可用尺丈量。

将 P' 垂直于 AP' 方向偏移 PP' 定出 P 点,那么 $\angle BAP$ 即为放样之 β 角。实际放样时应注意点位的改正方向。

2. 水平量距

通过水平角度放样找出方向后,在指定方向水平量距则可放出点的平面位置。在公路测量中,除特殊说明,一般的距离均指水平距离。

三、交点与转点的恢复

图 3-1-3 与图 3-1-4 为设计资料中提供的路线导线控制点标记,N_1、N_2、N_3 为护桩,根据点的标记所描述的交点或转点与周围地物的位置关系和护桩的距离,到实地查找交点和转点的位置。

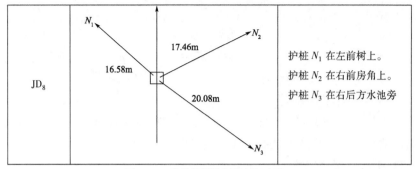

图 3-1-3 路线导线控制桩标记方式一

查询时由设计单个派出设计代表带领施工技术人员到现场实地查找,例如在找 JD_8 时,先找到其周围的护桩 N_1、N_2、N_3,分别从各护桩进行距离交会,则可找到 JD_8 的桩位。对于实地找不到的交点桩或转点桩,可采用下列方法进行恢复。

1. 交点桩的恢复

1)利用前后导线的交点和转点桩恢复丢失的交点桩位置

如图 3-1-5 所示,如 JD_{10} 丢失,但前后导线交点与转点存在。

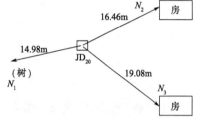

图 3-1-4 路线导线控制桩标记方式二

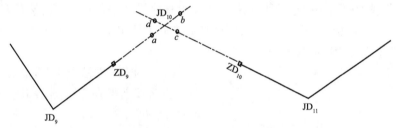

图 3-1-5 利用前后导线的交点和转点恢复丢失交点位置

(1)先按照路线平面资料"直线、曲线及转角表"查出 ZD_9 及 JD_{10} 的里程桩号,则 ZD_9 至 JD_{10} 的距离 = JD_{10} 的里程桩号 – ZD_9 的里程桩号。

注:关于"直线、曲线及转角表"的格式,大家可参看第三篇中模块三的表 3-3-3 与表 3-3-4。

(2)将全站仪架设在 ZD_9 上,分别盘左、盘右后视 JD_9,倒镜,在此方向上按照(1)中计算的 JD_{10} 至 ZD_9 的距离,利用全站仪的距离放样功能在 JD_{10} 前后按照前述正倒镜分中法(中线测量模块中已介绍)测出骑马桩 a、b 的位置(图 3-1-5)。

(3)将仪器架设在 ZD_{10},用同样方法测出骑马桩 c、d 的位置。

(4)用测线分别连接 a 点与 b 点,c 点与 d 点,并拉紧,两线的交点即为 JD_{10} 的位置。

2)利用前后交点拨角相交法找出丢失交点的位置

如图 3-1-6 所示,如 JD_{21} 丢失,但前后交点存在。

(1)先按照路线平面资料"直线、曲线及转角表"计算 JD_{20} 到 JD_{21} 的距离,其距离 = JD_{20} 的切线长 + JD_{21} 的直缓(或直圆)桩号 – JD_{20} 的缓直(或圆直)桩号 + JD_{21} 的切线长。

(2)将全站仪架设在 JD_{20} 上,分别盘左和盘右后视交点 JD_{19},然后拨角 β_{20},根据(1)计算的距离在 JD_{21} 前后利用分中法测出骑马桩 a、b 的位置,如图 3-1-6 所示。

(3)将仪器架设在 JD_{22} 上,用同样方法钉出骑马桩 c、d 的位置。

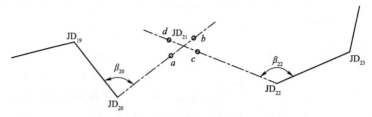

图 3-1-6 利用前后交点拨角相交法找出丢失交点位置

(4)最后用测线十字相交的方法找出 JD_{21} 的位置。

3)拨角与量距放样交点位置

如果连续有两个以上交点丢失,如图 3-1-7 所示,JD_{41}、JD_{42} 均已丢失,但 JD_{40}、JD_{43} 已知。

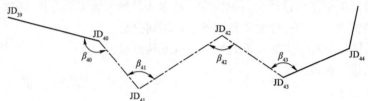

图 3-1-7 拨角与量距放样交点位置

(1)查"直线、曲线及转角表",按照 2)(1)的方法计算 JD_{40} 至 JD_{41}、JD_{41} 至 JD_{42}、JD_{42} 至 JD_{43} 的距离,并通过转角推算图中 β_{40}、β_{41}、β_{42}、β_{43} 的角值。

(2)将全站仪架设在 JD_{40} 上,先盘左后视交点 JD_{39},再拨角 β_{40},找出 $JD_{40} \rightarrow JD_{41}$ 的方向,在此方向上按照计算的 $JD_{40} \rightarrow JD_{41}$ 的距离用全站仪距离放样方法放出 JD_{40A};然后盘右后视交点 JD_{39},再拨角 β_{40},找出 $JD_{40} \rightarrow JD_{41}$ 的方向,同样在此方向上放 $JD_{40} \rightarrow JD_{41}$ 的距离得 JD_{40B},取 JD_{40A} 与 JD_{40B} 连线的中点为 JD_{41} 的位置。

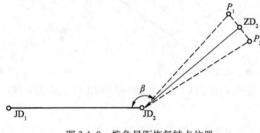

图 3-1-8 拨角量距恢复转点位置

(3)按同样方法将仪器架设在 JD_{41} 测出 JD_{42},再将仪器架在 JD_{42} 测出 JD_{43},并在此与已知的 JD_{43} 进行闭合。

2.转点桩的恢复

如图 3-1-8 所示,ZD_2 在实地的位置丢失,JD_2 和 JD_3 之间不通视,采用拨角恢复 ZD_2。

(1)根据"直线、曲线及转角表"提供的数据计算 JD_2 至 ZD_2 的距离,其距离 = ZD_2 的桩号 − JD_2 圆直点(YZ)或缓直点(HZ)的里程 + JD_2 的切线长,再通过转角推算出后视 JD_1 后需转的角度 β,如图 3-1-8 所示。

(2)将全站仪架设在 JD_2 上,分别以盘左和盘右后视 JD_1,转角度 β,按照全站仪距离放样方法在 ZD_2 处分别放出 P_1、P_2,取 P_1 与 P_2 连线的中点得 ZD_2 位置。

关于全站仪的距离放样方法,请参看本书公路测量基础部分的"全站仪及其使用"模块,在此不再重复。

交点桩和转点桩在实地恢复完成后,还应实测各交点转角和路线导线各段长度。实测结果和设计文件提供的数据相比较,如果有出入,应由主管部门协调设计单位和施工单位找出原因,加以确认。

四、交点桩与转点桩的固定

在施工过程中,随着路基施工高度的不断变化,需反复地放样中桩位置。路线导线方向上的交点桩和中线方向上的转点桩是公路中线桩放样的依据,然而在施工过程中,由于这些控制桩点及勘测设计时设的护桩有时在施工范围内,从而将被掩埋或被挖掉,因此需要对它们进行固定,以便在中线恢复测量时能很快地找到它们的位置。

1. 交点桩的固定

如图 3-1-9 所示,交点 JD_3 在实地的位置确定以后,需要加以固定。在 JD_3 前后两条路线导线上,分别设置 N_1、N_2、N_3、N_4 4 个栓桩,将全站仪安置于交点,测定这 4 个点相互之间的距离 d_1、d_2、d_3、d_4。在施工时若 JD_3 的位置被破坏,可将全站仪安置在 N_1 点上,后视 N_2 点,放出 JD_3,用 N_3、N_4 点进行复核。上述 4 个栓桩应设置在路基施工影响范围以外且宜保存的地方。也可根据实地情况设置成如图 3-1-10 所示的方式,N_1、N_3 为建筑物墙面上两点(可用小钉做标记),且分别在前后两条导线上,N_2、N_4、N_5、N_6 分别在前后导线延长线上,其中 N_5、N_6 为备用点。恢复时将仪器分别安置在 N_2、N_4 上,后视墙面上 N_1、N_3 点,按照前述正倒镜分中法在填好的路基或路面结构层上放出骑马桩 a、b、c、d 的位置,并打小钉标记,然后用测线分别连接 a、b 与 c、d,两线的交点即为 JD_8 的位置(见图 3-1-10)。

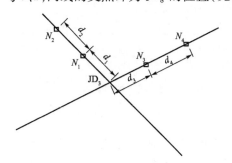

图 3-1-9 利用栓桩方向与距离固定交点位置

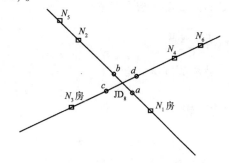

图 3-1-10 利用栓桩方向固定交点位置

2. 转点桩的固定

如图 3-1-11 所示,ZD_2、ZD_3、ZD_4 为已经在实地标定出的转点,可以采用以下两种方法进行固定:

(1) 在经过转点的中线法线方向上设置 4 个栓桩 N_1、N_2、N_3、N_4,并测定它们之间的距离 d_1、d_2、d_3、d_4,做好记录。恢复时将全站仪架设在 N_1,瞄准 N_4,定向测设 ZD_2,如图 3-1-11a)所示。

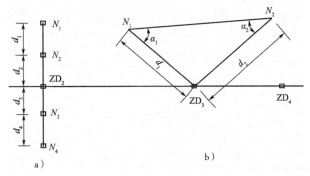

图 3-1-11 转点桩的固定

(2) 角度距离法。如图 3-1-11b)所示,根据实地情况可在 ZD_3 一侧设置两个栓桩,设置方法为:在施工影响范围之外设置 N_1、N_2 两个栓桩,将 N_1 作为测站点,N_2 作为后视点,测量 α_1 和 N_1 至 ZD_3 的距离 d_1;再把 N_2 作为测站点,N_1 作为后视点,测量 α_2 和 N_2 至 ZD_3 的距离 d_2。恢复时,安置全站

仅于 N_1 和 N_2 其中一点,将另一点作为后视点,拨对应角度 α_1 或 α_2,再量测距离 d_1 或 d_2,则可放出 ZD_3 的位置。N_1 和 N_2 其中一点作为测站点,另一点用来校核,如图 3-1-11b)所示。

【知识链接】——中线放样

在低等级公路施工测量中,恢复了交点和转点的位置后,就可进行中线测量放样。路线导线的转角及其他一些曲线要素可以从"直线、曲线及转角表"中获知,具体中线放样方法同"中线测量"模块,在此不再重复。

课题二 高等级公路导线点的复测与加密

1. 什么是导线复测?
2. 为什么要加密导线点?

导线加密方法。

按照"先控制后碎部,由高级到低级"的测量原则,高等级公路施工测量首先也应是恢复导线位置,那么高等级公路的控制导线与低等级公路的导线布置一样吗?它是怎样布置的?

一、高等级公路线形控制点的概念

在低等级公路测量中路线的中线是由路线导线(或称附着导线)来控制,要在实地测量公路中线必须先测出(或恢复)路线导线,也就是测量交点和转点的位置,而后通过路线导线来放样公路中线。高等级公路的中线是通过设置在公路沿线的三维控制点来放样,三维控制点的三维坐标是用全站仪或 GPS 测得的,三维控制导线与路线导线是两套导线,它们的位置关系如图 3-1-12 所示,但在高等级公路一般不实地测设路线导线。高等级公路的三维控制导线为四等或一级导线,三维控制导线大致与路线走向一致,个别处可横穿中线。三维导线点布置

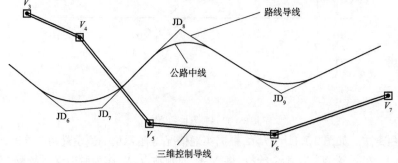

图 3-1-12 高等级公路三维控制点导线与路线导线关系

在相互通视、便于测区控制、易于保存之处,与中线间横向距离一般为100~500m,纵向间距最长可达1km以上。将全站仪架设在控制点上后视另一控制点可前视测出路线交点坐标。沿线所有中桩坐标与控制点的坐标同在一个坐标系,并可利用计算软件算出。

二、导线点的复测

在建设单位完成施工招标,施工单位进驻工地后,首先要进行三方"交接桩",即设计方要向施工方、监理方进行现场交控制桩,施工单位接桩后首先要组织测量人员对这些控制点进行现场复核测量,看控制点数据是否有问题,如发现问题,要通知设计代表,双方现场确认正确的控制点数据,从而保证详细测量的准确性。

三、控制点加密的必要性

由于设计院提供的控制点是为路线的初测、定测服务,一般都比较稀(如表3-1-1为设计单位提供的青岛—银川国道主干线山西省汾阳—离石高速公路某段导线点成果表),而且有些桩可能已被破坏或在路线施工范围之内,远远不能满足施工需要,因此施工单位在施工前必须进行控制点的加密埋设和联测,将加密的导线点坐标测量出来,供施工时平面放样使用。我们把加密的平面控制点叫施工导线点,有时也称临时导线点。

导线点成果表 表3-1-1

序号	导线点名	x 坐标 (m)	y 坐标 (m)	导线点距离 (m)	方位角 (° ′ ″)	高程 (m)
59	V58	4 132 219.723	37 549 900.649	506.913	318 29 47	1 296.683
60	V59	4 132 599.357	37 549 564.734	478.470	314 31 6	1 340.225
61	V60	4 132 934.830	37 549 223.572	869.860	277 18 5	1 375.706
62	V60-1	4 133 045.381	37 548 360.766	404.826	276 29 12	1 363.688
63	V61	4 133 091.115	37 547 958.532	301.050	316 20 55	1 377.082
64	V62	4 133 308.941	37 547 750.727	409.970	294 57 48	1 393.688
65	V63	4 133 481.964	37 547 379.057	338.826	196 54 18	1 406.894
66	V64	4 133 157.779	37 547 280.532	304.355	249 40 11	1 390.175
67	V65	4 133 052.036	37 546 995.137	1 426.093	314 22 5	1 398.074
68	V68	4 134 049.254	37 545 975.677	363.724	331 45 9	1 407.054
69	V69	4 134 369.663	37 545 803.534			1 424.875

四、施工导线点的加密方法

(1)遵循"由高级到低级"的测量基本原则,以设计单位提供的导线点作为加密计算的起算点与闭合点。

(2)施工导线点应选在地势较高、相互通视良好的地方,并便于施工放样。

(3)导线测量等级要考虑满足施工放样的精度要求。

(4)施工导线点要选在不易被破坏、易于保存的位置,并固定保存完好。

(5)施工导线点的加密方法有:附合导线、闭合导线和支导线三种,要根据实际情况灵活选用。

(6)关于加密导线点坐标的测量与计算方法同第一篇的"导线测量"模块,在此不再赘述。外业可以采用 GPS 静态测量,也可以采用全站仪加密测量。

(7)控制点测量精度要求。

根据《公路路基施工技术规范》(JTG F10—2006),在路基施工前,导线复测与加密的精度要求如表 3-1-2 所示。

导线测量技术要求　　　　　　　　　表 3-1-2

等级	附合导线长度(km)	平均边长(m)	每边测距中误差(mm)	测角中误差(″)	导线全长相对闭合差	方位角闭合差(″)	测 回 数	
							DJ_2	DJ_6
一级	10	500	17	5.0	1/15 000	$\pm 10\sqrt{n}$	2	4
二级	6	300	30	8.0	1/10 000	$\pm 16\sqrt{n}$	1	3
三级	—	—	—	20.0	1/2 000	$\pm 30\sqrt{n}$	1	2

注:1.一级导线适用于高速公路,一级公路;二级导线适用于二级公路;三级导线适用于三级及三级以下公路。

2.表中 n 为测站数。

课题三　水准点的复测与加密

1. 为什么要加密水准点?
2. 水准点加密注意事项。

加密水准点。

水准点是公路高程测量的依据,施工前必须根据设计单位提供的"水准点一览表"将水准点找到,并进行复测核对,保证水准点高程准确无误。还要在原有水准点的基础上进行适当加密,以便于以后的细部高程测量工作。

一、水准点的复测

与导线点复测类似,三方交接桩后要对所在标段水准点高程进行复核测量,发现问题,会同设计方及时解决,保证测量的精度。

二、加密水准点的目的

与导线控制点加密原因相类似,在刚进入工地时,由于勘测设计单位提供的水准点主要为路线的初测定测服务,相邻水准点大都离得比较远,而公路和沿线工程构造物施工时的每一结构层都要反复进行水准测量,使用相当频繁,为了满足施工的实际需要,因此需加密水准点,加密的水准点叫作施工水准点或临时水准点。

三、水准点加密方法

(1)加密水准点应根据工程需要选择合适位置,一般应选在离施工地段不远,并易于固定保存的地方。

(2)按照测量的基本原则,测量加密水准点高程必须以设计单位提供的已知水准点为起始点和闭合点。

(3)加密水准点测量方法有附合水准路线、闭合水准路线和复测支水准路线(即往返水准测量)三种。

(4)根据地形条件,水准点加密距离要适当,保证施工详细测量时引测方便、快捷。

(5)加密水准点高程确定以后,要编号并在施工记录本上记录所测高程,以便日后查用。

四、施工水准点的测量精度

加密水准测量的闭合差必须满足对应等级的精度要求,各级公路水准测量等级选用与精度要求详见表 2-2-3、表 2-2-4 中的规定。

由表 2-2-3、表 2-2-4 中可知:高速公路、一级公路为 $\pm 20\sqrt{L}$ mm;二级以下公路为 $\pm 30\sqrt{L}$ mm。(其中 L 为水准测量路线长度,单位为 km。对于往返水准测量,L 指单程长度)。

五、加密水准点的高程计算

1. 附合水准路线加密水准点的高程计算

下面以一个实例说明。

【例 3-1-1】 图 3-1-13 为某高速公路施工中测设的一条附合水准路线高程计算示意图,BM_6、BM_7 为已知水准点,它们的高程如图所示。1、2 点为加密后的施工用水准点位置,$BM_6 \sim 1$、$1 \sim 2$、$2 \sim BM_7$ 各测段的实测高差与路径长度如图所示。试计算加密点 1、2 的高程。

图 3-1-13 附和水准路线加密测量示意图

解:(1)计算路线实测高差闭合差 $f_{h实}$。

$f_{h实}$ = 路线实测高差总和 - 已知起终点的高差 = (0.783 + 0.608 - 0.216) - (987.255 - 986.069) = 1.175 - 1.186 = -0.011(m)

(2)计算路线允许的高差闭合差 $f_{h容}$。

由图 3-1-13 可知,整个测量路径长为 0.4 + 0.3 + 0.4 = 1.1(km),因此高差的允许闭合差 $f_{h容}$ 为

$$f_{h容} = \pm 20\sqrt{L} = \pm 20\sqrt{1.1} = 20.98(\text{mm})$$

如果 $|f_{h实}| < |f_{h容}|$,则可对实测高差进行调整改正;反之,则说明测量误差太大,不满足施工测量对水准点精度的要求,需重测。在本例中,$|f_{h实}| = 0.011(\text{m}) = 11\text{mm} < |f_{h容}| = 20.98(\text{mm})$,测量满足要求。

(3)计算高差改正数 v。

高差闭合差的调整方法类似于导线测量中坐标增量闭合差的调整,道理是相通的,公式形式相仿,认为测量距离越长,倒站越多,产生误差就越大,因此闭合差调整时,改正数就应该多

分配一些。按距离调整的高差改正数计算公式为：

$$v_i = -\frac{f_{h\text{实}}}{\sum L} \times L_i \tag{3-1-2}$$

式中：L_i——某一测段的测量路径长；

$\sum L$——所有测段路径长总和。关于测段划分，以加密点为界，有 n 个加密点，则将整个测段分为 $n+1$ 个小测段，可用上述公式分别计算每个小测段的高差改正数。

本例中：测段 $BM_6 \sim 1$ 的高差改正数

$$v_1 = -\frac{-0.011}{1.1} \times 0.4 = 0.004(\text{m})$$

测段 $1 \sim 2$ 的高差改正数

$$v_2 = -\frac{-0.011}{1.1} \times 0.3 = 0.003(\text{m})$$

测段 $2 \sim BM_7$ 的高差改正数

$$v_3 = -\frac{-0.011}{1.1} \times 0.4 = 0.004(\text{m})$$

(4) 计算改正后的高差 h_i。

第一段（$BM_6 \sim 1$）：

$$h_1 = h_{1\text{测}} + v_1 = 0.783 + 0.004 = 0.787(\text{m})$$

第二段（$1 \sim 2$）：

$$h_2 = h_{2\text{测}} + v_1 = 0.608 + 0.003 = 0.611(\text{m})$$

第三段（$2 \sim BM_7$）：

$$h_3 = h_{3\text{测}} + v_3 = -0.216 + 0.004 = -0.212(\text{m})$$

调整后验证：

$$h_1 + h_2 + h_3 = 0.787 + 0.611 + (-0.212) = 1.186(\text{m})$$

(5) 计算加密的施工水准点的高程 H_i。

本例中：
$$H_1 = H_{BM_6} + h_1 = 986.069 + 0.787 = 986.856(\text{m})$$
$$H_2 = H_1 + h_2 = 986.856 + 0.611 = 987.467(\text{m})$$
$$H_{BM_7} = H_2 + h_3 = 987.467 + (-0.212) = 987.255(\text{m})$$

当计算熟练时也可直接列表计算，如表 3-1-3 所示。

水准平差计算表 1   表 3-1-3

点号	高差(m)	测段长(km)	改正数(m)	改正后的高差(m)	高程(m)
BM_6					986.069
	0.783	0.4	0.004	0.787	
1					986.856
	0.608	0.3	0.003	0.611	
2					987.467
	-0.216	0.4	0.004	-0.212	
BM_7					987.255
$\sum$	1.175	1.1	0.011	1.186	987.255 - 986.069 = 1.186

2.闭合水准路线加密水准点的高程计算

【例 3-1-2】 图 3-1-14 所示为山岭区某高速公路闭合水准路线的观测成果,请按测站数调整高差闭合差,并对临时水准点 1、2、3、4 进行高程计算。

解:(1)$f_{h实} = \sum h_{测} = 1.224 + (-1.424) + 1.781 + (-1.714) + 0.108 = -0.025(\text{m})$

(2)总的测站数 $n = 10 + 8 + 8 + 11 + 12 = 49$

所以 $f_{h容} = \pm 6\sqrt{n} = \pm 6\sqrt{49} \pm 42(\text{mm})$,可以看出:$f_{h实} < f_{h容}$。

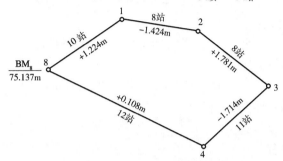

图 3-1-14 闭合水准路线加密水准点示意图

(3)各段的高差改正数。

按测站数计算高差改正数的公式为:

$$v_i = -\frac{f_{h实}}{\sum n} \times n_i \tag{3-1-3}$$

式中:n_i——某一测段测站数;
$\sum n$——所有测段测站数总和。

按测站数的比例计算高差改正数。

$BM_8 \sim 1$ 段:

$$v_1 = -\frac{-0.025}{49} \times 10 = 0.005(\text{m})$$

$1 \sim 2$ 段:

$$v_2 = -\frac{-0.025}{49} \times 8 = 0.004(\text{m})$$

$2 \sim 3$ 段:

$$v_3 = -\frac{-0.025}{49} \times 8 = 0.004(\text{m})$$

$3 \sim 4$ 段:

$$v_4 = -\frac{-0.025}{49} \times 11 = 0.006(\text{m})$$

$4 \sim BM_8$ 段:

$$v_5 = -\frac{-0.025}{49} \times 12 = 0.006(\text{m})$$

(4)各段调整后的高差。

$BM_8 \sim 1$ 段改正后的高差:
$$h_1 = 1.224 + 0.005 = 1.229(m)$$

$1 \sim 2$ 段改正后的高差:
$$h_2 = -1.424 + 0.004 = -1.420(m)$$

$2 \sim 3$ 段改正后的高差:
$$h_3 = 1.781 + 0.004 = 1.785(m)$$

$3 \sim 4$ 段改正后的高差:
$$h_4 = -1.714 + 0.006 = -1.708(m)$$

$4 \sim BM_8$ 段改正后的高差:
$$h_5 = 0.108 + 0.006 = 0.114(m)$$

(5)加密后的各临时水准点高程。

根据平差后各段高差得:

临时水准点1的高程
$$H_1 = H_{BM_8} + h_1 = 75.137 + 1.229 = 76.366(m)$$

临时水准点2的高程
$$H_2 = H_1 + h_2 = 76.366 + (-1.420) = 74.946(m)$$

临时水准点3的高程
$$H_3 = H_2 + h_3 = 74.946 + 1.785 = 76.731(m)$$

临时水准点4的高程
$$H_4 = H_3 + h_4 = 76.731 + (-1.708) = 75.023(m)$$

验证:BM_8的高程
$$H_5 = H_4 + h_5 = 75.023 + 0.114 = 75.137(m)$$

当计算步骤熟练后,也可列表计算,如表3-1-4所示。

水准平差计算表2　　　　　　　表3-1-4

点号	高差(m)	测站数	改正数(m)	改正后的高差(m)	高程(m)
BM_8					<u>75.137</u>
	1.224	10	0.005	1.229	
1					76.366
	-1.424	8	0.004	-1.420	
2					74.946
	1.781	8	0.004	1.785	
3					76.731
	-1.714	11	0.006	-1.708	
4					75.023
	0.108	12	0.006	0.114	
BM_8					<u>75.137</u>
Σ	-0.025	49	+0.025	0	

3.往返水准测量加密水准点高程

利用本书第一篇中普通水准测量方法往返测量已知水准点与加密水准点之间的高差,从而求得加密水准点的高程,这种方法一般只能用于路径较短的情况。

复习思考题

1. 控制点有哪两类？为什么要加密控制点？
2. 高等级公路与低等级公路布线方式有什么不同？
3. 加密导线点方法有哪些？加密水准点方法有哪些？
4. 如图 3-1-15 所示为某山岭区高速公路附合水准路线观测成果,请按测站数调整高差闭合差,并计算临时水准点 L_1、L_2、L_3、L_4 的高程。高差闭合差允许误差为 $\pm 6\sqrt{n}$ mm。
5. 闭合水准路线高差观测如图,已知 A 点高程 $H_A = 501.200$m,观测数据如图 3-1-16 所示(环内单位为 m 的为两点高差,环外单位为 km 为两点距离),按表 3-1-5 计算 B、C、D、E 点的高程。

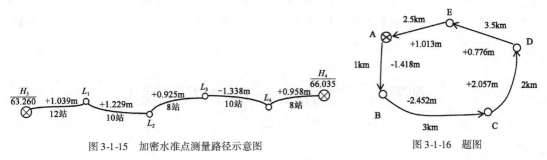

图 3-1-15 加密水准点测量路径示意图　　　　图 3-1-16 题图

水准平差计算表　　　　　　　　　　　　　　　　表 3-1-5

测点	测段长度 （km）	实测高差 （m）	改正数 （m）	改正后高差 （m）	高程 （m）	备注
A						
B						
C						
D						$f_h =$
E						$f_{h容} = \pm 20\sqrt{L} =$
A						
Σ						

模块二　公路工程施工放样基本技术

思维引导

我们已经学习了施工前如何准备控制点，其中包括平面控制与高程控制，从而为后续的碎部测量（或详细测量）做好了准备。公路施工中的碎部测量主要是指利用这些控制点进行点位平面放样与高程放样，以点位放样的形式实现从图纸到实物的转变。要做好施工放样工作，首先必须掌握一些基本测量放样技术，因为这些基本技术在日常施工放样中经常重复使用。

课题一　全站仪点位平面放样技术

应知点

1. 极坐标法点位放样原理；
2. 边桩坐标计算原理；
3. 全站仪点位平面放样一般步骤及放样注意事项。

技能点

1. 极坐标法放样公路中线；
2. GPS-RTK 放样公路中线。

传统的公路中桩放样方法通常是我们前面介绍过的角度距离法，它是以设计的交点（JD）为路线控制，用转点延长法放样直线段，用切线支距法或偏角法沿导线放样曲线段；边桩测设则是根据横断面图上左、右边桩距中桩的距离，在实地沿横断面方向进行丈量。随着高等级公路特别是高速公路建设的兴起，公路施工精度要求的提高以及全站仪、GPS 等先进测量仪器的出现，这种传统方法由于存在放样精度低、自动化程度差、现场测设不灵活（出现虚交，处理麻烦）等缺点，已越来越不能满足现代公路建设的需要。遵照《测绘法》的有关规定，大中型建设工程项目的坐标系统应与国家坐标系统一致或与国家坐标系统相联系，故高等级公路一般用光电导线或 GPS 测量方法建立路线统一坐标系，将公路沿线所有点位都用统一坐标系中的坐标来表示。根据控制点坐标和中、边桩坐标，用"极坐标法"测设出各中、边桩位置。

想一想

在高等级公路施工测量中，设计文件提供了中桩的逐桩坐标，如表 3-2-1 所示为某高速公路"逐桩坐标表"。但如何利用全站仪将这些已知坐标的点放样到地面上,这是我们需要解决的问题。

逐 桩 坐 标 表   表 3-2-1

桩号	坐 标（m）		桩号	坐 标（m）	
	N(x)	E(y)		N(x)	E(y)
K12 +500	4 125 362.551	37 553 943.471	K12 +635	4 125 430.351	37 553 826.732
K12 +505	4 125 365.062	37 553 939.147	K12 +650	4 125 437.885	37 553 813.76
K12 +530	4 125 377.618	37 553 917.529	K12 +675	4 125 450.44	37 553 792.142
K12 +540	4 125 382.64	37 553 908.882	K12 +693	4 125 459.481	37 553 776.577
K12 +560	4 125 392.685	37 553 891.587	K12 +700	4 125 462.996	37 553 770.524
K12 +580	4 125 402.729	37 553 874.292	K12 +723.500	4 125 474.798	37 553 750.202
K12 +600	4 125 412.774	37 553 856.997	…	…	…
K12 +610	4 125 417.796	37 553 848.35			

根据已知坐标将对应点的平面位置在地面上准确地找出来,这个放样方法叫极坐标法点的放样,在工程实践中,常用全站仪来完成。下面介绍全站仪的这种放样功能。

一、极坐标法放样原理

如图 3-2-1 所示,V_1、V_2 是两个控制点,其在地面上的位置和坐标均为已知,那么只要知道 P 点坐标我们就可利用全站仪测出其平面位置。原理如下:

(1)通过 V_1、V_2 坐标我们可以反算出有向直线 V_1V_2 的方位角 α_1;同理,有向直线 V_1P 的方位角 α_2 也可算出,那么 V_1P 与 V_1V_2 的夹角 $\beta = \alpha_2 - \alpha_1$。

(2)直线 V_1P 的长度可通过两点间距离公式算出。

(3)通过上面两步得出 V_1P 相对导线边 V_1V_2 转角 β 以及直线 V_1P 的距离,那么我们在 V_1 点架设仪器,望远镜后视 V_2 点,转 β 角便得出 P 点方向(β 为正值时向右转,负值时左

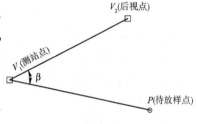

图 3-2-1 极坐标法放样原理

转),在此方向上测量计算出的距离 V_1P 即找出 P 点位置。这种通过转角度和量测直线距离放样点的方法叫极坐标法。

在使用全站仪测量时,转角 β 值和放样点 P 到架仪器点(测站点)的距离都不用手工计算,全站仪微电脑中带有此计算程序,只要向其输入测站点、后视点和放样点坐标,仪器显示屏随即显示计算结果,然后便可以根据屏幕提示进行放样操作。

二、零星点坐标放样操作步骤

1. 全站仪点放样一般操作步骤

全站仪坐标放样是工地上最常用的施工放样方法。仪器架设(对中与整平)和经纬仪完全相同,操作形式主要是根据放样原理菜单操作。不同型号的仪器其菜单形式和按键位置不尽相同,但均遵循相同的操作原理,总的步骤是完全一样的。只要我们明确理解其基本操作原理,便可很快熟悉和掌握不同型号全站仪的放样操作方法。

下面是全站仪坐标法点放样的一般操作步骤:

第一步,在测站点架设仪器,并输入测站点坐标。

第二步,输入后视点坐标,并瞄准后视点设置仪器。

在输入测站点坐标和后视点坐标后,仪器携带的微电脑会随即算出后视边方位角,显示在仪器屏幕上,并提示后视设置,此时将望远镜瞄准后视点,并水平制动,然后根据屏幕提示按对应功能键设置仪器。后视设置的目的就是为了使仪器的水平度数与实地对应直线的方位角相一致。这是关键性的一步。

第三步,输入待放样点坐标,调准望远镜方向。

在输入待放样点坐标后,仪器屏幕随即会显示放样点至测站点的水平距离及望远镜对准待放样点时需水平转动的角度。根据屏幕提示转够规定的角度,然后水平制动望远镜。

第四步,通过试测,确定待放样点的位置。

望远镜找准待放样点方向,并水平制动后,首先以望远镜外准星瞄准并指挥带棱镜跟踪杆移动到一条直线,然后再用望远镜观测,精确对点,按测量键测量棱镜至测站点的水平距离,全站仪通过内置程序自动将实测距离与第三步计算出的放样点计算距离相比较,得出棱镜至待放样点位置的距离差值,并以正负号的形式显示在屏幕上,正负号用来表示棱镜应移动的方向,即需离开仪器移动还是朝向仪器移动。如此根据屏幕提示,测量员通过望远镜观测,指挥棱镜重新立点,并经过试测,直到屏幕上显示的距离差值达到误差要求即可。最后在定出的放样点位置打桩标定。

在全站仪后视设置后,可连续放样。放出第一点后,输入第二点放样坐标,仪器随即算出从当前位置继续再转的水平角度,并显示在屏幕上,测量员可以根据屏幕提示旋转相应角度,放出第二点,依次类推,可放出其他剩余点。

2. 拓普康330系列全站仪点放样操作方法与步骤

下面仍以拓普康330系列电子全站仪为例介绍其具体操作步骤。其他型号的全站仪点放样操作步骤请参看仪器说明书。

(1)建立或调用文件

按键盘上 MENU(菜单),显示屏出现如图 3-2-2a)所示界面,按[F2]功能键(放样)出现图 3-2-2b)所示的界面,按[F2]功能键,从内存调用已有文件;按[F1],在 FN 后面输入新建的文件名,确认文件名后,按回车键[F4]进入放样主菜单,如图 3-2-2c)所示。

图 3-2-2 建立或调用放样文件

(2)输入测站点坐标

在如图 3-2-2c)所示的界面,按[F1]功能键出现图 3-2-2d)所示的界面,可以从储存管理中选择点号调用测站点坐标,也可按[F3]功能键从图 3-2-3a)所示的界面直接输入测站点坐标。

(3)输入后视点坐标,并后视设置

由图 3-2-2c)所示的放样主菜单,按[F2]功能键(后视),出现如图 3-2-3b)所示的界面,调用或输入[图3-2-3c)]后视点坐标,回车确认,进入图3-2-3d)所示界面,此时先照准后视点,并水平制动望远镜,然后按[F3]键(是),则仪器水平度盘读数设置成为与地面直线方位角相对应的状态。

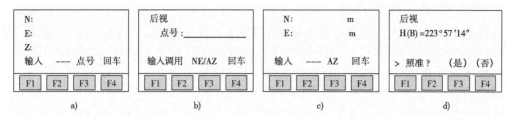

图 3-2-3 测站点和后视坐标输入

(4)输入放样点坐标,放出其平面位置

①输入待放样点坐标,调准望远镜方向。

如图3-2-4a)与图3-2-4b)所示,调用或输入放样点坐标,然后按[F4]键(回车)确认,正式进入点放样状态,如图3-2-4c)所示,HR表示测站点至待放样点直线的方位角,dHR表示望远镜瞄准待放样点时需水平旋转的角度,水平转动望远镜使dHR变为0°00′00″,则此时望远镜指向了待放样点,将仪器水平制动。

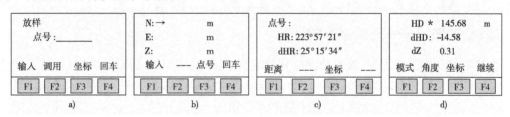

图 3-2-4 输入点平面坐标放样

②跑点试测。

在望远镜瞄准方向并水平制动后,仪器观测员指挥跑点员将带棱镜跟踪杆放入望远镜竖线。仪器观测员指挥时应先通过仪器外粗瞄准器瞄准指挥,而后再在望远镜中观测指挥。跑点员找点时应先根据望远镜指向和曲线走向(或点的相对位置)在预估目标立跟踪杆,然后再根据仪器观测员的指挥精确对点,这样相互密切配合,才会使测量工作又快又准。图3-2-4d)所示为第一次对点试测后的结果显示,HD表示实测的水平距离;dHD表示试测点至待放样点的水平距离,其值=实测平距-计算平距;dZ表示对准放样点还差的垂直距离,其值=实测高程-计算高程(高程放样时用,在此不讨论)。测量员根据仪器提示指挥跑点员重新立点,并注意用望远镜观测指挥其移动方向,然后再次对准棱镜试测,直到距离误差dHD满足要求为止,则此时跟踪杆底部尖端所对地面点即为待放样点位置。最后打桩标定,准备放样下一个点。

3.全站仪点放样操作注意事项

(1)在对准方向进行试测时,望远镜始终水平制动,只能上下转动。

(2)跑点员在立跟踪杆时一定要注意使跟踪杆立直,使观测标杆水准泡居中。

(3)仪器观测员在指挥对点时,应始终以跟踪杆底部尖端为目标,指挥跑点员将跟踪杆底部尖端放入望远镜竖线中央,然后拧动望远镜竖直微动螺旋,并观测十字丝的竖丝,判断跟踪杆是否立直,使望远镜十字丝交点瞄准棱镜,开始测距。

(4)放样点目标远时,可用三头或九头棱镜。

(5)一般仪器架设在导线点上,在后视另一导线点并后视设置仪器后,同一站可以放样周围很多点,直至视距较远、观测不便为止。

三、批量点的坐标放样

将所要放样点的坐标编成数据文件存入机载电脑后,在放样时就不需一个一个地输入坐标了,只要按点号随时调用即可。点号可以用桩号也可用英文字母。仍以拓普康330系列为例。

放样坐标数据文件的编辑及上载,可采用以下两种方法来实现:

(1)坐标输入方法

按 MENU 键(进入主菜单模式)→储存管理→P↓(翻页)→输入坐标→建立一个文件名,如:ZBSJWJ(坐标数据文件)→回车→输入第一个点的点名→输入 X、Y、Z→输入下一个点的点名、X、Y、Z……直到将所有放样点的坐标输完(这个工作可以事先在室内完成)。

(2)数据通信

①先设置通信参数,见仪器说明书。

②按拓普康全站仪与电脑的数据通信中"电脑中数据文件的上载(UPLOAD)"的方法将控制点及待放样点的坐标数据文件[如:ZBSJWJ(坐标数据文件)]上载至全站仪。

放样时找到文件名,调出对应点号,按前述方法进行点放样。

四、相关知识——边桩坐标的计算

在路基路面施工放样中,放出公路中线位置后,常常还需要再放出中桩两侧的边桩。边桩位于过中桩的法线上(即横断面方向),边桩放样是在中桩的基础上进行的。先放出中线桩,然后从中桩沿横断方向用钢尺(或皮尺)丈量相应距离即得边桩位置。如今,随着全站仪的广泛应用,通常是先计算出边桩的坐标,然后用上述坐标法放出边桩位置。边桩坐标的计算方法如下:

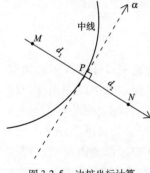

图3-2-5 边桩坐标计算

如图3-2-5所示,已知中线上任一中桩 P 的坐标为(x_P, y_P),切线方位角为 α,M 点和 N 点分别在法线方向,即横断方向上,M 点在切线左侧,距 P 点距离为 d_1,N 点在切线的右侧,距 P 点距离为 d_2。直线 PM 方向可以看作是由切线所示方向左转90°后得到的,PN 方向可以看作是由所示切线方向右转90°后得到的,因此 PM 的方位角 $\alpha_{PM} = \alpha - 90°$;$PN$ 的方位角 $\alpha_{PN} = \alpha + 90°$。则 M、N 点坐标分别为:

$$\left. \begin{array}{l} x_M = x_P + d_1 \cos(\alpha - 90°) \\ y_M = y_P + d_1 \sin(\alpha - 90°) \end{array} \right\} \tag{3-2-1}$$

$$\left. \begin{array}{l} x_N = x_P + d_2 \cos(\alpha + 90°) \\ y_N = y_P + d_2 \sin(\alpha + 90°) \end{array} \right\} \tag{3-2-2}$$

用上述公式可以计算中线上任一中桩的边桩坐标。

在实际施工测量中,为了提高工作效率,常用卡西欧5800P来快速计算公路中、边桩坐标,详见附录B。

五、道路放样程序的使用

在公路路线测量放样中,有些全站仪的内装程序功能强大,不需要我们手工输入放样点坐标,只要输入放样中桩的桩号,仪器中程序就会自动计算坐标并指挥棱镜放样出点的位置。这就是全站仪的"道路放样"功能。

要使用全站仪的"道路放样"程序，必须先对放样路段进行道路线形设计，然后才能输入桩号直接放样。具体步骤如下。

1. 道路设计

道路设计有两种方法，即元素法和交点法。

（1）元素法

①先打开道路放样程序，按照屏幕提示打开子菜单"定义水平线形"。

②接着再按照菜单提示输入起始点坐标、桩号（有的仪器还提示输入桩距）。

③按照菜单提示输入直线方位角和直线长度。

④按照菜单提示输入缓和曲线半径与长度，并确定曲线偏转方向（按左右确定或按半径正负确定）。

⑤按照菜单提示输入圆曲线半径与长度，并确定曲线偏转方向（方向确定方法同缓和曲线）。

⑥依次类推，直到输完需要放样的所有里程段，然后退出输入菜单。

（2）交点法

①按与元素法类似方法输入起点坐标、桩号和距离。

②输入交点坐标。

③输入缓和曲线参数 $A_1 = \sqrt{L_{h_1} R}$，$A_2 = \sqrt{L_{h_2} R}$ 与圆曲线半径。

④依次类推，输完放样路段所有交点坐标及其线形控制要素，然后退出输入菜单。输入时应注意：起点与终点只能输入坐标，不能输其他要素。

为了节省时间，上述步骤也可以在室内预先完成。

2. 道路放线（中线或边线）

（1）在工地将全站仪架设在放样区域合适的导线点上，对中、整平后，打开开关，进入已建立的对应文件。

（2）按前述点放样的方法输入测站点和后视点坐标，并后视设置仪器。

（3）进入"道路放样"程序，输入中桩桩号直接放样。

（4）输入边桩至中桩距离还可放样边桩。

课题二　GPS-RTK 放样技术

1. GPS-RTK 点放样方法；
2. GPS-RTK 道路放样方法。

在本书前面章节中我们已经学习了 GPS 的坐标测量功能，同全站仪类似，GPS 除了这种坐标测量功能以外，还具有坐标放样功能，这对我们施工测量放样来说又提供了一种新的技术。

一、GPS-RTK 点放样一般步骤

与全站仪坐标测量和放样类似,RTK(实时动态)放样步骤与 RTK 坐标测量步骤基本相同,仪器设置与求转换参数完全相同,只是后面步骤发生了变化,一个是已知点位测坐标;另一个是已知坐标找点位,因此 GPS – RTK 放样的一般步骤如下所示。

1. 仪器设置

(1)基准站与移动站的设置。

基准站与移动站的设置同 GPS – RTK 坐标测量。

(2)移动站与基准站的通道连接。

移动站与基准站的通道连接同 GPS-RTK 坐标测量。

(3)手簿与移动站的蓝牙连接。

手簿与移动站的蓝牙连接同 GPS-RTK 坐标测量。

2. 新建工程

新建工程同 GPS-RTK 坐标测量。

3. 选择坐标系统

选择坐标系统包括以下两点:

(1)选择目标坐标系。

(2)选择坐标带。

4. 求转换参数

求转换系数同 GPS-RTK 坐标测量。

5. 坐标管理库输入放样点坐标

6. 调用放样点坐标实地放样

二、南方灵锐 S86 RTK 点放样步骤

下面以南方灵锐 S86 为例介绍 RTK 放样步骤,详细请参阅仪器说明书。

步骤 1~4 同 RTK 坐标测量,此处省略不写。

点击"测量"→点放样,进入放样界面,如图 3-2-6a)所示,点击"目标"按钮,打开放样点坐

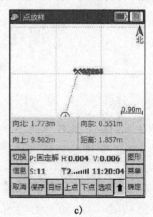

图 3-2-6 南方灵锐 S86 RTK 点放样界面

标库,在放样点坐标库中点击"文件"按钮,导入需要放样点坐标文件,并选择放样点,如图 3-2-6b)所示,或者点击"增加"按钮,直接输入放样点坐标,确定后进入点放样指示界面,如图 3-2-6c)所示,移动移动杆直至"向东""向北"(有的仪器是 DX、DY)趋近于"0"并使移动杆水泡居中时,则杆尖所对应的地面点便为放样点的平面位置。

三、南方灵锐 S86 RTK 道路放样步骤

道路放样与点放样相比,前面的步骤相同,后面新增了道路设计与道路放样两步。道路设计可放在求转换参数之后,也可在之前。道路设计完毕之后,进入道路放样程序(当然得在求转换参数后),直接按桩号里程放样中桩,省去了输入中桩坐标的麻烦,大大提高了工作效率。

1. 道路设计

道路设计是按照"直线、曲线转角表"对所需放样段落进行线形设计,道路设计有元素法与交点法两种方法。

(1)元素法

在"工程之星"界面,点击"输入"→道路设计→元素模式,如图 3-2-7a)所示,然后按下列步骤设计:

图 3-2-7 "元素法"道路设计新建文件名

①新建设计文件。文件后缀为"rod",如图 3-2-7b)所示。起始界面设置。进入元素法设计界面,一开始需输入起始点里程,间隔(桩距)以及整桩号或整桩距,如图 3-2-8a)所示。

图 3-2-8 "元素法"道路设计设置起始界面并依次输入各元素

233

②设计道路中线线形。根据设计文件,定义路线线形。起点按坐标定义,直线按长度与方位角定义,缓和曲线按半径与长度定义,圆曲线按半径与长度定义。依次逐个给元素定义,直到设计完要放样的路线段,最后按"保存"按钮再退出,如图3-2-8b)、图3-2-9a)所示。但是需要注意的是:起点一般选在直线段。

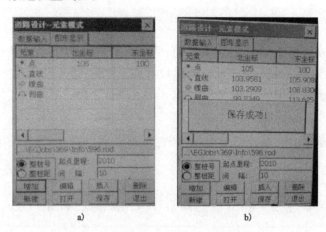

图3-2-9　路段设计完毕后保存设计计算文件

(2)交点法

在"工程之星"界面点击"输入"→道路设计→交点模式,然后按下列步骤设计。

①新建设计文件。按界面"新建"按钮,输入文件名,如图3-2-10a)所示,先确认后再进入起始界面,同元素法,输入起始点里程和桩距等,如图3-2-10b)所示。

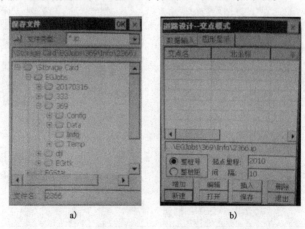

图3-2-10　"交点法"道路设计新建文件名并设置起始界面

②交点法定义道路中线线形。第一个交点与最后一个交点只输入其坐标,没有第一缓和曲线、第二缓和曲线及半径,起点一般选在直线段,并且把起点当作第一个交点,然后依次输入其他交点名、平面坐标、第一缓和曲线长、第二缓和曲线长及半径,设计完成后按"保存"按钮再退出,如图3-2-11所示。

2.道路放样

操作步骤:点击工程之星"测量"→道路放样,再点击界面上的"目标"按钮,选择道路设计文件名并打开,则显示所设计路线上全部放样数据,如图3-2-12所示。依次选中每个放样点进行放样,直到"向东""向北"(有的仪器是 DX、DY)趋近于"0"并使移动杆水泡居中时,则杆尖所对应的地面点便为放样点平面位置。根据需要,界面上的"目标""偏距"等四项显示可点击随意换成其他项,如图 3-2-13 所示。

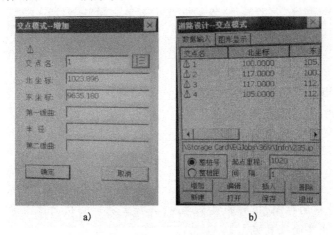

图 3-2-11　依次输入交点要素并保存

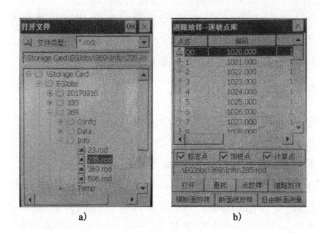

图 3-2-12　选择道路设计文件并打开

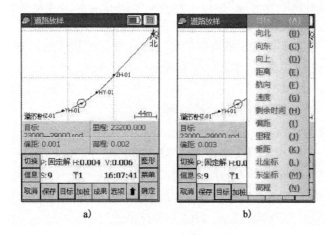

图 3-2-13　逐个实地放样中桩平面位置

课题三　点位高程放样技术

1. 实测桩位原地面高程进行高程放样；
2. 实测桩顶高程进行高程放样；
3. 水准仪"视线高法"高程放样。

想一想

在公路施工中，经常会遇到需要放样某个点位或平面高程的情况，也就是需确定点位在铅垂方向的位置，如基坑的挖深，填料的填筑厚度，混凝土浇筑的顶面位置等。如何利用已知设计高程放样这些点的竖向位置呢？

高程放样通常是在点位平面放样完成之后进行。高程放样一般是放样一些特征点的竖向设计位置，即特征点设计高程位置，设计高程可从设计资料直接获取或通过设计资料计算获得，这些设计资料包括路基设计表（见表3-3-5）、路面结构图（见图3-3-14）、涵洞图（见图3-4-1、图3-4-4、图3-4-5）等。点位高程放样方法通常有下列三种。

一、实测桩位原地面高程放样

（1）在基坑放样中，将实测原地面高程与坑底设计高程相比较，可获知基坑开挖深度，以指导施工。

（2）在路基路面填筑施工中，测定填料虚铺厚度位置。

在路基路面填筑施工中，填料首先是分层松铺的，然后由推土机、平地机整平后开始碾压，但是每层需填多厚，尤其是在路面基层，一般每层只有20 cm左右（压实厚），多填会造成浪费和影响压实效果，少填则达不到设计厚度要求，那么如何控制松铺厚度呢？

$$松铺厚度 = 压实厚 \times 松铺系数\ k \tag{3-2-3}$$

松铺系数是通过修筑试验段得到的，一般路基路面施工在一开始都要先做长200 m左右的试验段，用来获得正式施工的一些技术参数、机械组合情况和施工工序等。在获得松铺系数后，还需计算压实厚度，压实厚度 = 填筑层顶面设计高程 – 填筑层底实测高程，填筑层底实测高程可以利用水准仪现场测得，填筑层顶面设计高程通过查阅设计资料推算而得。由式(3-2-3)计算得各桩位松铺厚度后，从桩底用小钢卷尺量其高度即得虚铺顶面位置。

【知识链接】——关于现场松铺系数的测定

在无现成数据时，松铺系数一般是通过铺筑试验段来测得的，方法如下：

（1）如图3-2-14所示，先测得3个横断面K1+220、K1+230、K1+240左、中、右各桩在未填上层填料时的实测高程H_1、H_2、H_3、H_4、H_5、H_6、H_7、H_8、H_9。

（2）松铺摊平填料并恢复桩位后，再测上述9个点松铺顶面的高程H'_1、H'_2、H'_3、H'_4、H'_5、H'_6、H'_7、H'_8、H'_9，则各点的松铺厚度$h_1 = H'_1 - H_1$；$h_2 = H'_2 - H_2 \cdots h_9 = H'_9 - H_9$。

（3）压实到规定压实度后恢复桩位测各桩点顶面高程H''_1、H''_2、H''_3、H''_4、H''_5、H''_6、H''_7、H''_8、

H''_9,则各点的压实厚度 $AA_1 = H'' - H_1$；$BB_1 = H''_2 - H_2 \cdots KK_1 = H''_9 - H_9$。

(4)计算各点的松铺系数：

$$k_1 = \frac{h_1}{AA_1}; k_2 = \frac{h_2}{BB_1}; k_3 = \frac{h_3}{CC_1} \cdots k_9 = \frac{h_9}{MM_1}$$

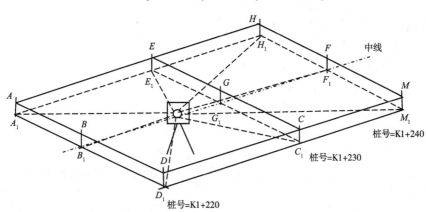

图 3-2-14　填料松铺系数现场测定

(5)求算平均值：

松铺系数

$$k = \frac{k_1 + k_2 + \cdots + k_9}{9}$$

也可一个断面取 5 个点或多取几个断面。顺便指出：在路面结构层施工中，确定松铺系数的方法类似。

二、实测模板顶高程放样

在现场浇筑一些混凝土结构时常需要先测出模板顶面几个特征点的实测高程，然后减去对应点设计高程后，再算出各特征点从模板顶面需下量的距离，按图示分别量下量距离从而得到各特征点设计高程位置，如图 3-2-15 所示。

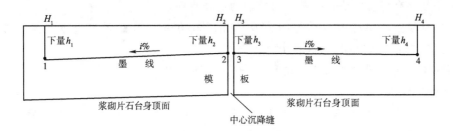

图 3-2-15　实测模板顶面高程放样台帽支座面高程位置

三、视线高法放样设计高程

这种方法操作步骤如下：
(1)先在放样点附近找到合适的水准点(包括临时水准点)。
(2)在水准点与放样点之间找一个合适位置架设水准仪。
(3)读取观测水准点的后视读数，则视线高 = 水准点高程 + 后视读数。
(4)计算放样点前视读数。

放样点前视读数 = 视线高 - 放样点的设计高程

(5)上下移动前视水准尺,当实际前视读数等于计算得出的前视读数时,尺底的位置则为放样点设计高程的位置。

复习思考题

一、应知题

1. 在低等级公路测量中,点位平面放样方法如何?
2. 在高等级公路中,点位放样方法如何?
3. 简述用全站仪进行点位平面放样的步骤。
4. 全站仪点放样操作时应注意哪些方面?
5. 已知一高速公路某标段施工水准点 K40-1 的高程为 512.298m,基坑底 B 点的设计高程为 509.068m,今从施工水准点到点 B 设两站来测基坑内点 C 的实际高程。水准仪两站的前后视读数如图 3-2-16 所示,试求出 C 点的实测高程。设基坑底为水平,坑底达到设计高程还需再开挖多深?

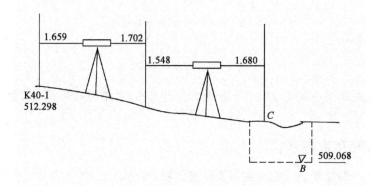

图 3-2-16 第 5 题图(单位:m)

6. 高程放样有哪些方法?分别写出它们的操作步骤。
7. 已知直线上某中桩的坐标为 $(1\,086.79\text{m}, 980.66\text{m})$,直线沿前进方向坐标方位角为 $130°30'$,求左右各 12.25m 的两边桩坐标。
8. GPS-RTK 道路设计方法有哪两种?分别如何设计?

二、应会操作题

1. 在地面上任取两个点,为 A 和 B,在 B 点架全站仪,后视 A 点,设 B 点三维坐标为 $(1\,035.447, 3\,316.815, 52.617)$,坐标方位角 $\alpha_{BA} = 205°18'36''$,$D$ 点的三维坐标为 $(1\,038.000, 3\,307.509, 52.505)$,试放样出点 D 的平面位置及需填挖的深度。

2. 根据表 3-2-1 提供的逐桩坐标,请在实习场地放出直线段 K12+500~K12+600 的桩位,测站点与后视导线点坐标及位置由指导教师根据场地与放样数据事先假定。

测完后请观察所放样桩位坐标、测站点及后视导线点坐标,它们的 x 坐标前几位数字相同,y 坐标呢?可否在放样输入坐标时,省去前面这几位相同数字?请试试看,为什么?

3. 表 3-2-2 是一带缓圆曲线的统一坐标,请先在全站仪上建立一个"坐标数据文件",文件名为"ZBSJ1",并以桩号为点号存入相应各放样点坐标,最后回到放样状态以点号调入坐标现场放样,测站点与后视导线点坐标由指导教师根据场地和放样数据事先假定。

带缓圆曲线放样坐标　　　　　　　　表3-2-2

桩　　号	N(x)(m)	E(y)(m)
ZHK2+507.88	518.305	369.584
+520	513.964	358.275
+530	509.424	349.375
HYK2+537.88	504.777	343.018
+550	495.531	335.259
QZK2+552.38	493.462	334.083
+560	486.431	331.176
YHK2+566.88	479.714	329.739
+580	466.629	329.940
+590	456.809	331.807
HZK2+596.88	450.135	333.466

4. 请用 GPS-RTK 点放样方法放出表 3-2-2 所给的带缓圆曲线（两个控制点位置及其坐标与第 3 题的相同）。

5. 根据实习场地位置，指导教师给定已知控制点的位置和坐标，并设计一条曲线（提供交点法与元素法线形要素），现场让学生分别用交点法与元素法放样一段公路中线。

模块三　路基路面施工测量

路基主要有路堤、路堑和半填半挖三种横断面形式,填方为路堤,挖方为路堑,半填半挖是它们的组合形式。

课题一　填方路基的施工测量

路床、路槽的概念。

1. 路堤坡脚桩放样方法;
2. 路堤分层填筑的边桩放样;
3. 确定压实标准区域;
4. 路拱放样。

一、路堤坡脚桩的放样

想一想

对于路堤,顶面的路基宽度一定,在一定的边坡度(通常为1:1.5)下,下面的宽度越来越大,在原地面上的宽度最大,路基填筑高度越大,在地面上的占有宽度也就越宽。路堤施工是从下往上分层填筑的,那么按照规定的边坡度,路堤占有多大宽度,才能保证填筑到顶面达到预定的宽度?

这就需要首先确定路堤填筑前的坡脚桩位置,下面是路堤坡脚桩的放样方法。
路堤坡脚的放样方法通常有横断面图法与逐点趋近法,实际上横断图法也是逐点趋近法的具体演化。

1."逐点趋近法"

逐点趋近法就是以路基设计边沿为起点,逐渐试测,直到某试测点与前一个试测点距中桩偏距(或实测原地面高程)相等或接近相等时,则这个点便是我们要找的坡脚点。

当沿线地形发生了很大变化,可按路基设计高程采用逐点试测的方法放样坡脚桩位置。
如图3-3-1所示,以某横断面的左坡脚桩为例,放样步骤如下:

(1) 查路线设计资料得中桩坐标及中线方位角;

(2) 用边桩坐标计算公式(3-2-1)计算出边桩 A 的平面坐标;

(3) 用全站仪坐标法放出路基边桩 A 在原地面的位置,然后测出其高程 H_A,则坡脚桩至中桩水平距离 $D_1 = (H_设 - H_A) \times m + \dfrac{B}{2}$($H_设$ 为路基边缘设计高程,B 为路基宽度);

(4) 根据距离 D_1 再用边桩坐标计算公式算出第一试测点 C 的坐标,并根据坐标放出其位置;

(5) 放出 C 点位置的同时,全站仪测出 C 点高程 H_C,并计算坡脚桩第二试测点 E 至中桩的水平距离 $D_2 = (H_设 - H_C) \times m + \dfrac{B}{2}$。其中 $1:m$ 为路堤边坡度,图中 $m = 1.5$,土质路堤边坡度一般采用 $1:1.5$;

(6) 根据距离 D_2 计算出 E 点坐标,并用全站仪测出 E 点的位置,同时测出 E 点的高程;

(7) 依次类推,直到最后两试测点原地面高程(或距中桩偏距)相等或相接近(在误差允许范围内)为止,那么最后一点便为坡脚桩位置。

用同样方法可测出右坡脚桩位置。

从上述方法中我们可以看出,试测点原地面高程也可以用水准仪测量,这样就是全站仪、水准仪联合测量放样;如果算出每个试测点距中桩偏距后,我们直接用皮尺沿横断方向拉偏距来确定其平面位置,然后用水准仪再测试测点原地面高程,那么我们就可以直接用水准仪与皮尺放样路堤坡脚。

注意:在高路堤中,为了保证路基边坡稳定,常设有边坡平台(护坡道),如图 3-3-2 所示,边坡度 $1:m$ 的高度为 H_1,护坡道宽为 d。则在第一试测点 C 时,如果 $h_1 = H_设 - H_A > H_1$,那么,C 点至中桩距离 $D_1 = H_1 m + (H_设 - H_A - H_1) \times n + d + \dfrac{B}{2}$;同样:如 $h_2 = H_设 - H_C > H_1$,那么,试测坡脚第二位置 E 点至中桩距离 $D_2 = H_1 m + (H_设 - H_C - H_1) \times n + d + \dfrac{B}{2}$;如 $h_2 = H_设 - H_C < H_1$,那么,E 点至中桩距离 $D_2 = (H_设 - H_C) \times m + \dfrac{B}{2}$,其余试测点计算与此相同。

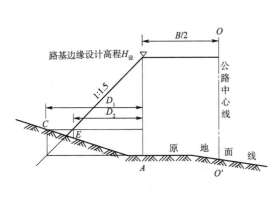

图 3-3-1 "逐点趋近法"放样路堤坡脚桩示意图

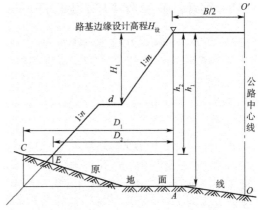

图 3-3-2 "逐点趋近法"放样有平台的路堤坡脚桩示意图

另外还需注意,为保证施工时填土边缘碾压到位,放出的坡脚位置需再向外移 30cm 左右,具体数值由试验段施工确定。

每个横断面的左右坡脚桩都放出以后,依次撒灰线连接,则为路堤填筑边界线,以指导路堤施工。

2. 横断面图法

从横断图上我们可以直接读出坡脚距中桩的水平距离,这样就给坡脚放样带来很大的方便,但由于设计时外业测量的局限性,或有的地方原地面情况发生了变化,因此有些横断面图不是很准确,需要我们核实,找出真实的坡脚点位置,核实的原理就是"逐点趋近法"。我们不用从路基设计边缘为起点开始试测,而是直接从图上读得的坡脚位置开始,这样如果横断图出入不大,一两个点就能搞定了。

如图 3-3-3 所示为某高速公路中桩 K14+100 的横断面图,H_t 表示填高,W_z 与 W_y 分别表示从中桩的路基设计左幅宽度与右幅宽度。

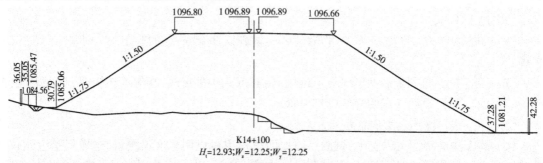

图 3-3-3 路堤横断面图示例(单位:m)

以右坡脚为例,从横断图上可看出右坡脚桩距中桩的距离为 37.28m,按照这个距离我们可放出其实地位置,并打桩标定,然后测其原地面高程。路基边缘设计高程是 1 096.66m,用前述"逐点趋近法"计算方法可以重新计算坡脚至中桩的距离,如果这个距离跟图上读得的距离 37.28m 相同或相近(在允许范围内),则原来那个点就是真实的坡脚点;如果相差较大,则需继续试测,直到最后两个试测点距中桩偏距相等或相近为止,则最后一个点便是真实坡脚点。

由于横断图法直接从接近真实坡脚的位置出发趋近,所以方便快捷。

二、路堤填筑过程中的放线与抄平

路堤是分层填筑、分层碾压而成的,但由于路堤从下而上填筑时,按照路基边坡度的要求,填筑宽度越来越窄,所以必须控制每层的填筑宽度,那么如何控制每层的填筑宽度呢?

要控制每层的填筑宽度就必须放出所在层位的填筑边桩。所谓填筑边桩是指路基在分层填筑过程中某层面的填筑边缘控制桩。欲确定其位置可以通过放线与抄平来解决。下面是其操作步骤:

(1)先按上述方法放出路堤坡脚桩位置,原地面处理后进行土石方填筑与压实。

(2)一般填筑与压实 3 层(压实后 50~60cm)后,恢复路基中、边桩位置,并测出路基边桩实地高程。所谓路基边桩是指路基边缘的平面投影位置,即在横断面方向距中桩 $B/2$ 的点(B 为路基设计宽度)。在有加宽的小半径曲线段,路基内边桩需再附加内侧加宽值。

(3)计算当前填筑边桩至路基设计边桩的平距 D:

$$D = (路基设计高程 - 边桩实测高程) \times 路基边坡度 + 施工富余宽度$$

注意:为了保证路基压实宽度,每次放边桩时要加放 30cm 左右的施工富余宽度,具体数值由试验段确定。

也可以考虑路基设计宽度和施工富余宽度后,用边桩坐标计算公式(3-2-1)、式(3-2-2)算出填筑边桩的坐标,然后用全站仪放出填筑边桩位置。同理可放出其他断面的分层填筑边桩位置。

(4)确定填筑边缘线,分层填筑。

钉出填筑边桩后,依次拉工程线或撒灰线作为指导施工填筑的边界线,然后开始分层填筑分层碾压。在分层填筑时应先用推土机和平地机整平,并根据所用压路机械吨位、机械类型,保证每层虚铺厚度不要超过所用压实机具的有效压实厚度。虚铺厚度 = 压实厚度 × 虚铺系数,具体合适的虚铺厚度值是通过铺筑试验路段得到的。

注意:根据《公路路基施工技术规范》(JTG F10—2006),对深挖高填路段,每挖填 3~5m 或一个边坡平台应复测中线和横断面。土(石)方路基中线允许偏差如表3-3-1所示。

土(石)方路基中线允许偏差　　　　　　　　　　　　表3-3-1

项　次	检查项目	允许偏差	
		高速公路、一级公路	其他公路
1	中线偏位(mm)	50	100
2	宽度(mm)	符合设计要求	

【知识链接】相关知识——路床、路槽

路床:路床是路面的基础,是指路面底面以下80cm范围内的路基部分,承受由路面传来的荷载,在结构上分为上路床(0~30cm)及下路床(30~80cm)两层。

路堤是高于原地面的填方路基,其作用是支撑路床和路面,路床以下的路堤分上下两层;上路堤:路面底面以下80~150cm范围内的填方部分;下路堤:上路堤以下的部分。

路槽:为铺筑路面,在路基上按设计要求修筑的浅槽,实际上就是路面部分,如图3-3-4所示。它主要分挖槽、培槽两种施工方式,其宽度为路面下结构层的宽度。

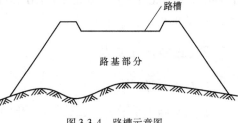

图3-3-4　路槽示意图

三、确定当前层位的压实度标准

根据路基施工规范,路基不同层位有不同的压实度标准,越靠近路面,所受汽车荷载影响越大,压实度要求就越高。表3-3-2是《公路路基施工技术规范》(JTG F10—2006)中的相关要求。

土质路基压实度标准　　　　　　　　　　　　表3-3-2

填挖类型		路床顶面以下深度(m)	压 实 度 (%)		
			高速公路、一级公路	二级公路	三、四级公路
填方路基	上路床	0~0.30	≥96	≥95	≥94
	下路床	0.30~0.80	≥96	≥95	≥94
	上路堤	0.80~1.50	≥94	≥94	≥93
	下路堤	>1.50	≥93	≥92	≥90
零填及挖方路基		0~0.30	≥96	≥95	≥94
		0.30~0.80	≥96	≥95	—

从表3-3-2中可看出,路基不同层位有不同的压实度要求,要想知道你目前所施工层位的压实度标准,必须先确定当前层位属于表中哪一范围,如何确定呢?下面是测定方法(见图3-3-5):

(1)先恢复中、边桩,并测出中桩(或边桩)在施工面的实际高程 $H_{实}$。

(2)从"路基设计表"查出本断面路基设计高程 $H_{设}$,再减去路面结构层厚度 h_1,则路床顶面设计高程 $H_{床设} = H_{设} - h_1$,施工层距路床顶面的深度 $h_2 = H_{床设} - H_{实}$。

(3)将计算的 h_2 对照路基压实度标准表3-3-2,看属于哪个范围,从而确定应采用的压实度标准。

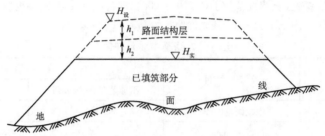

图3-3-5 路基压实标准确定示意图

如某二级公路,一断面路基设计高程为1 070.684m,恢复中桩(边桩)后,测得边桩实测高程为1 069.78m,路面结构层厚度50cm,则施工层距路床顶面的深度 $h_2 = 1\ 070.684 - 0.5 - 1\ 069.78 = 0.404(m)$,$0.30m < h_2 < 0.80m$,因此压实度标准应取为≥95%,即本层路基压实度按不小于95%来控制和检验。

四、路拱施工放样

1.路拱放样

在路基施工至最后二、三层时要开始路拱放样,以保证路基顶面形成规定的横坡度,路基路拱横坡度与路面路拱相同。路拱形式有多种,下面是常见的直线形路拱放样方法,如图3-3-6所示,步骤如下:

(1)先放中线和边桩,并打钢筋桩。

(2)测定各横断面钢筋桩底部实测高程。

(3)从路基设计高推算本层压实后各中桩、边桩处顶面的设计高程。

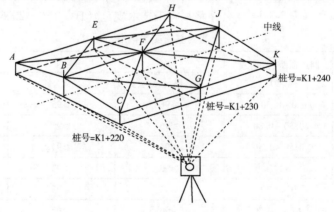

图3-3-6 某公路路基顶面路拱放样

(4)确定虚铺厚度。

各桩位置处虚铺厚度 = (压实层顶面设计高程 - 钢筋桩底部实测高程) × 虚铺系数 k

(5)用小钢卷尺从钢筋桩底部量取各虚铺厚度得虚铺顶面位置,用粉笔画线做标记。

(6)从各边桩和中桩标记处拉工程线,作为指导平地机等整平的依据。

(7)挂十字线辅以人工整平,以保证合适的路拱横坡度。

(8)拆线碾压。

2.路槽修整

在路基修筑完毕时,路基的顶面即是路槽底面,此时路拱基本成型,但是它的平整度和高程不一定符合交工验收标准,这就需要我们对它进行整修,为路面施工做好准备。路槽整修前必须先对路线中、边桩进行放线、抄平,然后根据测出的各桩填挖高度挂线整平,步骤如下:

(1)计算出每10m一个(如曲线半径小的需5m一个)断面中桩、边桩的坐标和设计高程。

(2)用全站仪将计算出的中桩、边桩放在实地,打上钢筋桩。

(3)用水准测量测出桩位的地面高程,然后与设计高程比较得出高差,高差 = 设计高程 - 地面高程。高差为正值时地面比设计低则需要补;高差为负值时在面比设计高则需要挖。

(4)在放出的桩位上挂线,如图3-3-7所示,A、B、C为中桩K0+100、K0+110、K0+120,$A_左$、$B_左$、$C_左$为对应左边桩,$A_右$、$B_右$、$C_右$为对应右边桩。如图所示挂线:$AA_左$、$AA_右$、$BB_左$、$BB_右$、$CC_左$、$CC_右$、$A_左B$、$AB_左$、$A_右B$、$AB_右$、$B_左C$、$BC_左$、$B_右C$、$BC_右$,将工程线挂在桩位钢筋桩上,计算出的正值要乘以松铺系数,并按其乘出的数值作为挂线高度挂在钢筋桩上,露于地表面;是负值的要挖坑,线挂在地面以下。

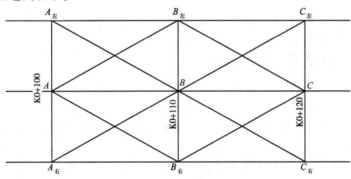

图 3-3-7 路槽底路拱整修

五、路基刷坡

在路基填筑时,为保证每层压实宽度和边缘压实到位,每侧都要向外多填30~50cm,这就要求路基填筑完后将多余的边坡土铲去,并保证规定的路基边坡度。

具体刷坡方法如下:

(1)恢复路基左右边桩位置,并打桩。

(2)根据确定的路基边缘线撒石灰线明显标出。

(3)根据记录或前述坡脚桩放样方法恢复路基坡脚桩位置,并打桩。

(4)超填较多时,先根据桩位及边线人工或挖掘机初步进行边坡整修。

(5)将相邻横断面路基边桩、坡脚桩按图3-3-8所示用工程线连接起来,必要时需在坡面沿工程线挖槽,使线能拉紧、拉直。

(6)最后沿着坡面拉好的方框线和十字线铲掉多余的土,并保持坡面平整。也可配合用坡度尺来检查和整修路堤边坡度。

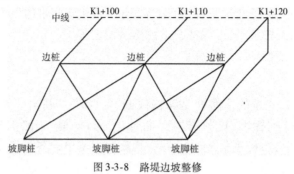

图 3-3-8 路堤边坡整修

课题二 挖方路基的施工测量

计算中边桩挖深。

1. 路堑坡顶桩的放样;
2. 边坡平台高程放样;
3. 通过坡脚桩高程测量控制开挖界限。

我们都知道,路线经过的原地面情形变化多样,有的地方地势较低,有的地方高,根据路线纵断面线形设计的要求,通常低的地方要填,高的地方要挖。在公路挖方路基施工中,当路线中线放出以后,我们只能知道原地面路基施工的中心位置,但不知道左右各需挖多宽,且每层挖的宽度都是不一样的,那么在施工中如何利用测量放样的手段来控制开挖宽度和深度呢?

一、路堑坡顶桩放样(即开口线放样)

1. 原地面平坦时路堑坡顶桩的放样

(1)场地清理后,先依据设计图表和横断面图计算出碎落台处 A 点、E 点和逐桩 C 点的大地坐标值以及它们的高程设计值 H_A、H_E、H_C。

(2)将全站仪安置在导线点上用坐标法直接放样出 A、E、C 点在原地面上的对应点 A'、E'、C'。A、C、E 各点的平面坐标值与 A'、C'、E' 是一样的,只是 A、C、E 的高程为设计高程,而 A'、C'、E' 的高程为原地面高程。

(3)在放桩时用全站仪直接测出原地面 A'、C'、E' 的地面高程 H'_A、H'_C、H'_E。

(4)依据各点的设计高程计算出各点的下挖深度 $h_1 = H'_A - H_A$，$h_2 = H'_E - H_E$，$h_3 = H'_C - H_C$，如图 3-3-9 所示。

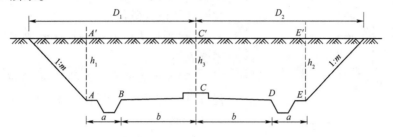

图 3-3-9　原地面为平地时路堑坡顶桩的放样

(5)依据路堑边坡度($1:m$)计算坡顶桩至中桩的距离。

$$\left.\begin{array}{l} D_1 = a + b + h_1 \times m \\ D_2 = a + b + h_2 \times m \end{array}\right\} \tag{3-3-1}$$

式中：a——边沟上口宽 + 碎落台宽(m)；
　　　b——路基边缘至中桩的水平距离(m)；
　　　h_1——左坡脚桩 A' 的挖深(m)；
　　　h_2——右坡脚桩 E' 的挖深(m)；
　　　m——路堑边坡度。

先由"逐桩坐标表"查出中桩坐标,然后再根据边桩坐标计算公式求出路堑坡顶桩的平面坐标,然后用全站仪放出其位置(也可根据距离量出其位置)。根据实际情况,我们也可用水准仪测量原地面高程,用皮尺量距放坡顶位置。

从图 3-3-9 可以看出,如果原地面是平地,则第一次放出的位置即为坡顶桩位置。

2. 逐点趋近法

如原地面起伏不平或倾斜,如图 3-3-10 所示,直接按公式(3-3-1)计算的距离而放出的边桩就不是坡顶桩的实际位置,那么这时应该如何放出坡顶桩位置呢?

与前述路堤坡脚放样类似,这时我们可以采用"逐点趋近法"逐步逼近真实坡顶位置,起始试测位置从路堑设计坡脚平面位置开始,即如图 3-3-10 所示的 A'、E'。

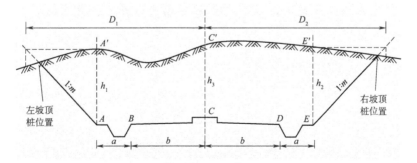

图 3-3-10　原地面为低洼不平时路堑坡顶桩的放样

现以图 3-3-10 左坡顶桩放样为例。将图 3-3-10 左半放大,如图 3-3-11 所示,以详细说明原地面倾斜不平时采用"逐点趋近法"放样路堑坡顶的操作方法。

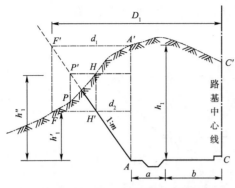

图 3-3-11 "逐点趋近法"放样路堑坡顶桩示意图

(1)先根据图示设计路堑横断面宽度尺寸放出左坡脚实地平面位置 A',并测其原地面高程,与坡脚设计高程相减得 h_1。

(2)根据 $D_1 = a + b + h_1 \times m$ 放出地面上第一试测点 F。

(3)全站仪测出 F 点的高程,并减去 A 点设计高程 H_A 得 h'_1,则第二试测点 H 至中桩的平距 $D'_1 = a + b + mh'_1$。

(4)通过平距 D'_1 用边桩坐标计算公式计算出 H 点的平面坐标,并放出 H 点的位置。

(5)测出 H 点的地面高程,再减去 A 点设计高程 H_A 得 h''_1,则第三试测点 P 至中桩的平距 $D''_1 = a + b + mh''_1$。

(6)通过 D''_1 再用边桩坐标计算公式计算出 P 点的平面坐标,并放出 P 点的位置。

(7)依次类推,直到最后测得的两点高程接近相等为止。

用相同方法可以放出路堑右坡顶桩位置。

与路堤坡脚放样类似,我们也可以根据实际情况用水准仪测量试测点的高程,用皮尺沿横断面方向量试测点的平面位置。

注意:对于有平台的横断面,如测得试测点实测高程 $H_\text{实}$ 减去坡脚设计高程 H_A(如图3-3-12所示中的 h_1 与 h'_1)大于一个平台高度 H_1 时,则计算坡顶桩至中桩水平距离 $D = H_1 \times m + d + (H_\text{实} - H_A - H_1) \times n + a + b$,(其中 d 为平台宽度,第一边坡度为 $1:m$,第二边坡度为 $1:n$);如测得的点位实测高程减去坡脚设计高程(如图 3-3-12 所示中的 h_1 与 h'_1)小于一个平台高度 H_1 时,坡顶桩至中桩水平距离仍按原式计算。

如果路堑设有多层平台,则应按各层的厚度和边坡度计算路堑坡顶至中桩的距离。各层的厚度与边坡度由设计文件给出。

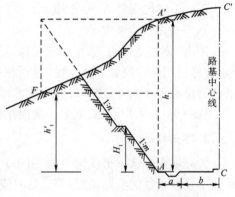

图 3-3-12 有平台时的堑顶桩放样

3. 横断面图法

如图 3-3-13 所示是某高速公路 K12+800 挖方路基横断面图,图中标示了坡顶距中桩的

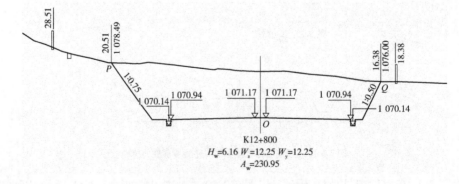

图 3-3-13 路堑横断面图示例(单位:m)

水平距离,左坡顶为 20.51m,右坡顶为 16.38m,与路堤坡脚桩放样类似,我们先按图上距离实地放样出坡顶平面位置,然后测其原地面高程,再用前述计算方法重新计算出坡顶距中桩距离,如果计算的距离与图上距离相等或相近(在误差允许范围内),则按图上距离放样的坡顶桩位置即为真实坡顶位置;否则再试测逼近,直到最后两个试测点高程(或距离)接近相等为止,则最后一个点位置便为真实坡顶位置。

二、挖方施工中开挖深度与开挖边界确定

路堑下挖过程中要时刻注意开挖深度与开挖宽度控制,以免挖破坡面。检测方法如下:

(1)在当前开挖层按路基设计宽度放出路堑中桩与设计坡脚的平面位置,并打桩标定。

(2)分别实测中桩原地面高程与坡脚桩的原地面高程 H_1。

(3)查"路基设计表",推算本断面中桩设计高程与设计坡脚的高程 H,则当前施工层的中桩与坡脚位置还需下挖的深度等于它们的实测高程分别减去它们对应的设计高程。

(4)当前开挖层坡脚位置至坡面的水平距离 $d = (H_1 - H) \times$ 路堑边坡度。以此数据来控制开挖边界。

课题三 路面施工放样

识读路面结构图、"路基设计表"及"直线、曲线及转角表"。

1. 路面结构层的平面放样;
2. 路面结构层的高程放样;
3. 通过坡脚桩高程测量控制开挖界限。

路基施工完后,其顶面已形成横坡,路面施工是否只是在路基上面铺筑沥青混凝土或水泥混凝土?如果不是,分哪些层次?如何控制各结构层的施工宽度和路面高程呢?

当路基施工完毕后,其表面路拱、宽度、高程等已符合规范要求,需在其上部组织路面施工,路面自下而上通常由底基层、基层和面层组成,在水文条件不良地带,在路基顶面与底基层之间还增设有垫层,路面每一个结构层随路基顶面都设有路拱,从下往上,宽度越来越小,路面施工测量就是要保证每个结构层厚度、宽度、路拱坡度、设计高程等达到设计要求。

一、平面放样

1. 平面放样一般步骤

(1)识读路面结构图,计算各铺筑路幅边桩至中桩的水平距离;

(2)根据表3-3-3、表3-3-4"直线、曲线的转角表"以及"路基设计表"放出各边桩位置。

表 3-3-3

直线、曲线及转角表（1）

交点号	交点坐标		交点桩号	转角值 (° ' ")	曲线要素值 (m)					
	N(x)	E(y)			半径	缓和曲线长度	缓和曲线参数	切线长度	曲线长度	外距	校正值
1	2	3	4	5	6	7	8	9	10	11	12
7	4 123 480.939	37 558 172.56	K7+787.088	143 351.3(Z)	3 000			383.358	762.583	24.395	4.133
8	4 123 951.948	37 557 021.5	K9+026.649	142 646.6(Y)	2 500			316.849	630.338	19.999	3.361
9	4 124 296.477	37 556 559.29	K9+599.777	215 249.5(Z)	1 032.265	120	351.954	259.64	514.207	19.7	5.073
10	4 124 438.227	37 556 023.56	K10+148.876	394 400.2(Y)	634.18	130	287.13	294.531	569.79	41.311	19.273
11	4 124 923.005	37 555 678.45	K10+724.673	470 541.9(Z)	515.835	150	278.164	300.539	573.997	48.837	27.08
12	4 125 088.33	37 554 415.63	K11+960.045	224 119.4(Y)	1 050	192.857	450	307.354	608.65	22.428	6.058
13	4 126 078.291	37 552 711.1	K13+925.138	245 120.9(Y)	700	156.571	331.059	232.837	460.242	18.29	5.432
14	4 126 896.947	37 552 137.94	K14+919.063	284 835.7(Y)	850	131.891	334.825	284.473	559.295	28.47	9.65
15	4 127 842.343	37 552 035.45	K15+860.346	361 538.8(Z)	1 100	285.28	560.186	503.75	981.437	60.709	26.063

表 3-3-4

直线、曲线及转角表（2）

交点号	第一缓和曲线起点	第一缓和曲线终点或圆曲线起点	曲线中点	第二缓和曲线起点或圆曲线终点	第二缓和曲线终点	直线段长 (m)	直线间距 (m)	计算方位角 (° ' ")	备注
1	13	14	15	16	17	18	19	20	21
7		K7+403.730	K7+785.021	K8+166.313		543.486	1 243.694	292 15 15.5	
8	K9+340.137	K8+709.799	K9+024.968	K9+340.137	K9+854.344	0	576.489	306 42 02.1	
9	K9+854.344	K9+460.137	K9+597.241	K9+734.344	K10+424.134	0	554.171	284 49 12.6	
10	K10+424.134	K9+984.344	K10+139.239	K10+294.134	K10+998.131	0	595.07	324 33 12.8	
11	K11+652.691	K10+574.134	K10+711.133	K10+848.131	K12+068.483	665.706	1 273.598	277 27 30.9	长链: 11.146m K11+011.146 = K11+000.000
12	K13+692.301	K11+845.548	K11+957.016	K12+068.483	K14+152.543	1 430.96	1 971.151	300 08 50.3	
13	K14+634.590	K13+848.872	K13+922.422	K13+995.972	K15+193.885	482.047	999.357	325 00 11.2	
14	K15+356.596	K14+766.482	K14+914.238	K15+061.994	K16+338.033	162.711	950.934	353 48 46.9	
15		K15+641.876	K15+847.315	K16+052.753					

2.路面结构层的平面放样

(1)根据"路面结构图",计算各结构层边桩至中桩的水平距离

由于路面各结构层的宽度不尽相同,所以需引起大家注意,必须仔细识图。以断面 K12+600 为例,从表3-3-3、表3-3-4"直线、曲线及转角表"与表3-3-5"路基设计表"中可以看出,K12+600 在高速公路直线段,是挖方,横断面路基宽度 $B=24.5\text{m}$,中央分隔带宽度 1.5m;如图 3-3-14 所示,从"路面结构图"已知路面结构类型为 Ⅱ-3 型:面层分为 3 层,分别为细粒式(4cm)、中粒式(5cm)、粗粒式(7cm)沥青层,上基层为水泥稳定级配碎石(15cm),下基层为二灰碎石(18cm)底基层为二灰土(20cm),垫层为天然砂砾(15cm)。沥青面层半幅路宽硬路肩外边缘至中桩的平距 $=24.5\div2-0.75=11.5(\text{m})$,沥青面层半幅路宽内边缘至中桩的平距 $=1.5\div2=0.75(\text{m})$;上基层半幅路宽外边缘至中桩的平距 $=24.5\div2-0.75+0.10=11.6(\text{m})$,上基层半幅路宽内边缘至中桩的平距 $=1.5\div2=0.75(\text{m})$;下基层半幅路宽外边缘至中桩的平距 $=24.5\div2-0.25=12(\text{m})$,下基层半幅路宽内边缘至中桩的平距 $=0.75-0.10=0.65(\text{m})$;底基层和垫层半幅路宽外边缘至中桩的平距 $=24.5\div2-0.25=12(\text{m})$,底基层和垫层半幅路宽内边缘就在中线位置。

(2)根据计算的边桩至中桩距离放出边桩位置

①方法一:在横断面方向用钢尺或皮尺量距得各结构层边桩位置。

②方法二:先根据边桩坐标计算公式计算出边桩坐标,然后用全站仪放出路面结构层边桩位置。

例如 K12+600 沥青面层外边缘边桩放样。查表 3-2-1"逐桩坐标表"得 K12+600 的中桩坐标为(4 125 412.774,37 553 856.997),为简化计算,省去坐标中前几位与其他点相同的数字,则此断面中桩坐标可简化为:$x_0=5\,412.774$,$y_0=3\,856.997$,同样在放样实施时,也可省掉测站点、后视导线点坐标中这几位相同的数字,以简化操作。查表 3-3-3、表 3-3-4"直线、曲线及转角表"可知:过 K12+600 中线方位角为 $300°08'50.3''$,由(1)已推得边桩距离为 11.5m,则代入边桩坐标计算公式得左边桩坐标为:

$$x_1 = 5\,412.774 + 11.5 \times \cos(300°08'50.3'' - 90°) = 5\,402.830(\text{m})$$

$$y_1 = 3\,856.997 + 11.5 \times \sin(300°08'50.3'' - 90°) = 3\,851.221(\text{m})$$

右边桩坐标:

$$x_2 = 5\,412.774 + 11.5 \times \cos(300°08'50.3'' + 90°) = 5\,422.718(\text{m})$$

$$y_2 = 3\,856.997 + 11.5 \times \sin(300°08'50.3'' + 90°) = 3\,862.773(\text{m})$$

在实践中,为提高工作效率,常用卡西欧 5800P 计算器快速计算,详见附录。

将全站仪架设在附近导线点上,后视另一导线点并设置,便可输入坐标放出中桩与边桩的位置。

二、高程放样

1.高程放样数据的准备

(1)数据计算的依据

①"路基设计表"。"路基设计表"是用来查用路基设计高程和计算路面各边桩设计高程。

《路基设计表》(K12+500～K12+775)

表 3-3-5

桩号	平曲线 左/右	竖曲线 凹/凸	地面高程(m)	设计高程(m)	填挖高度(m) 填	填挖高度(m) 挖	路基宽度(m) 左侧 W_1	左侧 W_2	左侧 W_3	中间带 W_0	右侧 W_3	右侧 W_2	右侧 W_1	以下各点与设计高之差(m) 左侧 A_1	左侧 A_2	左侧 A_3	右侧 A_3	右侧 A_2	右侧 A_1
K12+500			1065.087	1071.226	6.139		0.75	2.75	8.00	1.50	8.00	2.75	0.75	-0.230	-0.215	-0.160	-0.160	-0.215	-0.230
+505			1068.482	1071.278	2.796		0.75	2.75	8.00	1.50	8.00	2.75	0.75	-0.230	-0.215	-0.160	-0.160	-0.215	-0.230
+530		1.651%	1072.712	1071.509		1.203	0.75	2.75	8.00	1.50	8.00	2.75	0.75	-0.230	-0.215	-0.160	-0.16	-0.215	-0.230
+540		坡长: 330m	1078.876	1071.589		7.287	0.75	2.75	8.00	1.50	8.00	2.75	0.75	-0.230	-0.215	-0.160	-0.16	-0.215	-0.230
+550		1073.13	1078.852	1071.662		7.190	0.75	2.75	8.00	1.50	8.00	2.75	0.75	-0.230	-0.215	-0.160	-0.16	-0.215	-0.230
+560			1084.980	1071.727		13.253	0.75	2.75	8.00	1.50	8.00	2.75	0.75	-0.230	-0.215	-0.160	-0.16	-0.215	-0.230
+580			1086.541	1071.837		14.704	0.75	2.75	8.00	1.50	8.00	2.75	0.75	-0.230	-0.215	-0.160	-0.16	-0.215	-0.230
+590			1089.143	1071.882		17.261	0.75	2.75	8.00	1.50	8.00	2.75	0.75	-0.230	-0.215	-0.160	-0.16	-0.215	-0.230
+600			1089.235	1071.919		17.316	0.75	2.75	8.00	1.50	8.00	2.75	0.75	-0.230	-0.215	-0.160	-0.16	-0.215	-0.230
+610			1084.280	1071.949		12.331	0.75	2.75	8.00	1.50	8.00	2.75	0.75	-0.230	-0.215	-0.160	-0.16	-0.215	-0.230
+635			1081.896	1071.992		9.904	0.75	2.75	8.00	1.50	8.00	2.75	0.75	-0.230	-0.215	-0.160	-0.16	-0.215	-0.230
+650			1081.073	1071.997		9.076	0.75	2.75	8.00	1.50	8.00	2.75	0.75	-0.230	-0.215	-0.160	-0.16	-0.215	-0.230
+670			1063.855	1071.979			0.75	2.75	8.00	1.50	8.00	2.75	0.75	-0.230	-0.215	-0.160	-0.16	-0.215	-0.230
+675		+600 凸	1062.992	1071.969	8.977		0.75	2.75	8.00	1.50	8.00	2.75	0.75	-0.230	-0.215	-0.160	-0.16	-0.215	-0.230
+693		R-14000	1049.476	1071.922	22.446		0.75	2.75	8.00	1.50	8.00	2.75	0.75	-0.230	-0.215	-0.160	-0.16	-0.215	-0.230
+700		T-184.2	1051.114	1071.897	20.783		0.75	2.75	8.00	1.50	8.00	2.75	0.75	-0.230	-0.215	-0.160	-0.16	-0.215	-0.230
+712		E-1.21	1049.310	1071.846	22.536		0.75	2.75	8.00	1.50	8.00	2.75	0.75	-0.230	-0.215	-0.160	-0.16	-0.215	-0.230
+723.5		-0.980%	1051.540	1071.788	20.248		0.75	2.75	8.00	1.50	8.00	2.75	0.75	-0.230	-0.215	-0.160	-0.16	-0.215	-0.230
+735		坡长: 550m	1054.754	1071.721	16.967		0.75	2.75	8.00	1.50	8.00	2.75	0.75	-0.230	-0.215	-0.160	-0.16	-0.215	-0.230
+750			1055.835	1071.618	15.783		0.75	2.75	8.00	1.50	8.00	2.75	0.75	-0.230	-0.215	-0.160	-0.16	-0.215	-0.230
+770			1059.895	1071.457	11.562		0.75	2.75	8.00	1.50	8.00	2.75	0.75	-0.230	-0.215	-0.160	-0.16	-0.215	-0.230
+775			1063.153	1071.412	8.259		0.75	2.75	8.00	1.50	8.00	2.75	0.75	-0.230	-0.215	-0.160	-0.16	-0.215	-0.230
+780			1065.066	1071.365	6.299		0.75	2.75	8.00	1.50	8.00	2.75	0.75	-0.230	-0.215	-0.160	-0.16	-0.215	-0.230
+790			1075.975	1071.268		4.707	0.75	2.75	8.00	1.50	8.00	2.75	0.75	-0.230	-0.215	-0.160	-0.16	-0.215	-0.230
+800			1077.326	1071.170		6.156	0.75	2.75	8.00	1.50	8.00	2.75	0.75	-0.230	-0.215	-0.160	-0.16	-0.215	-0.230

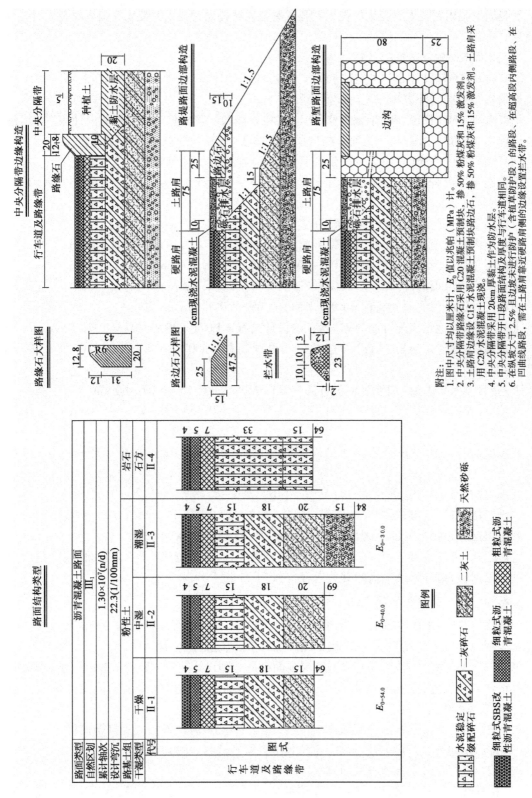

图 3-3-14 某高速公路路面结构图

②"路面结构图"。"路面结构图"是用来查用各结构层厚度,从而推算出各结构层中、边桩高程。

(2)路面高程放样数据的计算

①直接从"路基设计表"中查出待放样中、边桩的设计高程,然后按路基横断面结构层厚度推算出各结构层内外边缘点位的设计高程。

仍以 K12+600 横断面的半幅路宽为例,它在直线段,经查表 3-3-5"路基设计表"得其路基设计标高为 1 071.919,已知路面各结构层的横坡度为 2%,根据各结构层的宽度可得:

沥青面层顶内边缘(靠中央分隔带一侧)设计高程为路基设计高程;

沥青面层顶面外边缘的设计高程 = 1 071.919 - (24.5÷2 - 1.5÷2 - 0.75)×2% = 1 071.704(m);

已知路面结构层类型为Ⅱ-3(潮湿粉性土),由图 3-3-14"路面结构图"可知:

中粒层内边缘顶(即靠中央分隔带一侧)的设计高程 = 1 071.919 - 0.04 = 1 071.879(m);

中粒层顶外边缘的设计高程 = 1 071.704 - 0.04 = 1 071.664(m);

粗粒层内边缘顶的设计高程 = 1 071.879 - 0.05 = 1 071.829(m),

粗粒层外边缘顶的设计高程 = 1 071.664 - 0.05 = 1 071.614(m);

上基层(水泥稳定级配碎石)内边缘顶的设计高程 = 1 071.829 - 0.07 = 1 071.759(m);

上基层(水泥稳定级配碎石)外边缘顶的设计高程 = 1 071.614 - 0.07 - 0.01×2% = 1 071.544(m);

下基层(二灰碎石)内边缘顶的设计高程 = 1 071.759 - 0.15 = 1 071.609(m);

下基层(二灰碎石)外边缘顶的设计高程 = 1 071.544 - 0.15 - (0.75 - 0.25 - 0.10)×2% = 1 071.386(m);

底基层(二灰土)中桩位置顶面设计高程 = 1 071.609 - 0.18 + 0.75×2% = 1 071.444(m);

底基层(二灰土)外边缘顶的设计高程 = 1 071.386 - 0.18 = 1 071.206(m);

砂砾垫层中桩位置顶面的设计高程 = 1 071.444 - 0.20 = 1 071.244(m);

砂砾垫层外边缘顶的设计高程 = 1 071.206 - 0.20 = 1 071.006(m)。

②对于从"路基设计表"中查不到的加桩的设计高程,可以按照前述"纵断面测量"模块中介绍的方法求得,请查看第二篇的有关内容,在此不再重复。

2. 路面结构层高程放样的实施

当各中、边桩的平面位置放出后,便能依照计算准备好的高程放样数据进行高程放样。路面施工高程放样的主要任务是:确定摊铺填料在各中、边桩处的虚铺厚度。

铺筑厚度是用高程来控制的,只要底层顶面高程达到设计要求,我们控制本铺筑层顶面高达到其设计高程位置,就能保证本施工层的厚度。路面结构层虚铺厚度的测定方法与前述"路拱放样"基本相同。

(1)先依照计算准备好的数据放出中、边桩平面位置,然后在各桩位置打钢筋桩。

(2)按照前述高程放样方法放出各桩位处填料松铺位置,然后画线标记。

(3)按桩上标记位置依次挂线、拉紧。

(4)按挂线高度整平摊铺的填料。在整平时,通常是先用平地机整平,然后拉十字线人工修整(如图 3-3-15 中,K1+220 至 K1+230 横断面)。

(5)整平后撤掉拉线,开始碾压,直到压实度满足规范要求。

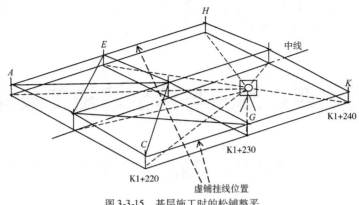

图 3-3-15 基层施工时的松铺整平

复习思考题

1. 已知某路堑断面坡脚桩设计高程为 1 009.450m，开挖到某深度时测得坡脚桩平面位置高程为 1 010.980m，已知边坡 1:0.75，试求在此深度坡脚桩位置至坡面的水平距离。

2. 某放样点设计高程为 1 010.890m，架设水准仪，测得附近一水准点的后视读数为 0.292m，已知后视水准点高程为 1 012.660m，试问用"视线高法"放样时，放样点的前视读数应为多少？

3. 已知一高速公路路堤某断面设计高程为 998.068m，路面结构层厚 0.69m，现测得路堤某填筑层面的实测高程为 996.989m，试问：此层面所采用的压实标准应为多少？（参考表 3-3-2 的土质路基压实标准）

4. 已知某路堤路基设计高程为 $H_{左设}=H_{右设}=1 075.911m$，路基填筑到某层面时，经过实测得：路基边桩高程分别为：$H_{左实}=1 073.874m$，$H_{右实}=1 073.870m$，已知路基边坡 1:1.5，施工富余宽度为 30cm，试求本层面填筑坡脚至路基边桩的距离。

5. 以二灰土底基层施工为例，如测得二灰土底 K12+600 断面中桩高程为 1 071.240m，左右边桩高程分别为 1 071.008m、1 071.002m，已知二灰土松铺系数为 1.40。

（1）试求中、边桩的虚铺挂线厚度；

（2）如后视附近一水准点的读数为 1.086m，水准点高程为 1071.986m，试求出利用"视线高法"放样二灰土左、中、右各桩虚铺顶面的前视读数。

6. 在挖方路基施工放样中，已知从横断面图上查得某断面右坡顶桩至中桩的距离为 31.6m，放出其位置后，经实测高程为 1 002.086m。坡脚设计高程为 988.465m，挖方边坡 1:1.25，路基宽度 $B=24.5m$（无加宽），边沟上口宽+碎落台宽=2m，试说明应该如何放样坡顶桩位置。

7. 请由表 3-3-5 "路基设计表"查出 K12+505 与 K12+530 的横断面宽度及路基设计高程，再由表 3-2-1 "逐桩坐标表"查出它们的中桩坐标，由表 3-3-3、表 3-3-4 "直线、曲线及转角表"查出所在中线方位角，在模拟实习场地找一小土丘或高低不平的地方，先由实习指导教师设定一个合适点为测站点，并假定它的三维坐标以及后视点位置与坐标，然后利用"逐点趋近法"放样路堑坡顶桩及路堤坡脚桩位置（提示：需量仪高与棱镜高）。

8. 在表 3-3-5 "路基设计表"所示的一段路线中，若在路面施工放样时要知道加桩 K12+570、K12+620、K12+660、K12+760 的路基设计高程，但从表中查不到，请从表 3-3-5 "路基设计表"中先查出变坡点桩号、变坡点高程、竖曲线半径 R 以及前后纵坡坡度 i_1、i_2，然后计算出这几个桩的设计高程。

模块四　涵洞与挡土墙施工放样

课题一　涵洞施工放样

1. 识读涵洞设计图；
2. 计算涵洞特征点坐标。

1. 涵洞平面放样；
2. 涵洞高程放样。

 想一想

公路施工中除了路基填筑开挖外，经常还会遇到涵洞的施工，要想将涵洞的平面位置准确地放样到地面上，我们将如何放样特征点位置呢？

涵洞特征点是指涵轴线上控制点及涵洞基础各角点。用全站仪或 GPS 放样涵洞特征点位置首先要计算其坐标，下面以涵洞基坑放样为例来说明其放样方法。

一、涵洞施工放样方法

1. 首先识读桥涵施工设计图，画出放样草图

(1) 通过查"直线、曲线转角表"，找出起算点坐标，起算直线的方位角；

(2) 获取公路中线与涵洞基础轮廓线交点到起算点的距离；

(3) 从涵洞图中获取特征点到对应公路中线与基础轮廓线交点的距离。

2. 计算特征点坐标

(1) 计算公路中线与桥涵轮廓线交点的坐标；

(2) 利用边桩坐标计算公式计算特征点坐标。

3. 找出附近控制点的位置，架设仪器放样特征点

下面分别以一个正交涵洞与一个斜交涵洞基坑放样为例，说明其放样方法。

二、正交涵洞平面放样数据的计算

下面以图 3-4-1 的正交暗盖板涵（桩号为 K8 +515）为例，说明正交涵平面放样数据的计算方法。

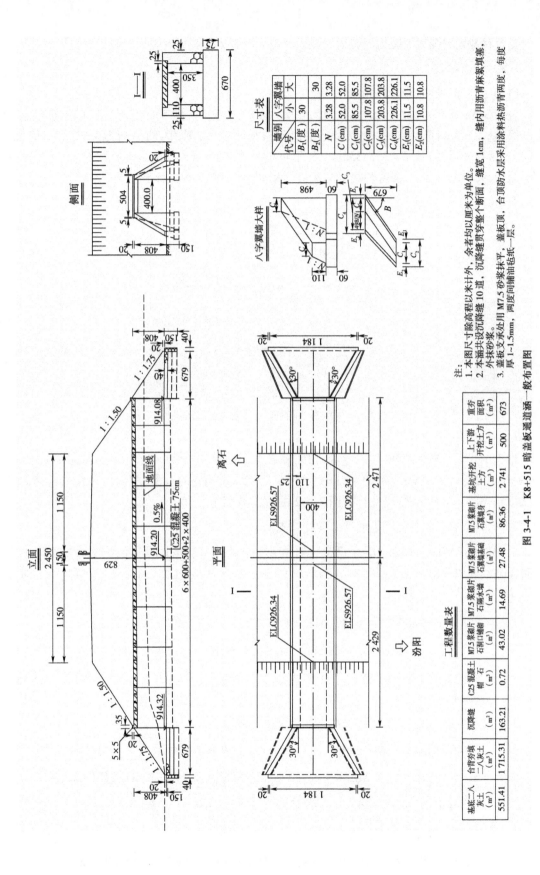

图 3-4-1 K8+515 暗盖板通道涵一般布置图

其放样坐标计算步骤如下：

1. 绘制放样草图

(1)识读"直线、曲线及转角表"。

查表 3-3-3、3-3-4 的"直线、曲线及转角表"可知：正交涵洞 K8+515 位于 JD_7 圆曲线后的直线段，选 JD_7 为起算点，舍去交点坐标中前几位相同数字，则 JD_7 的坐标为 $x = 3\,480.939$ m，$y = 8\,172.560$ m，切线长 $T = 383.358$ m，YZ 里程桩号为 K8+166.313，JD_7 至涵位中心 A 直线的方位角为 $292°15'15.5''$。将这些数据标于放样草图上，如图 3-4-2 所示。

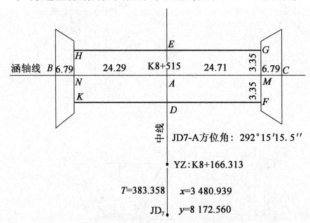

图 3-4-2 K8+515 正交涵基坑放样草图(单位:m)

(2)识读涵洞图。

根据图 3-4-1 涵洞图的平面、立面可知：涵洞上、下游长度分别为 24.29m 和 24.71m；$AD = AE = MF = MG = NK = NH = [400 + (110 + 25) \times 2]/2 = 335(\text{cm}) = 3.35(\text{m})$；再由八字翼墙大样知 $BN = MC = 6.79$m，将尺寸标于图 3-4-2 的放样草图上。

2. 利用坐标计算公式计算中线上各特征点的坐标

将 JD_7 当作坐标起算点，JD_7 至正交盖板涵 K8+515 中心桩的距离 = 涵位中心桩里程 − YZ 里程 + 切线长 T = K8+515 − (K8+166.313) + 383.358 = 732.045(m)。则盖板涵中心 A 点坐标为

$$x_A = 3\,480.939 + 732.045 \times \cos 292°15'15.5'' = 3\,758.178(\text{m})$$

$$y_A = 8\,172.560 + 732.045 \times \sin 292°15'15.5'' = 7\,495.044(\text{m})$$

同理，将上述 A 点坐标计算式中的距离 732.045 分别换成 (732.045 − 3.35) = 728.695(m) 与 (732.045 + 3.35) = 735.395(m)，可计算出 E、D 两点坐标，此略。

3. 计算涵轴线上放样点坐标以及涵台基础角点坐标

M、N 与 B、C 可以看作是涵位中心 A 点的边桩，由边桩坐标计算公式得洞口 M 点坐标为：

$$x_M = 3\,758.178 + 24.71 \times \cos(292°15'15.5'' + 90°) = 3\,781.047(\text{m})$$

$$y_M = 7\,495.044 + 24.71 \times \sin(292°15'15.5'' + 90°) = 7\,504.402(\text{m})$$

洞口 N 点坐标为：

$$x_N = 3\,758.178 + 24.29 \times \cos(292°15'15.5'' - 90°) = 3\,735.697(\text{m})$$

$$y_N = 7\,495.044 + 24.29 \times \sin(292°15'15.5'' - 90°) = 7\,485.845(\text{m})$$

涵轴线在八字墙外边缘 B、C 两点坐标分别为:

$$x_C = 3\,758.178 + (24.71 + 6.79) \times \cos(292°15'15.5'' + 90°) = 3\,787.332$$

$$y_C = 7\,495.044 + (24.71 + 6.79) \times \sin(292°15'15.5'' + 90°) = 7\,506.973$$

$$x_B = 3\,758.178 + (24.29 + 6.79) \times \cos(292°15'15.5'' - 90°) = 3\,729.413$$

$$y_B = 7\,495.044 + (24.29 + 6.79) \times \sin(292°15'15.5'' - 90°) = 7\,483.273$$

同理,根据 E、D 点坐标,代入边桩坐标计算公式,可计算出 G、H 与 F、K 的坐标,此略。现将计算结果列于表 3-4-1 中。

K8 +515 正交盖板涵洞各特征点放样坐标 表 3-4-1

中桩	距离(m)	x(m)	y(m)	左边桩	左偏距(m)	x(m)	y(m)	右边桩	右偏距	x(m)	y(m)
					$JD_7 \to A$	直线方位角:292°15'15.5''					
E	735.395	3 759.446	7 491.943	H	24.29	3 736.966	7 482.744	G	24.71	3 782.316	7 501.301
A	406.638	3 758.178	8 449.799	N	24.29	3 735.697	7 485.845	M	24.71	3 781.047	7 504.402
				B	24.29 + 6.79	3 729.413	7 483.273	C	24.71 + 6.79	3 787.332	7 506.973
D	728.695	3 756.909	7 498.144	K	24.29	3 734.428	7 488.945	F	24.71	3 779.778	7 507.502

对于 F、K、G、H 点,也可不求它们的坐标,在 D、E、M、N 定位后,用距离交会法放出它们的位置。

三、斜交涵洞放样坐标计算

1. 斜交涵洞涵轴线上两端点的坐标计算公式

(1)涵位中心坐标计算。

如图 3-4-3 所示,已知起算点 Q 和涵位中心桩 A 里程桩号,起算点 Q 坐标 (x_0, y_0),直线方位角 F,便可利用坐标计算公式计算出 A 点的坐标。在实践放样中,起算点 Q 通常选择为附近交点。

(2)A 点坐标得出后,按照 AB、AC 偏转角度则可计算出 B、C 点的坐标。

如图 3-4-3 所示,如 AC 相对于中线右偏转 φ,那么 AB 相对于中线左偏转角值为 $180° - \varphi$。AC 方位角 $= F + \varphi$,AB 方位角 $= F - (180° - \varphi)$,则涵轴线上右端点 B 的坐标为:

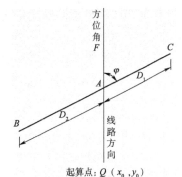

起算点:$Q(x_0, y_0)$

图 3-4-3 与中线斜交方向直线上点的坐标计算

$$\begin{cases} x_C = x_A + D_1\cos(F + \varphi) \\ y_C = y_A + D_1\sin(F + \varphi) \end{cases} \tag{3-4-1}$$

涵轴线上左端点 C 的坐标为:

$$\begin{cases} x_B = x_A + D_2\cos[F - (180° - \varphi)] \\ y_B = y_A + D_2\sin[F - (180° - \varphi)] \end{cases} \tag{3-4-2}$$

式中：x_A、y_A——涵位中心桩坐标；

D_1——C 点自涵位桩右偏距离；

D_2——B 点自涵位桩左偏距离；

F——中线方位角；

φ——涵轴线右端自中线偏转角度。

这样便可用此公式计算斜交涵洞放样点坐标。

2. 斜交涵洞基础平面放样坐标计算

现以图 3-4-4 和图 3-4-5 所表示的圆管涵 K14+280.1 为例来说明斜交涵洞的放样坐标计算方法，有关起算点元素与直线方位角可查对应的"直线、曲线及转角表"得到，详见表 3-3-3 和表 3-3-4。

计算步骤如下：

(1) 绘制出放样草图

查表 3-3-3、表 3-3-4 的"直线、曲线及转角表"可知，斜交圆管涵 K14+280.1 位于 JD_{13} 平曲线后的直线段上；选 JD_{13} 为起算点，舍去交点坐标中前几位相同数字，则 JD_{13} 坐标为：$x = 6078.291$ m，$y = 2711.10$ m。JD_{13} 平曲线 HZ 桩号 = K14+152.543，将这些数据标于放样草图上；再读识图 3-4-1 中的涵洞平面图，可绘出斜交圆管涵 K14+280.1 的放样草图，如图 3-4-6 所示。

(2) 计算特征点坐标，以确定涵位中心和涵轴线方向。

先计算涵位中心 A 的坐标。查表 3-3-3 与表 3-3-4 的"直线、曲线及转角表"，JD_{13} 至 K14+280.1 的直线方位角为 $325°00'11.2''$，切线长 $T = 232.837$ m，HZ 里程 = K14+152.543，则 JD_{13} 至 K14+280.1 的直线距离 = $280.1 - 152.543 + 232.837 = 360.394$ (m)，由此计算斜交圆管涵位中心 A 点的坐标为：

$$x_A = 6078.291 + 360.394 \times \cos 325°00'11.2'' = 6373.520 \text{(m)}$$

$$y_A = 2711.10 + 360.394 \times \sin 325°00'11.2'' = 2504.403 \text{(m)}$$

涵洞施工时经常需要先定出涵轴线位置，计算出轴线上 B、C 点坐标也就可放样轴线位置，如图 3-4-6 所示，AC 自中线右偏转 $45°$；AB 自中线左偏转 $135°$。

如图 3-4-4 所示：草图 3-4-6 中 $BN = MC = 3.06$ m，则：

$$x_C = x_A + D_1 \cos(F + \varphi)$$
$$= 6373.520 + (22.77 + 3.06) \times \cos(325°00'11.2'' + 45°) = 6398.957 \text{(m)}$$

$$y_C = y_A + D_1 \sin(F + \varphi)$$
$$= 2504.403 + (22.77 + 3.06) \times \sin(325°00'11.2'' + 45°) = 2508.889 \text{(m)}$$

$$x_B = x_A + D_2 \cos[F - (180° - \varphi)]$$
$$= 6373.520 + (25.51 + 3.06) \times \cos(325°00'11.2'' - 135°) = 6345.384 \text{(m)}$$

$$y_B = y_A + D_2 \sin[F - (180° - \varphi)]$$
$$= 2504.403 + (25.51 + 3.06) \times \sin(325°00'11.2'' - 135°) = 2499.440 \text{(m)}$$

$AE = AD = \dfrac{2.03+1}{\cos 45°} \times \dfrac{1}{2} = 2.14$ (m)。用同样方法可计算出 M、N、D、E 的坐标。

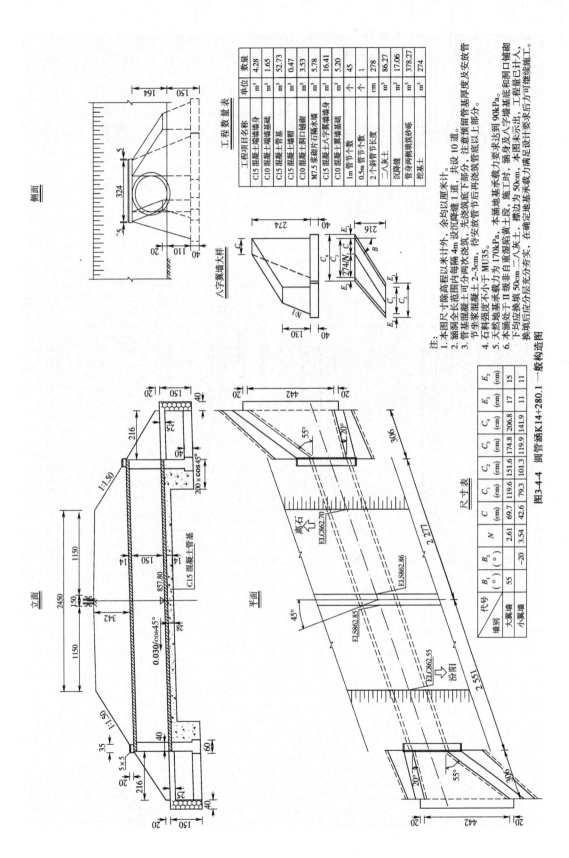

图3-4-4 圆管涵K14+280.1 一般构造图

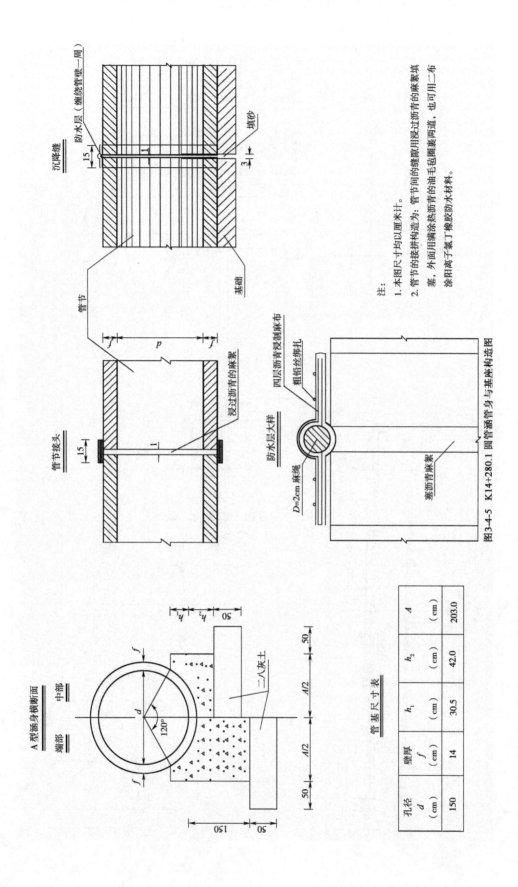

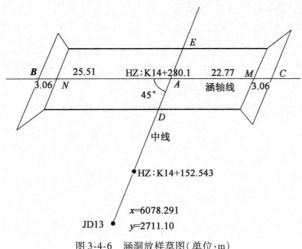

图 3-4-6 涵洞放样草图(单位:m)

3. 斜交涵洞在曲线上时涵轴线方向的确定

可先求出涵位桩的切线方向,再偏转相应斜交角度。

当涵位桩位于圆曲线上时,如图 3-4-7a)所示,涵位处切线方向方位角 = ZH 切线方位角 ± 2θ,其中 θ 为涵位桩在圆曲线上的偏角,涵位切线相对 ZY(或 YZ)切线右转时取"+"号;左转时取"-"号。

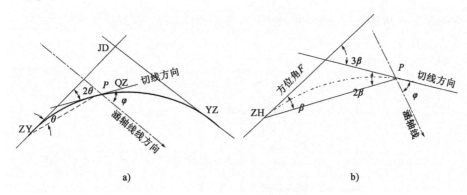

图 3-4-7 涵洞在曲线上时涵轴线方向的确定

当涵位桩位于缓和曲线上时,如图 3-4-7b)所示,涵位处中线方向方位角 = ZH 切线方位角 $±3\beta$。

其中,β 为涵位桩在缓和曲线上的偏角,涵位切线相对 ZH(或 HZ)切线右转时取"+"号;左转时取"-"号。

切线方向方位角求出后,轴线左右方向的方位角我们可以利用轴线与切线的斜交角度求出,从而为计算轴线端点坐标做好准备。

四、全站仪坐标法进行涵洞平面放样

仅以斜交圆管涵 K14 + 280.1 为例,以此说明涵洞基础平面放样方法。

先放涵轴线,再放其他特征点,具体步骤如下。

(1)在要放样的桥涵附近找出两个合适的导线点:一个当测站点;另一个作后视点。

(2)架设仪器,后视设置后,先放样涵轴线上 B、C 两点,再分别从 C、B 沿涵轴线向涵位中心量取 3.06m,即可得出洞口 M、N 点位置。

(3)分别从涵位中心桩 A 沿中线前后方向量取 $AE = AD = 2.14$m,可放出涵洞基础底面二八灰土边缘(即 D、E)位置,从图 3-4-5 中的 A 型涵身横断面图与管基尺寸表可知。

(4)基础底面其他角点位置可用距离交会法放出,也可算出坐标用坐标法放样。

进行涵洞平面放样时,需注意以下事项:

(1)至于八字翼墙基础外边缘点,也可以用距离交会的方法放出它们的位置,正交涵洞比较简单,大家可以从设计图上读取相应尺寸直接量距交会得出,在此不做详细介绍。现在看一下斜交涵洞洞口八字翼墙放样,如图 3-4-8a)所示为图 3-4-4 斜交圆管涵 K14 + 280.1 右洞口平面图,我们以大翼墙的放样为例说明。K 为涵台洞口基础外边缘点,P、Q、R、S 为翼墙基础外边缘角点,图中 K、H、C 点已由全站仪坐标法放出,如要用距离交会法放出 P、Q、R、S 的位置,则可按下列步骤进行:

①先求得 KQ、KP、RS、SC,为距离交会做准备。由图 3-4-8a)和 3-4-8b)得:$PM = 2.16/\cos 45° = 3.055$(m),$PS = 2.16/\cos 55° = 3.766$(m),$\angle SPM = 10°$,由余弦定理得:$SM = 3.055^2 + 3.766^2 - 2 \times 3.055 \times 3.766 \times \cos 10° = 0.855$(m),则 $SC = SM + MC = SM + 1.5 \div 2 \div \cos 45° = 0.855 + 1.061 = 1.916$(m);$KQ = 1.748 + 0.15 - 0.14/\cos 45° = 1.70$(m),$KP = 0.14/\cos 45° + E_1 = 0.17 + 0.14/\cos 45° = 0.368$(m),直接读图得:$RS = 1.516$(m)。

②先由 K 点沿 KH 方向量取 KP 得 P 点,再分别由 P、C 拉 PS、SC 交会得 S,或将皮尺零尺点置于 P 点,再将尺上 $PS + SC = 5.682$(m)的长度卡在 C 点,在尺上用铁钎(或细钢筋)卡住 $PS = 3.766$(m)的长度数值,两边拉紧,则铁钎(或细钢筋)垂直所对地面上的点即为 S 点。从 S 点沿 CS 方向量取 RS 长得 R 点。

③在 HK 方向上拉 KQ 的距离得 Q。

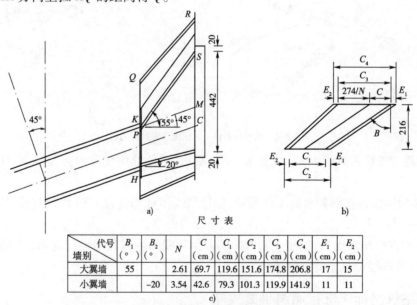

图 3-4-8 斜交涵洞八字翼墙放样

④用同样方法可放出另一翼墙的基础平面位置。

(2)在基础各特征点平面位置确定后,将放出的特征点打桩,依次用工程线拉紧,或撒灰线,作为基坑开挖的依据。为了在开挖中便于校核,也可以将轴线方向桩、中线方向涵台基础边缘桩适当向两侧延长,每侧各打两个桩,并记录距离,以便于在基坑开挖时随时校核,如图 3-4-9 所示,在恢复时,从护桩 H_1、H_2 可找出 D;从护桩 H_5、H_6 沿轴线拉线可找出 M;同理可恢复出其他各桩。

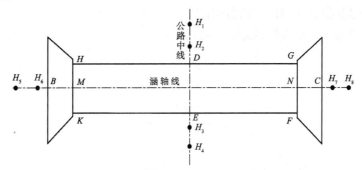

图 3-4-9 涵洞轴线、基础边沿线护桩设定

(3)开挖时为了使基坑坑壁稳定,还要根据实地土质稳定情况决定是否挖深,应适当放坡扩宽。

(4)基坑挖好后要重新放样基础平面位置,并打桩拉线,作为基础施工的依据。

五、用传统方法进行涵洞平面放样

【知识链接】

传统方法是指用经纬仪定向、钢(皮)尺量距来进行涵洞平面放样。

为保证量距的准确,长距离通常用钢尺量距,短距离可用皮尺。

其步骤如下:

1. 涵位中桩钉设

涵位桩相当于直线上的中桩,在直线段用经纬仪穿线量距即可确定中桩位置,如在曲线上用切线支距法或偏角法定设中桩。

2. 涵洞轴线的确定

(1)正交涵轴线确定。

①直线上正交涵洞轴线。将经纬仪架设在涵位桩,对中、整平后瞄准中线方向旋转 90°即为涵轴线方向。

②曲线上正交涵洞轴线。如涵位桩位于曲线上,首先应找出涵位桩所在处的切线方向,然后再转 90°即为涵轴线方向。

(2)斜交涵洞轴线的确定。

涵洞的斜交角度指的是涵洞的轴线与道路中线垂直方向的夹角。

①直线上斜交涵洞轴线的确定。在直线上测量涵洞的斜交角度相对比较容易,如图 3-4-10 所示,其测量步骤如下:

a. 立经纬仪于涵洞中桩,对中、整平。

b. 瞄准线路的中线方向。

c. 转动水平盘,拨转 90°角,读数 m。

d. 顺时针或逆时针转动水平度盘旋转斜交角度 α。顺时针转时涵洞轴线方向水平度盘读数应为 $m+\alpha$;逆时针转时水平度盘读

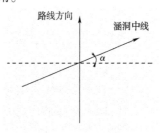

图 3-4-10 直线段斜交角度

数应为 $m-\alpha$。

②曲线上斜交涵洞轴线的确定。曲线上斜交角度的测量首先要找到该中桩的切线方向，由切线方向拨转90°得出线路中线的垂直方向，之后才能测量出斜交角度。因此，曲线段的斜交角度的测量关键是找到该点的切线方向。

a. 圆曲线上涵轴线测量放样，如图3-4-11所示。

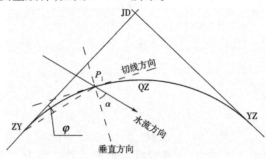

图3-4-11　曲线段斜交角度

a）立仪器于涵位桩，对中、整平，后视ZY（或YZ）点，然后望远镜水平旋转涵位桩的偏角度数，则得涵位桩切线方向。

b）从切线方向水平盘转动90°得中线垂直方向，再顺时针或逆时针旋转涵洞斜交角度 α 则得涵轴线方向。

b. 缓和曲线段涵轴线测量放样。

a）立仪器于涵位桩，对中、整平，后视ZH（或HZ）点，然后望远镜水平旋转涵位桩偏角度数的2倍，则得涵位桩切线方向。

b）从切线方向水平盘转动90°得中线垂直方向，再顺时针或逆时针旋转涵洞斜交角度 α 则得涵轴线方向。

涵轴线方向确定后，仪器立在涵洞中桩，在该方向上定出涵洞的上、下游长度 $L_上$ 和 $L_下$，打桩。在远离涵长的该方向上确定4个方向桩（A、B、C、D），上下游各两个，注意在钉桩时应该使桩相对固定，如图3-4-12所示。

图3-4-12　涵洞中心线确定

3. 涵身基础的放样

涵身基础的放样是依据涵洞中线与涵洞设计图里的基础尺寸，利用经纬仪和钢尺在实地上确定基础的轮廓线。

如图3-4-13所示，以一正交涵为例，基础放样步骤如下：

（1）立仪于O点，瞄准线路方向，拨转90°，量取距离 $L_上$，钉出涵洞上游长度B点，同理定出A点。

（2）立仪于A点，瞄准O点，旋转90°方向，量取 $\dfrac{d}{2}$，钉出台基内侧边缘点1。

（3）从1点在该方向上量取 a，钉出2点。同理钉出3、4点。

（4）在1、2、3、4点钉桩并用白灰把四点连线，涵身的基础线则放样完毕。

（5）同理可以放出另一侧的涵身基础线。

注意：在基坑开挖时，根据土质稳定情况与挖深，有时需向外放坡扩宽，以使坑壁稳定，详见本课题"六、涵洞高程放样"。

4. 台身的放样

如图 3-4-13 所示,在基础砌筑完成后,在基础线内量取台身的尺寸并画线。

5. 洞口放样

以八字翼墙洞口为例,假如翼墙扩散角为 30°,如图 3-4-14 所示,其放样的步骤如下:

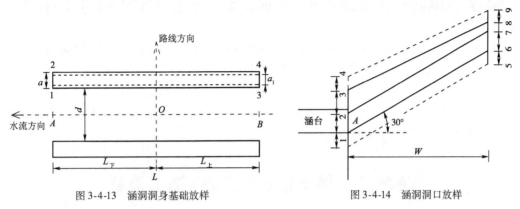

图 3-4-13 涵洞洞身基础放样　　　　图 3-4-14 涵洞洞口放样

(1)立经纬仪于 A 点,对中、整平。

(2)瞄准涵台台身内侧方向,倒镜 180°,拨转 30°为翼墙方向,在该方向上量取设计图尺寸 $\frac{W}{\cos 30°}$,得翼墙身外端内侧边缘点 6。

(3)继续旋转水平度盘 60°,从 A 点量取对应距离依次得 2、3、4 点,倒镜 180°,从 A 量取距离得 1 点(各点至 A 距离可从涵洞图中查得)。

(4)将零尺点置于 2,皮尺上数值为 $\left(\frac{W}{\cos 30°}+6\text{点与}7\text{点间距离}\right)$ 的刻度卡在 6 点,用钢钎在皮尺上卡住数值为 $\frac{W}{\cos 30°}$ 的刻度并立直,两边拉紧,则钢钎所对地面上的一点为 7 点。同理从 1、6 点用距离交会法可放出 5 点,然后从 5、6、7 点以直线方向量对应图上距离得 8、9 点。

(5)最外的两条线为基础轮廓线,靠近的两条为墙身底部线,中间等宽的部位为墙顶线。

(6)将放样点用桩钉设,画白灰线。

六、涵洞高程放样

首先应在施工的涵洞附近找出水准点,以引测高程和校核,然后按下列方法进行高程放样。

1. 涵洞基坑开挖高程放样

涵洞基坑高程放样就是适时测量各特征点原地面高程,保证基底开挖到设计高程位置。需要按以下方法完成。

(1)相关人员事先识读小桥涵施工设计图,计算各特征点在基底位置的设计高程数值 $H_\text{设}$。

(2)小桥涵平面放样完成后,实测基坑各特征点在原地面的高程 $H_\text{实}$。

(3)计算各特征点的下挖深度 $h=H_\text{实}-H_\text{设}$,并做好记录,作为指导施工开挖的依据。

(4)相关人员在开挖过程中,需要根据实际情况适时恢复特征点平面位置,并测量检查其当前开挖面的原地面高程,以同设计高程进行比较,随时调整下挖深度。

(5)当开挖到设计高程位置后,相关人员应恢复各特征点平面位置并打桩,然后挂线整平基底,为基础修筑做好准备。

2.涵洞基础、涵台等的高程放样

当相关人员将基底整平后,便可进行基础的修筑(或浇筑),然后再依次进行涵台、台帽等的施工。主要分两种情况:

(1)基础、涵台是浆砌片石的施工测量。各结构层均需适时测量当前砌筑面高程,然后与结构层顶面设计高程比较,随时掌握剩余砌筑高度。

(2)基础、涵台或台帽是混凝土浇筑的情况。相关人员需采用实测模板顶高程的方法或视线高法在模板上放出各个特征点设计高程位置,如图3-2-15所示,然后在模板上连线标出浇筑顶面设计线,以指导施工浇筑。

课题二 挡土墙(或护岸)施工放样

识读挡土墙设计图。

1. 挡土墙基坑开挖线放样;
2. 挡土墙基坑挖深的测定;
3. 挡土墙坡面坡度的放样。

如路堤靠近河床,为收缩路基坡脚,避免压缩河床宽度,常常在路基边坡一侧设挡土墙。挡土墙是一种支挡性构造物,用来维护路基边坡的稳定,有时也叫护岸。挡墙施工一般先于路基填筑,挡土墙施工完毕待其强度基本恢复后,才进行路基填筑。挡土墙分为路肩式和路堤式,其中路肩墙的顶面通常为路肩的组成部分,且墙顶面高程与路基边缘高程一样;墙顶面高程比路面高程低的为路堤式挡墙。

下面我们以一段路堤式挡墙为例,说明挡土墙施工放样的方法。如图3-4-15所示,它是某高速公路挡土墙工程图的一段。

一、挡土墙施工放样的任务

1.挡土墙的平面放样

挡土墙平面位置放样分三次:

(1)第一次为基坑放样。

根据挡土墙横断面的尺寸计算出基础底面各角点距路线中桩的距离,然后皮尺拉距或计算坐标放样。

(2)第二次为基础放样。

基础挖好后,重新放出基础砌筑边沿线,以指导施工。

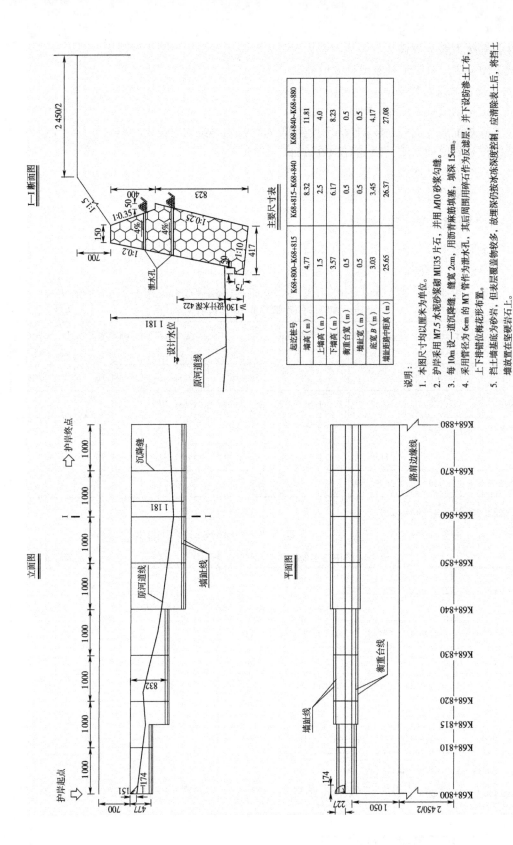

图 3-4-15 某高速公路 K68+800~K68+800挡墙布置与构造图

(3)第三次为墙身放样。

基础砌筑好后,进行墙身断面尺寸放样。

2. 挡土墙高程及坡度放样

挡土墙高程及坡度放样内容如下:

(1)进行基坑高程放样,指导基坑开挖到规定深度,并保证基地横坡。

(2)进行基础顶面高程放样,确保基础厚度达到要求。

(3)进行衡重台和墙顶高程放样,使其达到规定高度。

(4)进行墙身内外坡面放样,使其达到规范要求。

二、挡土墙施工放样的依据

(1)挡土墙施工设计图如图3-4-15所示。

(2)对应段的"路基设计表"。

如表3-4-2所示是从"路基设计表"中摘录到的挡土墙路段的路基宽度与设计高程。

设挡土墙路段的路基宽度与设计高程 表3-4-2

桩号	设计高程(m)	路基宽度(m)	中央分隔带宽(m)	桩号	设计高程(m)	路基宽度(m)	中央分隔带宽(m)
K68+800	1 132.278	24.50	1.5	K68+840	1 131.678	24.50	1.50
K68+810	1 132.178	24.50	1.5	K68+850	1 131.578	24.50	1.50
K68+815	1 132.078	24.50	1.5	K68+860	1 131.478	24.50	1.50
K68+820	1 131.978	24.50	1.5	K68+870	1 131.378	24.50	1.50
K68+830	1 131.778	24.50	1.5	K68+880	1 131.278	24.50	1.50

(3)对应段的"逐桩坐标表"。

如表3-4-3所示是从"逐桩坐标表"中摘录下来的设挡墙段对应的中桩坐标。

挡土墙段中桩坐标(K68+800~K69+030) 表3-4-3

| 桩号 | 坐标(m) | | 桩号 | 坐标(m) | |
	N(x)	E(y)		N(x)	E(y)
K68+800	4 125 417.796	37 553 848.35	K68+840	4 125 462.996	37 553 770.524
K68+810	4 125 430.351	37 553 826.732	K68+850	4 125 474.798	37 553 750.202
K68+815	4 125 437.885	37 553 813.76	K68+860	4 125 480.574	37 553 740.258
K68+820	4 125 450.44	37 553 792.142	K68+870	4 125 488.107	37 553 727.287
K68+830	4 125 459.481	37 553 776.577	K68+880	4 125 498.152	37 553 709.992

(4)对应段的"直线、曲线表"。

假如查看"直线、曲线表",可知本段路线为直线,直线方位角为110°50′。已知路拱横坡度为2%。

三、挡土墙施工放样数据的准备

现以横断面K68+860为例来说明。

1. 挡土墙平面放样数据的准备

从"逐桩坐标表"中我们查得横断面 K68+860 的中桩坐标为 $x=4\,125\,480.574\mathrm{m}$，$y=37\,553\,740.258\mathrm{m}$。只要我们获取挡土墙各特征点至中桩的水平距离，我们便可以通过边桩坐标公式计算出挡土墙各特征点的平面坐标，用全站仪放出各点位置，或通过经纬仪定向、皮尺量距的方法放样各点位置，那么如何计算各特征点至中桩的距离呢？

查挡土墙施工设计图。下面是求算挡土墙各特征点至中桩水平距离的方法。

（1）基坑开挖与基础放样数据的准备。

要确定基坑开挖宽度，必须先找出图 3-4-16 中 A、B 两点的位置。从挡土墙截面图查得：挡土墙基础底面墙趾 A 距中桩的水平距离 $D_A=$

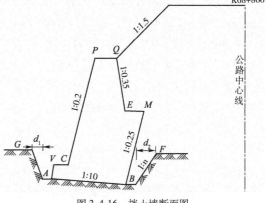

图 3-4-16 挡土墙断面图

27.04m，B 点至中桩的距离 $D_B=27.04-4.17=22.87(\mathrm{m})$，基坑开挖线和基础砌筑边缘线放样均以此数据为依据。

（2）墙身放样数据准备。

墙身底面外边缘 C 点距中桩距离 $D_C=24.5/2+7\times1.5+1.5+(11.81-0.75)\times0.2=26.46(\mathrm{m})$，本挡土墙只有外侧墙趾可看作基础襟边，另一侧无襟边，墙趾面不垂直，顶面向内收缩距离 $=27.04-(26.46+0.5)=0.08(\mathrm{m})$。由于本挡土墙为衡重台式，墙身后有一个衡重台，所以还需计算出衡重台上两特征点 E、M 至中桩的水平距离。E 点至中桩的水平距离 $D_E=24.5/2+7\times1.5-4\times0.35=21.35(\mathrm{m})$，$M$ 至中桩的水平距离 $D_M=21.35-0.50=20.85(\mathrm{m})$。墙顶 Q 至中桩的水平距离 $D_Q=24.5/2+7\times1.5=22.75(\mathrm{m})$，墙顶 P 至中桩的水平距离 $D_P=22.75+1.5=24.25(\mathrm{m})$（请参看原图）。

2. 挡土墙高程放样数据的准备

查"路基设计表"可知 K68+860 横断面的路基设计高程为 1 131.478m，由于是高速公路，所以它指中央分隔带外侧边缘高，因此：

（1）基坑开挖高程放样数据为：基底外边缘 A 点的设计高程 $H_A=1\,131.478-(12.25-1.5/2)\times2\%-7-11.81=1\,112.438(\mathrm{m})$，基底内边缘 B 点的设计高程 $H_B=1\,112.438-4.17\times0.1=1\,112.021(\mathrm{m})$。

（2）基础厚度放样高程数据为：墙身底外边缘 C（或 V）点设计高程 $H_C=H_V=H_A+0.75=1\,112.438+0.75=1\,113.188(\mathrm{m})$。

（3）衡重台 E 和 M 点的设计高程 $H_E=H_M=H_B+8.23=1\,112.021+8.23=1\,120.251(\mathrm{m})$。

（4）墙顶 P、Q 点的设计高程 $H_P=H_Q=1\,131.478-(12.25-0.75)\times2\%-7=1\,124.248(\mathrm{m})$。校核：$1\,124.248-11.81=1\,112.438=H_A$，计算正确。

四、挡土墙施工放样的实施

仍以横断面 K68+860 为例来说明。

1. 挡土墙基坑开挖线的放样

1）方法一：全站仪坐标法

（1）以基础底面边缘点 A、B 至中桩的水平距离 D_A、D_B 用边桩坐标计算公式计算出 A、B

点的平面坐标,实际中为提高工作效率,可用卡西欧计算器来计算,见附录B。

(2)用全站仪坐标法放样出A、B点在原地面的平面位置,同时全站仪测出A、B点的原地面高程$H_{A实}$、$H_{B实}$。

(3)计算基坑内外边缘点A、B在原地面的开挖深度h_1、h_2,$h_1=H_{A实}-H_A$;$h_2=H_{B实}-H_B$。如测得$H_{A实}=1\,114.373\text{m}$,$H_{B实}=1\,114.486\text{m}$,则$h_1=1\,114.373-1\,112.438=1.94(\text{m})$,$h_2=1\,114.486-1\,112.021=2.47(\text{m})$。

(4)放样基坑开挖边界点的位置。为了保证施工作业面,我们在放基坑开挖线时,通常基坑底两侧要比基础两侧各宽 30~50cm,以便展开施工,还要根据原地面到基坑的开挖深度和开挖边坡坡度计算出基坑的放坡宽度 d_1、d_2,如图3-4-16所示。基坑开挖边坡度(1:n)按照原地面土质稳定条件具体确定。比如我们采用1:0.5,则 $n=0.5$,$d_1=h_1\times n=1.94\times 0.5=0.97(\text{m})$,$d_2=h_2\times n=2.47\times 0.5=1.24(\text{m})$。如基底施工宽度每侧各预留30cm,那么 K68+930 断面基坑开挖边界点 G 至中桩距离 $D_G=D_A+0.3+d_1=27.04+0.3+0.97=28.31(\text{m})$,基坑开挖边界点 F 至中桩距离 $D_F=D_B-0.3-d_2=22.87-0.3-1.24=21.33(\text{m})$。根据 G、F 两点距中桩的距离 D_G、D_F,用边桩坐标计算公式算出 G、F 两点平面坐标,然后用全站仪放出 G、F 两点在原地面位置。

2)方法二:水准仪、钢尺测量法

(1)自地面中桩位置,沿横断方向分别拉距离 D_A、D_B 得基础底面边缘点 A、B 在原地面的位置。

(2)用水准仪测出A、B点在原地面的高程$H_{A实}$、$H_{B实}$。

(3)同方法一:计算基坑内外边缘点A、B在原地面的开挖深度h_1、h_2(略)。

(4)计算开挖边界点 G 至 A 点的水平距离 $=d_1+0.3=0.98+0.3=1.28(\text{m})$。

计算开挖边界点 F 至 B 点的水平距离 $=d_2+0.3=1.24+0.3=1.54(\text{m})$,然后用钢尺在横断方向分别从 A、B 向两侧量距离 1.28m 与 1.54m,得开挖边界点 G、F 在原地面上的位置。

用同样方法测出其他各断面的基坑开挖边界点,然后用工程线将各桩依次连接、拉紧,并沿线撒石灰线,作为基坑开挖边界线,以指导基坑开挖施工。

2. 基础砌筑线的放样

基坑开挖线放好后,还需将放样时测得的基础底面内外边缘开挖深度 h_1、h_2 以书面形式交给施工员,标明开挖深度所对应桩号,以指导施工。当开挖时,施工员要经常用小钢卷尺量测所开挖的深度,快到基坑底时要用水准仪检测其底面高程,以保证基底达到设计高程和设计横坡度精度要求。

基坑挖完验收后,可同样用全站仪,按照上述方法恢复各断面基础底面内外边缘点(K68+860 断面为 A、B 点)的位置,并打桩标定,然后依次拉工程线,作为基础砌筑边沿线,以指导施工砌筑。

3. 墙身断面尺寸及坡面坡度的放样

由于衡重台式挡墙背坡分上、下坡面,且背坡的下坡面到基础底面为同一个坡度,所以在基础砌筑时应放坡度线。方法如下:

(1)根据 D_C、D_P、D_Q、D_M、D_E 用边桩坐标计算公式计算出边坡线端点 C、P、Q、M、E 的平面坐标。

(2)用全站仪放出 C、P、Q、M、E 点在地面的位置。

(3)在放出的位置,埋入直木板,并使其牢固,不动摇。

(4)在埋入的直木板上,用水准仪"视线高法"放出边坡线端点 C、P、Q、M、E 的设计高程位置(它们的设计高程前面已算出),并画水平红线做标记;水平红线画得稍长些。

注意:由于 P、Q 点的位置较高,所以它们的高程位置也可以用倒尺放样量出。

(5)在水平红线上,全站仪对应地恢复边坡线端点 C、P、Q、M、E 的平面位置,然后画竖线,与对应水平红线交成十字,则十字交点便为 C、P、Q、M、E 的空间位置,打钉做标记。也可用工程线吊垂球对中地面上 C、P、Q、M、E 点位置,则铅垂线与对应水平红线的交点便为 C、P、Q、M、E 的空间位置。

(6)挡墙施工一般是分段进行的。用同样方法放出本施工段另一端断面上对应边坡线端点空间位置(包括基础底面内边缘点),做标记。

(7)先将同一断面上边坡线端点用工程线连起来,并拉紧。

注意:①面坡坡度线 PC 可暂不拉线连接,待墙趾砌筑完毕后再拉。

②挡墙背坡上部坡度线先暂不放出,待砌筑完衡重台后再拉线连接放出。

(8)再将两断面坡度线端点用工程线两两对应连接、拉紧,作为边坡控制依据,如图 3-4-17 所示。

(9)在两样板(即直木板)间挂线即可施工,每砌筑一层要挂一次水平线,沿线砌筑,并要经常检查砌筑的坡度,如图 3-4-17 所示。

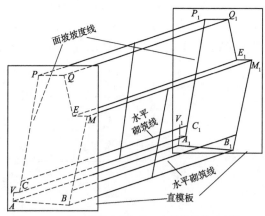

图 3-4-17 挡土墙坡度线与施工砌筑线放样示意图

本段挡墙墙趾厚 0.75m,V 点与 A 点不在同一铅垂线上,V 点至中桩距离 = D_C + 0.5 = 26.46 + 0.5 = 26.96(m),A 点至中桩距离 D_A = 27.08m,V 点向内收缩 27.08 - 26.96 = 0.12(m),自 A 点向中桩方向 0.12m 打一钢筋桩,并用小钢卷尺自桩底上量 0.75m,画一横线做标记,则从标记处与基础外边缘 A 点桩拉线即为墙趾坡度。同理,在相邻另一断面放出墙趾坡度线,两断面拉水平线作为墙趾砌筑边沿线,墙趾砌到高度时,向回收缩 0.5m 到 C 点位置,至此墙趾砌筑完成。从 C 点拉面坡坡度线,开始墙身砌筑,砌筑到衡重台时,开始挂背坡上部分坡度线,方法同前。

如挡土墙位于曲线段时,要根据曲线半径加密断面,一般加密间距为 2~4m,在加密断面处,固定两根竖直的杆,将内外坡度线放样到杆上(底部挂在墙脚)。再将线与线之间挂上水平线,并砌筑成圆滑曲线,施工时墙每起一层,水平线也抬高一层。

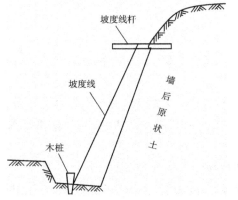

图 3-4-18 挖方路基边坡护面墙坡面线放样示意图

五、相关知识——挖方路基护面墙的坡度放样

在挖方路基中,因护面墙砌筑时墙后有土坡,所以护面墙的坡度线可以挑在木杆上,木杆插在墙后原有坡面中,不需埋设横断面模板,如图 3-4-18 所示。根据实际需要可在挡墙长度方向多插几根杆,多挑几根坡度线,其坡度线的放样方法类似于挡土墙的放样。

复习思考题

一、应知题

1. 如图 3-4-19 所示，AB 为道路中线的一段，在 B 点有一垂直于中线的涵洞结构物，其轴线为 CD。已知：$AB=50\text{m}$，AB 方位角 $\alpha_{AB}=90°$，$BC=20\text{m}$，$BD=30\text{m}$，$x_A=1\,000\text{m}$，$y_A=1\,000\text{m}$，求 C、D 两点坐标。

2. 如图 3-4-20 所示为某路肩墙断面示意图，要确定基础轮廓线，必须放样出基础边缘 A、B 点位置，请分别写出 A、B 点至中桩 O 的水平距离表达式。

3. 如图 3-4-21 所示，1、2、3、4 点为某盖板涵洞基坑的 4 个角点，在 O 点安置水准仪，后视 BM_5 点，读数为 1.646m，中视 1、2、3、4 各点，读数分别为：1.820m、1.824m、1.821m、1.817m。已知 BM_5 的高程为 874.302m，涵洞基坑底面设计高程为 871.320m，试计算 1、2、3、4 各点的开挖深度。

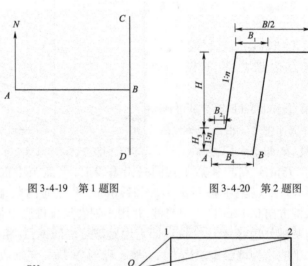

图 3-4-19　第 1 题图　　　　图 3-4-20　第 2 题图

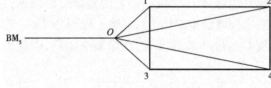

图 3-4-21　第 3 题图

4. 简述路堑边沟平面及高程放样方法，并写出高程放样注意事项。
5. 简述挡土墙坡度线的放样方法。

二、应会操作题

1. 请参看图 3-4-3、图 3-4-4 及图 3-4-5 中关于斜交圆管涵 K14+280.1 的相关信息，完成下列任务：

（1）算出斜交圆管涵 K14+280.1 中线上涵台基础外边缘点 D、E 及涵轴线在洞口上点 M、N 的平面放样坐标，并根据设计图读出 A、D、E、M、N 点基础底面的设计高程，并将结果填入表 3-4-4 中。

（2）根据 K14+280.1 的涵洞图计算放样八字翼墙的坐标或有关距离。

（3）由指导教师先布设出测站点、后视导线点位置及坐标，然后学生现场放出 A、D、E、M、N 平面位置。

施工现场涵洞放样检验报告单 表3-4-4

承包单位：×××工程有限公司××高速公路A8合同段项目部　　合同号：A8
监理单位：××高速公路J6合同段驻地监理办公室　　编号：

工程名称	圆管涵(斜交45°)	施工时间	2008年6月10日
桩号及部位	K14+280.10	检验时间	

承包人自检说明：

自检偏差(mm)

点号	坐标偏差		高程偏差
	Δx	Δy	ΔH
A			
M			
N			
D			
E			

自检结论：

签字：

施工放样平面示意图

放样依据			放样计算及数据			
涵洞设计	涵洞与线路交角	$\alpha = 45°00'00''$	测点	放样数据		
	涵洞的宽度(m)		A	位置	L中：0.000	设计高程
	位置	距路中心	流水面高程		放样坐标	x =	实测高程
	左涵口					y =	挖：
	右涵口			N	位置放样	L左：	设计高程
	涵中					x =	实测高程
导线及水准点	测站点	点名称			坐标	y =	挖：
		坐标 x		M	位置	L右：	设计高程
		坐标 y			放样坐标	x =	实测高程
	后视点	点名称				y =	挖：
		坐标 x		D	位置	L后：	设计高程
		坐标 y			放样坐标	x =	实测高程
	水准点	点名称				y =	挖：
		高程 H		E	位置	L前：	设计高程
					放样坐标	x =	实测高程
						y =	挖：

测量：　　　复核：　　　符号说明：L——离线路中心平距

结论：

监理员：　　　日期：　　　现场监理工程师：　　　日期：

承包人技术负责人：　　　日期：

(4)在实训场地中，由实习指导教师先假定水准点位置及高程，然后学生用全站仪或水准仪实测 A、D、E、M、N 的原地面高程，将高程测量结果填入表3-4-4中；然后在表上计算出各点的挖深。

(5)由 D、E、M、N 用距离交会法放出涵台基础在洞口两侧边缘1、2、3、4点的位置,并根据准备好的数据放样八字翼墙。

(6)分别在中线方向与涵轴线方向钉设护桩,并记录恢复桩位的距离。

2.在实训场地,参看表3-4-3,由指导教师先假定出测站点与后视导线点位置及坐标值,然后请同学们完成下列任务。

(1)利用表3-4-3提供的逐桩坐标,放样图3-4-15中K68+800~K68+880的中桩平面位置。

(2)根据计算出的挡墙基础特征点至中桩的水平距离放出基础轮廓线位置。

(3)假定测得K68+800与K68+880断面挡墙基础轮廓线 A、B 点原地面高程为表3-4-5所示,请参照表3-4-2,查看挡土墙路段路基设计高程,填写表3-4-5中的有关内容。

挡墙基坑开挖尺寸计算 表3-4-5

桩号	原地面实测高程(m)		基底设计高程(m)		挖深 h(m)		边坡度	施工宽度(m)	基坑开挖外边线至 A 点距离(m)	基坑开挖内边线至 B 点距离(m)
	外边缘 A 点	内边缘 B 点	外边缘 A 点	内边缘 B 点	外边缘 A 点	内边缘 B 点				
K68+840	1 117.098	1 116.896					1:0.5	0.30		
K68+880	1 116.708	1 116.689					1:0.5	0.30		

附录 A 卡西欧 5800P 计算器的一般使用

在日常公路测量中,经常会遇到很多重复计算的问题,虽然难度不高,但如采用手工计算,工作量大,效率低,易使人疲劳,从而导致错误。那么,能否找到一种既快速,又准确的方法,将我们从繁杂的重复计算中解脱出来?

卡西欧 fx—5800P 计算器可以帮助我们解决这个问题。

卡西欧公司有数十款世界一流水平的计算器,卡西欧 5800P 以其体积小、重量轻、携带方便等优点,目前在工地被广泛应用,其功能基本可以解决便携计算的所有问题。附图 A-1 为卡西欧 fx—5800P 计算器的正面图。

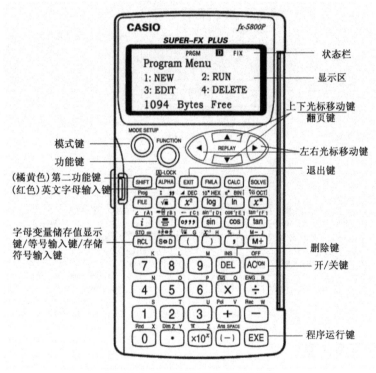

附图 A-1 fx—5800P 计算器的正面图

一、输入新程序文件名,并选择程序运行模式

按 MODE 键显示模式菜单,如附图 A-2 第一个界面图所示,再按 5 键进入程序菜单,见附图 A-2 的第二个界面图所示,在程序菜单中按 1 键(NEW)开始输入新程序文件名,创建一个新程序,见附图 A-2 中第三个界面图。为便于记忆,一般按程序的用途以拼音或英文给程序起名,例如,闭合导线平差计算程序可命名为"CLOSED",这是以英文提示命名的。当输入程序文件名后,按 EXE 键开始进入选择程序运行模式界面,见附图 A-2 中第四个界面图,土木工程计算中一般选 1 (COMP)键进入普通计算模式,如附图 A-2 第五个界面图,开始输入程序内

容。程序输入完毕后,按EXIT退出键,退至程序编辑菜单界面,继续再按EXIT键,则又返回到附图A-2的第二个界面图,在这个界面,除可创建新程序外,还可根据需要选择"运行程序(RUN)"、"编辑修改程序(EDIT)"和"删除程序(DELETE)"三个功能。

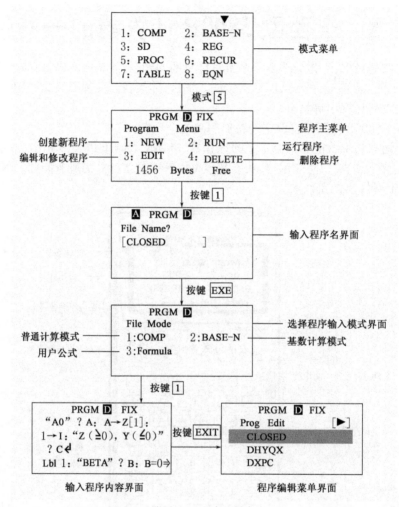

附图 A-2　程序的创建

二、输入新程序内容

1. 程序命令的输入

在输入新程序内容界面时,按FUNCTION键出现如附图A-3开始的功能菜单,按3键(PROG)选择"程序命令"进入程序命令的第1页,逐次按▼键进入程序命令的其他页面查找欲输入的程序命令符号,然后按命令符号对应的序号键输入欲输入的程序命令,按▲键再返回到前一页的菜单。

2. 函数的输入

在进入输程序内容界面时,按FUNCTION键出现如附图A-4开始的功能菜单,按1键选择输入"数学函数"选项,进入函数的第1页,逐次按▼键进入第2、3页查找欲输入的函数命令符号,然后按符号对应的序号键输入欲输入的数学函数,按 ▲ 键再返回到前一页的菜单。

3. 从键盘直接输入其他符号或命令

程序中的冒号(:)、引号(" ")、等号(=)以及英文字母等通过键盘直接输入,输入方法为:白色符号或函数直接按键输入;如欲输入的符号为橙色,则应先按 SHIFT 键,再按对应符号键;如为红色,则应先按 ALPHA 键,再按对应符号键。

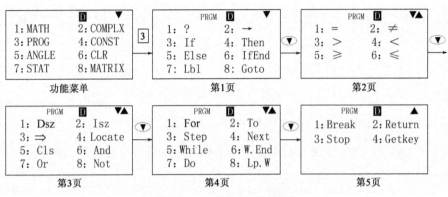

附图 A-3　程序命令字符的输入

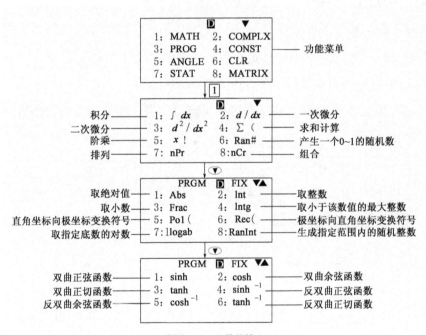

附图 A-4　函数的输入

4. "Fix" "Sci" 等设定功能符号的输入

先按 SHIFT 键,再按 SETUP 键,在设定菜单中查找输入。

程序输入完毕后,按 EXIT 键退回到程序主菜单界面。

三、程序文件的运行

方法 1:在程序主菜单按 2 (RUN) 键进入程序运行界面,再按光标上、下移动键选中要运行的程序,按 EXE 键开始运行程序。

方法 2:在程序主菜单按 2 (RUN)键进入程序运行界面,此时计算器已锁定为字母输入状态,屏幕状态栏左端显示 A,此时输入所要搜索的程序文件名的第一个字母,则屏幕随即显示以本字母开头的所有程序名(按顺序排列),按 ▲ 与 ▼ 键,上下移动光标选中要运行的程序名,按 EXE 键开始运行程序。

方法 3:按 MODE 1 键进入普通计算状态,按 SHIFT FILE 键输入 Prog,并在其后加引号输入要运行的程序名(全称),如附图 A-5 所示,最后按 EXE 键开始运行程序。

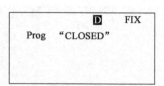

方法 4:按 MODE 5 (PROG)键进入程序菜单,再按 2 (RUN)键进入程序运行界面,此时按 FUNCTION 1 (Favorite-Add)键显示收藏程序文件名,按 ▲ 与 ▼ 键,上下移动高亮光标条选中要运行的程序名,按 EXE 键开始运行程序。

附图 A-5　在 COMP 模式下输入程序名运行程序

四、程序文件的编辑修改

1. 更改程序文件名

(1)用文件搜索的方法找到拟更改的文件名,并将光标移到文件名上。

(2)按 FUNCTION 键显示文件命令(File Commands)菜单。

(3)按 2 键(即选择 Rename),在文件名编辑窗口中更改完程序名后,按 EXE 键确认,如附图 A-6 所示。

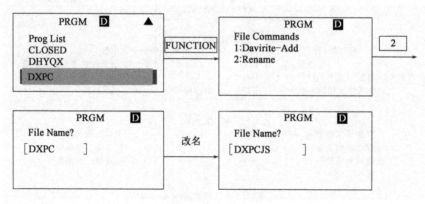

附图 A-6　程序名的更改

2. 编辑修改程序内容

编辑修改程序内容的方法通常有下列两种。

(1)滚动列表搜索。即在计算器的显示屏上滚动显示文件名,直至找出所搜索的文件名。具体操作如下。

①按 MODE 5 键进入附图 A-2 所示的程序菜单,按 3 键进入程序编辑菜单。

②按 ▲ 与 ▼ 键将光标移至所要运行的程序名上。

③按 EXE 键显示程序内容。

④按 ▲ 与 ▼ 或 ◀ 与 ▶ 键,移动光标至要修改之处,按 DEL 键删除错误字符或按其他键直接插入新内容。

⑤修改结束后,连续两次按 EXIT 键,即可保存修改的程序内容并返回程序菜单。

(2)输入字符搜索。即输入所搜索的程序文件名的第一个字母。具体操作如下。

①按 MODE 5 键进入附图 A-2 所示的程序菜单,按 3 键进入程序编辑菜单。

②此时计算器已锁定为字母输入状态,屏幕状态栏左端显示 A,此时输入所要搜索的程序文件名的第一个字母,则屏幕随即显示以本字母开头的所有程序名(按顺序排列),按 ▼ 与 ▲ 键,上下移动光标选中要运行的程序名。

③按 EXE 键显示程序内容。

④按 ▲ 与 ▼ 或 ◀ 与 ▶ 键,移动光标至要修改之处,按 DEL 键删除错误字符或按其他键直接插入新内容。

⑤修改结束后,连续两次按 EXIT 键,即可保存修改的程序内容并返回至程序菜单。

五、收藏文件(Favorite-Add)

为了使文件搜索的快捷、方便,我们可以将常用程序的文件名添加到"Favorites"收藏文件夹中,此操作使该程序名称在屏幕的顶部显示。用时可以直接按功能键打开。具体操作如下:

①用文件搜索的方法找到拟收藏的文件名并选中该文件名。

②按 FUNCTION 键显示文件命令(File Commands)菜单。

③按 1 键(选择"Favorite-Add"),该文件名将在屏幕顶部显示。

收藏文件也可取消,具体操作如下:

①选择拟取消收藏的程序文件,将高亮光标移到该文件名上。

②按 FUNCTION 键显示文件命令(File Commands)菜单。

③按 1 键(选择"Favorite-Off"),该文件即被取消收藏。

六、程序的删除

(1)按 MODE 5 键进入附图 A-2 所示的程序菜单,再按 4 键进入程序删除菜单,屏幕显示如图 A-7 所示。

(2)若按 1 键(选择"One File"),则进行单个文件的删除。选中程序名再按 EXE 即删除单个程序文件,按 EXIT 键放弃删除操作。

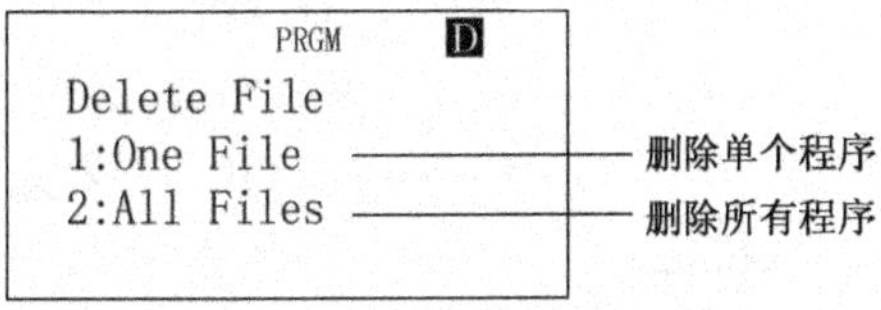

```
         PRGM        D
Delete File
1:One File ————— 删除单个程序
2:All Files ————— 删除所有程序
```

附图 A-7 程序的删除

(3)若按 2 键(选择"All Files"),则是进行所有文件的删除,此时屏幕上将出现确认删除的信息,按 EXE 键则删除所有程序,按 EXIT 键则为放弃删除操作。

附录 B　公路中、边桩坐标计算程序的应用

在公路施工实践中,我们经常会遇到这样的情况:要放样某些点的平面位置,但这些点的坐标在设计单位提供的《逐桩坐标表》文件中找不到,如中线加桩坐标、桥涵轴线控制点坐标、灌注桩桩位中心坐标等。我们只有先计算出这些点的坐标,然后才能现场放样,那么怎样才能快速计算出这些放样点的坐标呢?

工程实际中,我们常常采用卡西欧 5800P 计算器程序来快速计算一些点的坐标,下面就向大家介绍一个常用的中、边桩坐标计算程序,我们不妨就叫它"辛普森"程序。辛普森(Simpson)是英国著名数学家,他所发明的公式可应用于直线和曲线坐标计算。这里我们不做程序计算解释,只介绍其使用方法。

一、辛普森计算程序的用途

根据辛普森复合公式编写的坐标计算程序适用面很广,可用于公路上常见的一般线形(包括直线和曲线)上中桩和边桩的坐标计算。掌握其坐标计算方法将给我们以后的工作带来很大的方便,现将其坐标计算程序及应用介绍如下。

二、具有放样功能的卡西欧 fx-5800P 辛普森(SIMPSON)程序清单

SIMPSON(程序名)

Lbl 0:"XA"? A:"YA"? B:"CA"? C:"1÷RA"? D:"DKA"? F ↵

Lbl 1:"1÷RB"? E:"DKB"? G:Lbl 2:"DKI"? H:"DL"? ○:"DR"? R:If H > G Then X→A:Y→B:E→D:G→F:J→C:Goto 1:IfEnd:(E − D)÷Abs(G − F)→P:Abs(H − F)→Q:P × Q→I:D + I→T:C + (I + 2D)Q × 90÷π→J:If J < 0:Then J + 360→J:Else If J > 360:Then J − 360→J:Else J→J:IfEnd:IfEnd:"FWJ = ":J ◀DMS ▶

C + (I÷4 + 2D)Q × 45÷2÷π→M:C + (3I÷4 + 2D)Q × 135÷2÷π→N:C + (I÷2 + 2D)Q × 45÷π→K:A + Q÷12 × (cos(C) + 4(cos(M) + cos(N)) + 2cos(K) + cos(J))→X:"X = ":X ▶

B + Q÷12 × (sin(C) + 4(sin(M) + sin(N)) + 2sin(K) + sin(J))→Y:"Y = ":Y ▶

X + ○cos(J − 90) →U:"XL = ":U ▶

Y + ○sin(J − 90) →V:"YL = ":V ▶

X + Rcos(J + 90)→W:"XR = ":W ▶

Y + Rsin(J + 90)→Z:"YR = ":Z ▶

Goto2 ↵

Goto 0 ↵

三、程序使用说明

1. 屏幕所显示字母的含义

XA——起点 X 坐标;

YA——起点 Y 坐标；
CA——起算直线(或切线)方位角；
1÷RA——起点曲率；
1÷RB——终点曲率；
DKA——起点里程；
DKB——终点里程；
DKI——计算点里程；
DL——90°左边桩至中桩距离；
DR——90°右边桩至中桩距离。
曲率左偏为"-"，右偏为"+"。

2.程序运行注意事项

（1）此程序在进行曲线坐标计算时，必须从小里程到大里程，逐点计算。不能先计算曲线中的大里程再计算小里程，否则，计算器将不能显示正确结果。

（2）从小里程到大里程计算时，必须计算 ZH、HY、YH、HZ 点的坐标，不能跳过。

（3）如连接线形曲率不连续时，不能连续运行程序，需分段分别启动程序计算。

四、辛普森坐标计算程序的应用

1.计算路线中、边桩坐标

【例 B-1】 现在我们举一个例子来说明其用法。在附图 B-1 所示的曲线中，试求中、边桩的坐标。

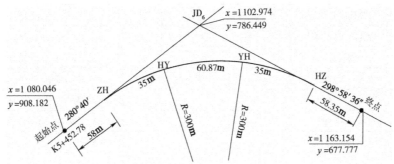

附图 B-1　路线基本线型数据示例

按动 AC/ON 键打开卡西欧 fx-5800P 计算器，按 MODE 5 2 及字母 S 的键，再按 ▼ 或 ▲ 键，使黑色光标棒选中程序名"SIMPSON"，操作步骤如附表 B-1 所示。

fx-5800P 计算直线、曲线中、边桩坐标示范步骤　　　　　　　附表 B-1

按键	屏幕显示	输　入	说　明
EXE	XA?	1080.046	输入起始点的 X 坐标
EXE	YA?	908.182	输入起始点的 Y 坐标
EXE	CA?	280°40′	输入 ZD→ZH 直线的方位角
EXE	1÷RA?	0	直线起点曲率为 0
EXE	DKA?	5452.78	输入起点的桩号

续上表

按键	屏幕显示	输入	说明
EXE	1÷RB?	0	直线终点曲率为0
EXE	DKB?	5510.78	输入直线终点里程(即ZH点里程)
EXE	DKI?	5510.78	输入要计算的直线上点的里程
EXE	DL?	6	输入边桩左偏距离
EXE	DR?	6	输入边桩右偏距离
EXE	FWJ = 280°40′		显示ZH点切线方位角
EXE	X = 1090.782		显示ZH点纵坐标
EXE	Y = 851.184		显示ZH点横坐标
EXE	XL = 1084.885		显示ZH点左偏6米边桩的纵坐标
EXE	YL = 850.074		显示ZH点左偏6米边桩的横坐标
EXE	XR = 1096.678		显示ZH点右偏6米边桩的纵坐标
EXE	YR = 852.295		显示ZH点右偏6米边桩的横坐标
EXE	DKI?	5520	输入缓和段任一点里程
EXE	DL?	6	输入左偏距离
EXE	DR?	6	输入右偏距离
EXE	1÷RB?	1÷300	输入第一缓和段终点曲率
EXE	DKB?	5545.78	输入HY里程桩号
EXE	DKI?	5520	重新输入缓和段上要计算点里程
EXE	DL?	6	输入左偏距离
EXE	DR?	6	输入右偏距离
EXE	FWJ = 280°53′55″		显示K5+520切线方位角
EXE	X = 1092.500		显示K5+520纵坐标
EXE	Y = 842.126		显示K5+520横坐标
EXE	XL = 1086.609		显示K5+520左偏6米边桩的纵坐标
EXE	YL = 840.991		显示K5+520左偏6米边桩的横坐标
EXE	XR = 1098.392		显示K5+520右偏6米边桩的纵坐标
EXE	YR = 843.260		显示K5+520右偏6米边桩的横坐标
EXE	DKI?	5545.78	输入HY点桩号
EXE	DL?	6	输入左偏距离
EXE	DR?	6	输入右偏距离
EXE	FWJ = 284°0′32″		显示HY点切线方位角
EXE	X = 1097.926		显示HY点纵坐标
EXE	Y = 816.927		显示HY点横坐标
EXE	XL = 1092.105		显示HY点左偏6米边桩的纵坐标
EXE	YL = 815.474		显示HY点左偏6米边桩的横坐标
EXE	XR = 1103.748		显示HY点右偏6米边桩的纵坐标
EXE	YR = 818.379		显示HY点右偏6米边桩的横坐标

续上表

按键	屏幕显示	输入	说明
EXE	DKI?	5560	输入圆曲线段任一桩号里程
EXE	DL?	6	输入左偏距离
EXE	DR?	6	输入右偏距离
EXE	1÷RB?	1÷300	输入圆曲线段终点 YH 曲率
EXE	DKB?	5606.65	输入圆曲线段终点 YH 的里程桩号
输入圆曲线段详细点桩号计算中/边桩坐标 ……			
EXE	DKI?	5606.65	输入 YH 点里程
EXE	DL?	6	输入左偏距离
EXE	DR?	6	输入右偏距离
EXE	FWJ = 295°38′03″		显示 YH 点切线方位角
EXE	X = 1118.531		显示 YH 点纵坐标
EXE	Y = 759.761		显示 YH 点横坐标
EXE	XL = 1113.122		显示 YH 点左偏6米边桩的纵坐标
EXE	YL = 757.165		显示 YH 点左偏6米边桩的横坐标
EXE	XR = 1123.941		显示 YH 点右偏6米边桩的纵坐标
EXE	YR = 762.357		显示 YH 点右偏6米边桩的横坐标
依次类推,输入第二缓和段任一点里程,再按提示输入第二缓和段终点曲率和桩号,然后开始计算第二缓和段详细点中/边桩坐标,直到计算至 HZ 点 ……			

本例只列举了几个有代表性点的坐标计算,其他中、边桩坐标计算大家可以自己来完成。

由上述计算操作过程可以看出,程序分段计算坐标,每段线形的起终点是非常重要的点,必须输入它们的里程与曲率,并计算出它们的坐标。当你计算完本段曲线,输入下一段曲线里程桩号时,程序会自动判断出你输入的里程超出了本段范围,并提示你输入下段终点曲率"1÷RB"与终点里程"DKB",输完这两个元素后,屏幕提示你重新输入里程进行计算,最后得出所输里程桩号的中、边桩坐标。

这个程序简便好用,既适用于直线,又适用于曲线。

2.计算灌注桩桩位及构造物特征点坐标

【例 B-2】 图 B-2 为某桥墩基础承台及灌注桩的尺寸示意图,各桩中心距离为 3.3m,桩距承台边缘的距离为 1.2m,桥墩中心坐标(6 812.879,3 579.296),中线方向的方位角为 225°30′25″,请计算各桩中心的坐标及承台四角的坐标。

我们可以将 OK、OL 看作中线;A、B、C、D、E、F、G、H 点看作是中线的边桩,而后利用卡西欧 fx - 5800P 辛普森放样程序计算中、边桩坐标。

(1)先将有向直线 OK 看作中线

已知 OK 方位角为 225°30′25″,起点 O 的坐标为(6 812.879,3 579.296),假定 O 点里程为 K0 + 000,则终点 K 的里程为 K0 + 002.85,A、D 为它的边桩;桩位 I 为直线上一点,其里程 = 5.7/2 - 1.2 = 1.65m,H、E 为它的边桩。

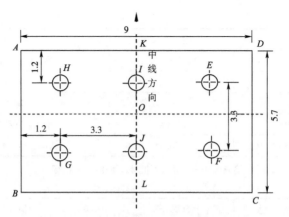

附图 B-2 灌注桩位和承台尺寸的放样(单位:m)

按动 AC/ON 键打开卡西欧 fx-5800P 计算器,按 MODE 5 2 及关于字母 S 键,再按 ▼ 或 ▲ 键,使黑色光标棒选中"SIMPSON",操作步骤及屏幕提示如附表 B-2 所示。

辛普森程序计算灌注桩桩位坐标 附表 B-2

按键	屏幕显示	输入	说明
EXE	XA?	6812.879	输入起算点 O 纵坐标
EXE	YA?	3579.296	输入起算点 O 横坐标
EXE	CA?	225°30′25″	输入起算直线方位角
EXE	1÷RA?	0	输入起点曲率
EXE	DKA?	0	输入起算点里程
EXE	1÷RB?	0	输入终点 K 的曲率
EXE	DKB?	2.85	输入终点里程
EXE	DKI?	1.65	提示输入计算点里程
EXE	DL?	3.3	输入左偏距离
EXE	DR?	3.3	输入右偏距离
EXE	FWJ=225°30′25″		显示 I 点切线方位角
EXE	X=6811.723		显示 I 点纵坐标
EXE	Y=3578.119		显示 I 点横坐标
EXE	XL=6809.369		显示 H 点纵坐标
EXE	YL=3580.432		显示 H 点横坐标
EXE	XR=6814.077		显示 E 点纵坐标
EXE	YR=3575.806		显示 E 点横坐标

同理:输入 K 点里程和左右边桩距离(4.5m)计算出 K 点和 A、D 点坐标,此略。

(2)再将有向直线 OL 看作中线

OL 方位角 =225°30′25″−180°=45°30′25″,同样假定 O 点里程为 K0+000,则 L 点里程为 K0+002.85,J 点里程为 K0+001.65。按与(1)相同的步骤可算出 J、F、G、C、B 点坐标,只是左右方向与 OK 方向相反,大家可以自己计算一下。

3.计算涵轴线控制桩及特征点坐标

(1)计算正交涵洞轴线及各角点坐标

利用此程序还可以计算正交涵洞涵台基础和正交桥桥台基础各角点的放样坐标,大家不妨利用此程序验算一下图 3-4-1 正交涵洞轴线及各角点坐标,非常便捷和准确,此略。

(2)计算斜交涵洞轴线控制桩坐标

我们可以将上述 SIMPSON 程序稍作修改,将左右边线与中线正交 90°改成任意斜交角,则可用来计算斜交涵洞轴线控制桩及其他特征点坐标。

①程序清单

SIMPSON1(程序名)

Lbl 0:"XA"? A:"YA"? B:"CA"? C:"1÷RA"? D:"DKA"? F ↵

Lbl 1:"1÷RB"? E:"DKB"? G:Lbl 2:"DKI"? H:"DL"? ○:"DR"? R:"YPJ"? S:If H>G Then X→A:Y→B:E→D:G→F:J→C:Goto 1:IfEnd:(E−D)÷Abs(G−F)→P:Abs(H−F)→Q:P×Q→I:D+I→T:C+(I+2D)Q×90÷π→J:If J<0:Then J+360→J:Else If J>360:Then J−360→J:Else J→J:IfEnd:IfEnd:"FWJ=":J◄DMS ◢

C+(I÷4+2D)Q×45÷2÷π→M:C+(3I÷4+2D)Q×135÷2÷π→N:C+(I÷2+2D)Q×45÷π→K:A+Q÷12×(cos(C)+4(cos(M)+cos(N))+2cos(K)+cos(J))→X:"X=":X ◢

B+Q÷12×(sin(C)+4(sin(M)+sin(N))+2sin(K)+sin(J))→Y:"Y=":Y ◢

X+○cos(J−(180−S))→U:"XL=":U ◢

Y+○sin(J−(180−S))→V:"YL=":V ◢

X+Rcos(J+S)→W:"XR=":W ◢

Y+Rsin(J+S)→Z:"YR=":Z ◢

Goto 2 ↵

Goto 0 ↵

②屏幕所显示字母的含义

YPJ——与公路中线的右偏角度值;其他字母意义与第一个程序相同。

③程序应用示例

【例 B-3】 见图 3-4-6,试计算第三篇模块四斜交涵洞涵轴线上控制桩 B、C 点的坐标。

打开 5800P 计算器,按 MODE 5 2 及关于字母 S 键,再按 ▼ 或 ▲ 键,使黑色光标棒选中"SIMPSON1",操作步骤及屏幕提示如附表 B-3 所示。

斜交涵洞涵轴线控制桩放样坐标计算步骤　　　　　　附表 B-3

按键	屏幕显示	输入	说　明
EXE	XA?	6078.291	输入起算点 JD13 纵坐标
EXE	YA?	2711.10	输入起算点 JD13 横坐标
EXE	CA?	325°00′11.2″	输入起算直线方位角
EXE	1÷RA?	0	输入起点曲率半径
EXE	DKA?	0	输入起算点里程
EXE	1÷RB?	0	输入终点 K 的曲率半径
EXE	DKB?	500	输入终点里程(大于计算点里程即可)
EXE	DKI?	360.394	输入计算点里程

续上表

按键	屏幕显示	输入	说明
EXE	DL?	25.51	输入 B 点左偏距离
EXE	DR?	22.77	输入 C 点右偏距离
EXE	YPJ?	45°	输入涵轴线与中线右偏角度
EXE	FWJ=325°00′11.2″		显示 A 点切线方位角
EXE	X=6373.520		显示 A 点纵坐标
EXE	Y=2504.403		显示 A 点横坐标
EXE	XL=6345.384		显示 B 点纵坐标
EXE	YL=2499.440		显示 B 点横坐标
EXE	XR=6398.957		显示 C 点纵坐标
EXE	YR=2508.889		显示 C 点横坐标

也可计算出图示 M、N 点坐标,此略。

参考文献

[1] 聂让. 高等级公路控制测量[M]. 北京:人民交通出版社,2001.
[2] 张保成. 工程测量[M]. 北京:人民交通出版社,2002.
[3] 徐霄鹏. 公路工程测量[M]. 北京:人民交通出版社,2005.
[4] 张尤平. 公路测量[M]. 北京:人民交通出版社,2001.
[5] 西安公路学院. 公路测量[M]. 北京:人民交通出版社,1979.
[6] 中华人民共和国行业标准. JTG B01—2014 公路工程技术标准[S]. 北京:人民交通出版社,2014.
[7] 中华人民共和国行业标准. JTG C10—2007 公路勘测规范[M]. 北京:人民交通出版社,2007.
[8] 中华人民共和国行业标准. JTG F10—2006 公路路基施工技术规范[M]. 北京:人民交通出版社,2006.
[9] 中华人民共和国行业标准. JTG/T F50—2011 公路桥涵施工技术规范[M]. 北京:人民交通出版社,2011.
[10] 中华人民共和国行业标准. JTG F80/1—2017 公路工程质量检验评定标准[M]. 北京:人民交通出版社股份有限公司,2017.
[11] 中华人民共和国行业推荐性标准. JTG/T C10—2007 公路勘测细则[M]. 北京:人民交通出版社,2007.
[12] 李仕东. 工程测量[M]. 北京:人民交通出版社,2002.
[13] 潘威. 公路工程实用施工放样技术[M]. 北京:人民交通出版社,2004.
[14] 宋文. 公路施工测量[M]. 北京:人民交通出版社,2003.
[15] 许娅娅,张碧琴. 公路施工测量百问[M]. 北京:人民交通出版社,2006.
[16] 聂让,付涛. 公路施工测量手册[M]. 北京:人民交通出版社,2008.
[17] 刘培文. 公路施工测量技术[M]. 北京:人民交通出版社,2007.
[18] 李柏林. 道路坐标测量技术[M]. 重庆:重庆大学出版社,2008.
[19] 王中伟. CASIO fx-5800P 计算器与道路坐标放样计算[M]. 广州:华南理工大学出版社,2008.
[20] 廖中霞. 公路工程施工测量[M]. 北京:人民交通出版社,2013.
[21] 南方 S862013RTK 测量系统使用手册.
[22] 南方 S86-GPS 工程之星3.0用户手册.
[23] 王建忠. 现代公路测量实用程序及其应用[M]. 北京:人民交通出版社,2006.
[24] 刘培文. 公路勘测定线与施工放样技术[M]. 北京:人民交通出版社,2009.
[25] 梁启勇. CASIO fx-5800P 公路测量与试验检测程序及计算案例[M]. 北京:人民交通出版社,2010.